Der ganz normale Alltag der Jamisons in Seattle wirkt sich zermürbend auf die Ehe von Anita und David aus. Als Alleinverdienerin und Verantwortliche für die Ordnung im Haus fühlt Anita sich überfordert. David, als Hausmann schlampig und seit langem ohne Job, arbeitet an seinem Comeback als Werbegenie. Die Ehe krankt an den alltäglichen Auseinandersetzungen um Kleinigkeiten und an Davids Lethargie. Anita ist mit ihrem Latein am Ende und drauf und dran, den Verführungskünsten eines anderen Mannes zu erliegen.
Als neue Nachbarn in das Haus nebenan einziehen und Sue, eine aufreizend »perfekte Hausfrau« mit viel überschüssiger Energie, immer öfter ihre Hilfe anbietet, scheint zunächst wirklich alles besser zu laufen. Die achtjährige Sylvie genießt es, in Sue tagsüber eine Ersatzmutter zu haben. Nur Lily, ihre vierzehnjährige Schwester, beobachtet die Entwicklung voller Groll und Mißtrauen. Und allmählich nimmt Sues Hilfsbereitschaft tatsächlich immer bedrohlichere Ausmaße an …

Kathrine Beck hat unter dem Namen K.K. bisher zwölf Romane geschrieben, von denen zwei auch bereits in deutscher Übersetzung vorliegen: ›Die Erbin eilt von Mord zu Mord‹ (1993) und ›Die Erbin schreckt vor nichts zurück‹ (1996). Die Autorin lebt zusammen mit ihren drei Kindern in Seattle.

Kathrine Beck

GEFÄHRLICHE NACHBARSCHAFT

Roman

Aus dem Amerikanischen
von
Inge Leipold

Fischer Taschenbuch Verlag

Deutsche Erstausgabe
Veröffentlicht im Fischer Taschenbuch Verlag GmbH,
Frankfurt am Main, April 1998

Die Originalausgabe erschien 1996 unter dem Titel
›Bad Neighbors‹ im Verlag Doubleday, New York

Druck und Bindung: Claussen & Bosse, Leck
Printed in Germany
ISBN 3-596-13665-2

Für Michael,
der ein guter Nachbar ist.

Die bloße Anwesenheit eines Feiglings,
so unauffällig er auch bleibt, genügt,
und schon birgt eine gefährliche Situation
den Keim des Verrats in sich.

JOSEPH CONRAD

KAPITEL EINS

Am Morgen des Tages, an dem sie mit Frank Shaw zum Mittagessen verabredet war, legte Anita Wert darauf, ausgesprochen hübsche Unterwäsche anzuziehen. Wie immer kleidete sie sich im Halbdunkel an, um David nicht zu wecken. In dem großen Spiegel auf der Innenseite des Kleiderschranks bewunderte sie sich in ihrem beigen Seidenhemdchen mit Spitze und dem dazu passenden Höschen und warf flüchtig einen schuldbewußten Blick auf die reglose Masse unter der Bettdecke.

Dann ging sie zum Fenster, um nach dem Wetter zu sehen und sich dementsprechend anzuziehen. Ein Frühlingstag in Seattle konnte eisig kalt sein oder aber sehr mild. Um schnell einen Blick in den Garten hinter dem Haus zu werfen, klappte sie die Lamellen der Jalousie um. Rasen und Büsche waren von funkelndem Tau überzogen. Eine kleine Zierkirsche prangte für die eine Woche des Jahres, in der sie ihre ganze Pracht zur Schau stellte, in zuckrigem Rosa. Der Himmel war fahl, fast weiß, aber von Streifen grauer Federwölkchen übersät, deren Ränder in verheißungsvollem Pfirsichgold leuchteten. Es würde ein schöner Tag.

Ohne Vorwarnung ratterte im Obergeschoß des gegenüberliegenden Hauses ein Rolladen hoch. Verblüfft schaute Anita hinüber. Seit sie hier wohnte, waren die Fenster jenes Hauses nichts als blinde Rechtecke gewesen. Das alte Ehepaar, das dort wohnte, hatte die altmodischen gelblichen Rolläden nie hochgezogen. Die zwei Fenster im Obergeschoß und das eine große in der Mitte des Erdgeschosses hatten wie zwei Augen und ein Mund gewirkt, und all die Jahre hatte das Haus mit den geschlossenen Rolläden wie ein blindes oder schlafendes Gesicht ausgesehen. Nun kam es ihr vor, als hätte es ein Auge zu einem kecken Zwinkern geöffnet.

So halb angezogen wollte sie sich nicht zur Schau stellen, daher trat Anita einen Schritt zur Seite und fummelte an den Jalousien herum, bis sie hinaussehen konnte, ohne gesehen zu werden. Das Fenster gegenüber war mit unten gerafften Rüschengardinen geschmückt, die von einem Schleifchen zusammengehalten wurden. Sie bildeten den Rahmen für eine blonde Frau in einem flauschigen rosa Morgenmantel, die das Bett machte. Mit anmutigen, kraftvollen Bewegungen schüttelte sie Decken und Bettücher aus. Sauber und ordentlich fielen sie auf das Bett zurück; sie beugte sich darüber und glättete die Bezüge mit einer weitausholenden, kreisförmigen Bewegung der Handfläche.

Anita, die selbst klein und dunkel war, mit einen Hang zu schnellen, fast fahrigen Bewegungen, fühlte sich eingeschüchtert von dieser unbekannten Frau. Die ruhige und geschickte Art, in der sie jetzt Kissen aufschüttelte, hatte etwas ungemein Tüchtiges an sich. Sie schien keine Eile zu haben. Es sah sogar so aus, als würde sie ihre Tätigkeit genießen. Ein stechendes Gefühl von Scham und Neid durchzuckte Anita. David und sie krochen fast jeden Abend in ein ungemachtes Bett.

Anita schloß die Jalousien und ging zum Kleiderschrank. Sie wußte, von den beiden alten Leuten von gegenüber war einer gestorben, und der andere – vermutlich die Frau – war in ein Altenheim gezogen. Das Haus war für zweihunderttausend ausgeschrieben worden. Vor dreizehn Jahren hatten Anita und David achtzigtausend für ihr Haus hingeblättert. Eindeutig eine Aufwertung ihres Viertels.

Sie schob einige Kleiderbügel zur Seite und suchte sich etwas zum Anziehen aus; gleichzeitig schalt sie sich wegen des Wirrwarrs leerer Kleiderhüllen von der Reinigung. Über die beige Spitzenunterwäsche streifte sie einen dunklen, glatten Rock und eine undurchsichtige weinrote Seidenbluse. Wahrscheinlich würde ja gar nichts passieren. Kein Mensch, und am allerwenigsten Frank Shaw, würde auch nur ahnen, daß sie im Restaurant die rauhe Spitze und die weiche Seide ihres Miederhemdchens auf den Brüsten spürte, wenn sie auf ihrem Stuhl hin und her rutschte.

Soweit Anita wußte, hatte sich ihre Mutter ihr Leben lang nie mit einem anderen Mann als ihrem Ehegespons zum Mittagessen verabredet. Wie auch? Die einzigen Männer weit und breit waren die Offizierskameraden ihres Ehemannes bei der Luftwaffe gewesen. Sie hatte sich zum Mittagessen mit den Ehefrauen der anderen Offiziere getroffen. Die Geschlechter waren streng voneinander getrennt gewesen. Sogar nach der Pensionierung ihres Vaters und später, nachdem er gestorben war, schien ihre Mutter nur weibliche Bekanntschaften gehabt zu haben. Und selbst wenn Anitas Mutter sich möglicherweise doch einmal mit einem interessanten Mann zum Essen verabredet hätte, konnte sich Anita kaum vorstellen, daß sie sich dann vorher Gedanken über ihre Unterwäsche gemacht hätte. In letzter Zeit hatte Anita das Gefühl, ziemlich oft über das Leben ihrer Mutter nachzugrübeln.

Sie beobachtete David, wie er sich im Schlaf herumwarf und auf den Rücken drehte. Er sah immer noch so jungenhaft schlaksig aus, sein Gesicht wirkte immer noch so offen wie damals, als sie sich kennengelernt hatten. Dichtes, gewelltes goldbraunes Haar, gerade Nase, hübsch geformtes Kinn. Sie machte sich nichts vor: Frank Shaw sah nicht annähernd so gut aus. Er war kleiner, sein Haar begann schütter zu werden, und auf dem Nasenrücken hatte er eine Art Höcker. Aber seine glänzenden grünen Augen funkelten ständig wachsam, und sein Mund wirkte diszipliniert und dennoch erregend.

Seit sie ihm auf Julies Party begegnet war, hatte Anita viermal mit ihm zu Mittag gegessen. An den größten Teil ihrer Gespräche während jedes einzelnen Treffens konnte sie sich wortwörtlich erinnern, und in ihrer Phantasie sah und hörte sie die winzigen Gesten und Sätze noch einmal, in denen möglicherweise ein gewisses Verlangen zum Ausdruck gekommen war. Das eine Mal, als er seine Hand ganz sanft auf ihrer Schulter hatte verweilen lassen, während er ihr aus dem Mantel half. Oder ein andermal, als er ihr bekräftigend den Rücken ihrer Hand getätschelt hatte, die sie wie eine Opfergabe vor ihn auf das Tischtuch gelegt hatte. Die Art, wie er verlangend auf ihren Hals geschielt hatte, als sie ihn beim Abnehmen ihres Seidenschals entblößte. Oder die Art, wie sich sein Gesicht erleichtert aufgehellt und er sich hastig erhoben hatte, um sie zu begrüßen, nachdem sie zehn Minuten zu spät in das Restaurant spaziert war. Das letzte Mal, und das hatte sie am aufregendsten gefunden, als er verstört und fast ein wenig verbittert gewirkt hatte, nachdem sie zur Begrüßung statt des üblichen Händedrucks ihn auf die Wange geküßt hatte.

Es sollte eine freundliche Geste sein. Schließlich waren ihre Gespräche zunehmend persönlicher geworden. Über alles mögliche hatten sie sich unterhalten, wie schmerzlich seine Scheidung war und darüber, wie man in ihrem Alter oft den Eindruck hatte, das Leben habe sich nicht in die Richtung entwickelt, wie sie sich das in jüngeren Jahren vielleicht vorgestellt hatten, oder über die unterschiedliche

Einstellung von Männern und Frauen zum Leben. Ein Kuß statt eines Händedrucks schien völlig in Ordnung. Obwohl sie seine Wange absichtlich nur flüchtig mit den Lippen gestreift hatte, war es doch fast die Andeutung eines Kusses gewesen. Dazu hatte sie ihm sanft auf die Schulter geklopft.

Als sie jedoch anschließend den leicht gekränkten Ausdruck auf seinem Gesicht gesehen hatte, konnte sie sich des Gefühls nicht erwehren, ihn grausam geneckt zu haben. Wenn er sie, wie sie hoffte, leidenschaftlich begehrte, hatte er dieses Schulterklopfen möglicherweise als herablassend und grausam empfunden.

In letzter Zeit verlor Anita sich ziemlich oft in irgendwelche Tagträume, die sich um Frank Shaw drehten. Manchmal rissen sie sich in einem Anfall von Raserei gegenseitig die Kleider vom Leib. Manchmal verführte er sie langsam und behutsam; sie zitterte vor Vorfreude, versuchte dagegen anzukämpfen, doch schließlich erlag sie der Versuchung. In ihrer Vorstellung fanden diese Treffen an einem dunklen, verschatteten Ort statt. Anita hatte sich nicht die Mühe gemacht, sich seine Wohnung, in der sie nie gewesen war, auszumalen.

Zu ihrer Überraschung sah sie das alles nicht wie mit eigenen Augen, sondern eher wie eine dritte, wie eine Beobachterin. Vergeblich versuchte sie, sich all das aus ihrer Sicht vorzustellen, da sie glaubte, so wäre es letztendlich befriedigender. Statt dessen sah sie, wie sie einander umschlangen, sah, wie er die Hände in ihr Haar grub, sah ihr eigenes verzücktes Gesicht, ihren zurückgeworfenen Kopf, den offenen und von seinen Küssen feucht schimmernden Mund.

Doch während sie all das sah, als stünde sie neben sich, spürte sie gleichzeitig seinen Atem an ihrem Ohr, spürte, wie seine Zunge mit ihren Brustwarzen spielte, wie seine Hände seitlich an ihrem Körper bis zu der kleinen Wölbung hinabglitten, wo der Bauch in die Hüften überging, spürte seinen Penis in sie eindringen.

Diese Phantasien schockierten Anita. Seit geraumer Zeit hatte sie kein sexuelles Verlangen mehr verspürt. Zuerst hatte sie sich David gegenüber wegen ihres Desinteresses schuldig gefühlt, da sie wußte, wie schwer es für ihn sein mußte. Schließlich und endlich waren sie die erste Zeit nach ihrer Heirat unglaublich leidenschaftlich gewesen. Sie erinnerte sich an ganze Wochenenden im Bett, an denen sie sich gegenseitig versichert hatten, nie geahnt zu haben, wie glücklich einen das machen konnte. Doch sie konnte sich nicht mehr an die damaligen körperlichen Empfindungen erinnern, genausowenig wie sie sich die Schmerzen bei den Geburten ins Gedächtnis rufen konnte.

Möglicherweise verlor sich das Bedauern über ihre geschwundene Leidenschaft so zuverlässig wie die Leidenschaft selbst. Als sie in einer Illustrierten auf einen Artikel über eine Wiederauffrischung des Verlangens stieß, runzelte sie lediglich die Stirn und blätterte darüber hinweg. Schließlich konnte man ebensowenig vorsätzlich hungrig oder durstig sein. Sie tröstete sich mit dem Gedanken, Gleichgültigkeit sei sicher besser als unerfüllbare Wünsche.

Und sie hatte recht gehabt. Frank Shaw zu begehren war deprimierend und schmerzlich und versetzte sie in einen verwegen leichtsinnigen Taumel. Vielleicht waren es nur die ersten Anzeichen einer handfesten Midlife-crisis. Als sie ihn das erste Mal bemerkte, hatte sie mit anderen Eltern beim Softball zugesehen, bei dem ihre und seine Töchter mitmachten, und auch da war er ihr nur aufgefallen, weil er geistig abwesend schien und nicht so wirkte, als sähe er gern beim Softballspiel irgendwelcher Kinder zu. Bis zu Julies Party hatte sie kein einziges Mal mit ihm gesprochen.

Und jetzt war sie besessen. Seit kurzem hatte sie sich sogar angewöhnt, zu schnell zu fahren und dabei das Radio voll aufzudrehen wie eine Sechzehnjährige, die eben ihren Führerschein gemacht hat.

David wartete, bis er das Zuschlagen der Haustür und das Klappern von Anitas Absätzen auf dem Weg zur Bushaltestelle hörte. Dann rollte er sich herum, stützte sich halb auf den Kissen ab und schaltete den Radiowecker ab, bevor das grauenhafte Gepiepse ertönte. Fünfzehn Minuten konnte er noch im warmen Bett liegen bleiben, um langsam aufzuwachen und Pläne für den Tag zu machen. Er fuhr sich mit der Hand über die Wange. Sobald er die Kinder zur Schule gebracht hätte, würde er sich rasieren. In der Regel kam er mit allem besser zurecht, wenn er sich rasiert hatte.

Die Mädchen waren schon auf, und die vertrauten Geräusche der Toilettenspülung, von zuknallenden Türen, plätschernden Duschen, plärrenden Fernsehtrickfilmen und Rockmusik füllten das Haus.

Sobald er sie bei der Schule abgesetzt hätte, das nahm David sich fest vor, würde er ins Büro hinuntergehen und mit dem neuen Projekt beginnen, über das er vor zwei Tagen nachgedacht hatte. Die Idee dazu war ihm vor zehn Tagen gekommen, nach dem Treffen mit den Leuten vom Conway's Home and Garden Center, aber er hatte sie sich noch eine Weile durch den Kopf gehen lassen müssen. Anita gegenüber hatte er dieses Treffen gar nicht erwähnt. Er hatte befürchtet, die alte Trägheit würde ihn wieder überfallen, so daß sie schließlich mit jenem angespannten, ängstlichen und verkrampften Gesichtsausdruck an ihm herumnörgelte, anstatt ihm die Unterstützung zu bieten, auf die er ständig hoffte. Jetzt dagegen wäre sie freudig überrascht.

Nachdem er einen Blick auf den Wecker geworfen hatte, kuschelte sich für weitere zehn Minuten in die Kissen. Er konnte sich nicht erinnern, wann er sich das letzte Mal so unglaublich optimistisch gefühlt hatte. Die alten kreativen Säfte begannen wieder zu fließen. Mit einem einzigen großen Erkenntnisschub war ihm alles klargeworden. Was in Haus und Garten gebraucht wurde, verkaufte sich auf dem Weg über Gefühle. Gute Gefühle. Gefühle für Heim und Familie. Natürlich nicht die alte, patriarchalische und tyrannische Familie. Sondern eine neue Art Familie, mit der die Kunden von heute etwas anfangen konnten.

Er wußte, sein Konzept war einleuchtend. Ein paar hellsichtige Augenblicke in letzter Zeit schienen das zu bestätigen. Zum Beispiel die Zärtlichkeit, die er empfunden hatte, als er eines Nachmittags seiner jüngeren Tochter zugesehen hatte, wie sie draußen auf dem Rasen herumwirbelte. Vor dem Hintergrund der Hecke am anderen Ende des Gartens hatten ihre Arme und Beine weiß geschimmert. Das zarte Hellgrün der frischen Triebe hatte sich jung und übermütig von den dunkleren Blättern der Hecke abgehoben.

Und dann die Befriedigung, die er auf der Party damals verspürt hatte, als ihn Anita diesem so dynamisch wirkenden Rechtsanwalt mit dem scharfgeschnittenen Gesicht, Frank Soundso, vorstellte, dessen Kind letztes Jahr in Lilys Softballmannschaft mitgespielt hatte. Neid hatte David in seinen Augen aufglimmen sehen.

»David arbeitet zu Hause und kümmert sich um die Mädchen«, hatte seine Frau dem Fremden erklärt. Früher hatte sie sich in Gesellschaft immer so verhalten, als schäme sie sich deswegen ein wenig, auch wenn sie dies hinterher stets beharrlich abgestritten hatte.

An jenem Abend hatte David geglaubt, nach all der Zeit fange Anita endlich an, sich mit seiner Lebensweise abzufinden. Zum einen, weil er nach der Party im Bett einen Arm nach ihr ausgestreckt und sie berührt hatte, worauf sie sich ihm prompt zugewandt, ihre Arme um ihn gelegt und ihn geküßt hatte. Und dann hatten sie zum ersten Mal seit langem miteinander geschlafen – und das ohne zuerst darüber zu diskutieren, ob das eine gute Idee sei oder nicht.

Doch für David war es fast noch wichtiger, daß er sich in keiner Weise herabgewürdigt gesehen hatte, als sie diesem Anwalt von seiner Rolle als Teilzeit-Hausmann erzählt hatte. Ganz im Gegenteil: David war sehr mit sich zufrieden gewesen, so als habe er dem Kerl etwas voraus.

»Ja«, hatte er selbstbewußt bestätigt und besitzergreifend seinen Arm um Anitas schmale, seidenumhüllte Schulter gelegt. »Die Beziehung zu meinem eigenen Vater ist ein ziemlich trübes Kapitel. Es ist wunderbar, ein Vater zum Anfassen zu sein.«

Fast ein wenig sehnsüchtig hatte der Anwalt gelächelt und abwechselnd ihn und Anita mit einem Ausdruck angesehen, der, da war sich David sicher, nur Neid sein konnte. Der Neid anderer Menschen war höchst befriedigend. Eine Aufwertung der Entscheidung, die man getroffen hatte.

»Der große Vorteil, als Freischaffender zu arbeiten«, hatte David erklärt, »liegt für mich darin, daß ich mit niemandem zusammenarbeiten muß, den ich nicht respektiere. Ich beschränke mich auf Kunden, von denen ich meine, daß sie etwas zu unserer Kultur im weitesten Sinne beitragen. Es gibt eine Unmenge Werbeschrott, der falsche Vorstellungen von dem verbreitet, um was es im Leben von heute wirklich geht.«

»Sehr interessant«, hatte der Mann gemurmelt. Offenbar hatte er gar nicht mitbekommen, wovon David redete. Doch dieses kurze Gespräch – an den verdrossen dreinschauenden Anwalt auf Julies Party eigentlich verschwendet – hatte David Auftrieb gegeben, als die Conway's-Kampagne aktuell wurde.

Es ging nicht um Geräte für Haus und Garten. Es ging um Familie im weitesten Sinn: wie die ständig sich wandelnden Bedürfnisse einer wachsenden Familie beständige, fürsorgliche Anpassung erforderten, und wie daraus zur Belohnung ein Gefühl von Zugehörigkeit und Frieden erwuchs.

Wildes Gejaule aus der Küche im Erdgeschoß unterbrach ihn in seinen Gedanken. »Leck mich am Arsch, du kleines Biest«, schrie Lily ihre Schwester an.

»He«, brüllte David halbherzig. »Ruhe da unten, wird's bald?«

Beleidigtes Gejammer von Sylvie drang nach oben, gefolgt von einem empörten »Da-ad«.

»Verdammt noch mal«, grummelte David und schwang seine Füße aus dem warmen Bett. Konnten die noch nicht mal Corn-flakes in zwei Schüsseln füllen, ohne sich in die Wolle zu kriegen? Und mußte Lily sich einer solchen Sprache bedienen? Aus dem Mund einer Vierzehnjährigen klang das besonders schäbig.

Barfuß trottete er in seinem verknitterten Pyjama nach unten und blieb mit geballten Fäusten im Küchenflur stehen. Er befahl sich Entspannung und bemühte sich, die Fäuste wieder zu öffnen.

»Die hat mich gestoßen«, jammerte Sylvie und zeigte auf die Ältere.

»Du sollst deine Schwester nicht schikanieren«, ermahnte er Lily mit Nachdruck. »Sie ist doch erst acht, verdammt noch mal.«

Lily verschränkte die Arme unter ihren Brüsten, tat auf lässig, verlagerte ihr ganzes Gewicht auf einen Fuß und schob die Hüfte vor. Mit kaltem Hohn sah sie ihren Vater an. Bei ihrem Anblick fiel David auf, wie unattraktiv sie geworden war. Irgendwie war ihr Gesicht gröber geworden, schwerer und dicker. Von Vierzehnjährigen konnte man in Gottes Namen erwarten, daß sie ausgelassen und irgendwie fast knabenhaft wirkten, und da stand seine Tochter in häßlichen, ausgebeulten Shorts, die ihre stämmigen Beine betonten, und einem alten T-Shirt, das über ihrer sich entwickelnden Brust spannte.

»Und warum hast du sie gestoßen?« fragte er.

»Sie ist ohne Erlaubnis in mein Zimmer gegangen«, erklärte Lily und strich mit einer abwehrenden Handbewegung brüsk ihre glatten braunen Haare zurück.

Er wandte sich zu Sylvie. »Wir haben doch darüber gesprochen, wie wichtig die Privatsphäre für jeden ist.« Niedergeschlagen fragte er sich, ob sie sich in ein paar Jahren auch in so ein plumpes, übellauniges Mädchen wie ihre Schwester verwandeln würde. Im Augenblick war sie recht hübsch mit ihren schmalen, aufmerksamen Augen mit den dichten Wimpern und den krausen dunklen Locken, die sie von ihrer Mutter hatte.

»Ich hab bloß meinen Bleistiftspitzer gesucht«, sagte Sylvie und zerrte beim Sprechen am Saum ihres Wollsweaters. »Ich möchte ihn April zeigen.« Sie schenkte ihm ein liebes kleines Lächeln, das ihm so vorkam, als verberge sich dahinter ein verstohlener Triumph, ihre große Schwester herausgefordert zu haben.

David ging zum Küchenschrank und holte eine Schachtel Corn-flakes heraus. »Bringst du bitte die Milch her?« sagte er zu Sylvie.

»Warum mußt du immer dieses billige Zeug kaufen?« fragte Lily. »Das schmeckt wie Pappe. Warum kriegen wir keine richtigen Cornflakes mit Honignüssen?«

»Mom kauft solche«, bekräftigte Sylvie. »Mir ist es lieber, wenn sie einkauft. Sie kauft bessere Sachen.« Schwungvoll goß sie einen halben Liter Milch aus einer großen Plastikflasche und knallte sie dann so heftig auf den Tisch, daß die Milch über den Rand schwappte.

»Wo ist denn der Deckel von dem Ding?« fragte David, und seine Stimme wurde ein wenig lauter. »Und wieso stellst du die Milch wieder in den Kühlschrank, ohne den Deckel draufzumachen? Wenn ich die Dinger rumliegen sehe, schmeiß ich sie weg, weil ich jedesmal glaube, daß sie von leeren Milchflaschen stammen.«

»Reg dich ab, Dad«, meinte Lily verächtlich und ließ Corn-flakes in zwei Keramikschalen prasseln. Er haßte dieses knisternde Geräusch. Er haßte die Schalen, die den ganzen Vormittag, noch halb voll mit Milch und darin herumschwimmenden pappigen Corn-flakes im Spülbecken herumstanden. Es war so gräßlich deprimierend. Er erinnerte sich daran, wie sich erst vor ein paar Jahren ein solcher Ring aus klebrigen Essensresten auf dem Fußboden rund um den Kinderstuhl gebildet hatte. Nun landete der Abfall eben eine Etage höher auf dem Tisch, und der einzige Unterschied bestand darin, daß er sich zum Saubermachen nicht mehr bücken mußte.

Die Mädchen setzten sich hin und aßen schweigend, Ellbogen auf dem Tisch, die Köpfe über die Schalen gebeugt. Er erschrak, als er sich bei der Vorstellung ertappte, daß sie wie Tiere bei der Fütterung aussahen.

David ging nach oben, um sich anzuziehen. Normalerweise richtete Anita alles für die Mädchen her, ehe sie in die Schule gingen. Aber vor etwa einem Jahr war sie erneut befördert worden, und nun ging sie lieber früh ins Büro, falls Anrufe von der Ostküste kämen. David fragte sich, ob das bloß eine Ausrede war, um dem zu entkommen, was in seinen Augen ein besonders unangenehmner Teil des Tages war. Sie wußte, wie schwierig die Vormittage für ihn waren. Neidvoll dachte er daran, wie sie am Schreibtisch saß und telefonierte, Kaffee trank und ein Croissant oder so was aß, während er mit dem Chaos hier fertigwerden mußte. Es war wirklich nicht fair.

Bevor er die Mädchen zur Schule fuhr, blieb ihm gerade noch genügend Zeit, sich zu rasieren. Als er sich so im Badezimmerspiegel betrachtete, kam er zu dem Schluß, daß er für sein Alter eigentlich noch recht gut aussah. Er rechnete sich aus, daß er wahrscheinlich gut fünfzehn Jahre älter war als die Creative Directors der zwei Agenturen, die ebenfalls auf den Werbeetat von Conway's Home and Garden Center scharf waren, aber das konnte sich so oder so auswirken. Sam und Bob Conway und ihre Schwester Sandy, die den Laden gerade von ihrem Vater übernommen hatten, waren ungefähr in Davids Alter – Anfang Vierzig. Möglicherweise gingen ihnen derlei aufdringliche Typen der Generation X, die ihnen erzählen wollten, wo es langging, auf die Nerven. Aber vielleicht sollte er sich für die Präsentation trotzdem einen neuen Haarschnitt verpassen lassen.

Es folgte das übliche Gerangel wegen der Hausaufgaben und um Geld fürs Mittagessen, während er mit klimperndem Schlüsselbund an der Tür wartete, dann die Fahrt zu Sylvies Grundschule und weiter zu Lilys Mittelschule. Er wußte nicht mehr genau, wie sich diese Gewohnheit des In-die-Schule-Fahrens eingeschlichen hatte, anstatt die Mädchen den Bus nehmen oder zu Fuß gehen zu lassen. Anita hatte damals darauf bestanden, und normalerweise überließ er alle Entscheidungen ihr, auch wenn er fand, sie sei überfürsorglich. Es schien ihr so viel zu bedeuten.

Doch heute, als er sah, wie Lily ihre Schultern beim Gehen hängen ließ und einen Buckel machte, als sie ihre Bücher wie einen Schutzschild an sich preßte, und wie ihre stämmigen Beine sie mühsam die Stufen hinauftrugen, ging ihm auf, daß es vielleicht gar nicht schlecht für sie wäre, zu Fuß zur Schule zu gehen. Die anderen Mädchen sprangen und alberten auf der Schultreppe herum und hüpften wie kleine Gazellen die Treppen hinauf. Im Vergleich zu ihnen wirkte Lily schwerfällig, wie eine Frau in mittleren Jahren. Plötzlich überwältigte ihn ein Gefühl von Schmerz und beschützender Liebe, in das sich Panik mischte. Sie bot einen so schrecklich traurigen Anblick.

In der Erinnerung sah er sie als kleine Fee, die auf dem Abenteuerspielplatz auf die höchsten Gerüste kletterte. Fröhlich und voller Energie war sie gewesen, bezaubernd unbefangen. Jenes kleine Mädchen mußte die wahre Lily sein. Dieses mürrische Ding da war eine Täuschung. Ihre eigentliche Persönlichkeit wurde von der Pubertät vorübergehend verhüllt.

Die Vorstellung war schlicht zu schmerzlich, Menschen seien wie Katzen, anfangs niedliche kleine Fellknäuel, die sich später zu reizlosen, neurotischen Kreaturen entwickeln, sich mit anderen reizlosen und verdrehten Wesen zusammentun und weitere hübsche Babys in die Welt setzen, die sich dann ebenfalls in unförmige, hausbackene, geistlose Wesen verwandeln.

In Gedanken notierte er sich die Idee, daß die wahre Persönlichkeit während der Pubertät eine Art Winterschlaf halte. Das mußte er sich merken, daraus konnte er einen hübschen Werbespot fürs Fernsehen machen. Vater mit verdrießlicher Tochter, die zusammen irgendwas im Haushalt machen – ein Teenager aus der Wirklichkeit, kein Vorzeigekind wie eine Cheerleaderin. Natürlich mit Happy-End, so in der Art, daß das Kind sich wieder in ein erkennbar menschliches Wesen zurückverwandelt. Eine Vorstellung, die die Leute aufheitern und ihnen dabei helfen würde, mit einem der qualvollsten Lebensabschnitte fertigzuwerden. Daß sie von niedlichen kleinen Babys reingelegt worden waren, und peng! plötzlich mit einem teuflischen Teenager zusammenlebten – so was wollten die Leute nicht hören.

Als er wieder zu Hause war, ging er in die Küche und kochte sich Kaffee. Den Kaffeesatz des Vortags kippte er oben auf die trist in der Spüle vor sich hin gammelnden Müslischalen. Einen Augenblick lang blieb er da stehen, trank einen Schluck und schaute durch das Fenster in den rückwärtigen Garten. Hinter der grünglänzenden Hecke mit ihren Frühlingstrieben ertönte gräßlicher Maschinenlärm wie von einem Motorboot auf einem stillen See.

Er hatte keine Ahnung, wer inzwischen da drüben wohnte. Vor ein paar Wochen war das Schild »Zu verkaufen« verschwunden, und seitdem waren einige Lebenszeichen von der anderen Seite der Hecke herübergedrungen – das Plopp eines Basketballs auf Beton, das Quietschen einer Schaukel und die hellen Stimmen von zwei kleinen Jungen sowie die Stimme einer Mutter, die freundlich und geduldig klang, auch wenn sie nicht laut genug war, daß er verstanden hätte, was sie sagte. Und jetzt dieser schreckliche Radau! Er konnte nur hoffen, daß das nicht den ganzen Vormittag so ging; ausgerechnet an dem Vormittag, an dem er mit seiner Arbeit anzufangen gedachte.

Mit finsterer Miene ging David in sein Büro hinunter. Eigentlich war es gar kein richtiges Büro mehr. Seit die Mädchen größer geworden waren, war es auch eine Art Spielzimmer für Sylvie und ihre Freundinnen und auch Lilys Lieblingsplatz, wo sie sich MTV reinzog und ihre Hausaufgaben machte. Und es hatte sich zur Rumpelkammer für alles entwickelt, was sonst nirgends Platz hatte – wie die zwei Kisten mit Ramsch, die ihm seine Schwester und seine Mutter geschickt hatten, nachdem sie vor ein paar Monaten Tante Marthas Haus in Muncie ausgeräumt hatten. Anita hatte ihm dauernd in den Ohren gelegen, sich endlich um die Kisten zu kümmern, doch jetzt, wo er eine Eingebung hatte, mußten sie eben warten.

Er bahnte sich seinen Weg durch einen Haufen von Modemagazinen und glitzernden Barbiepuppen-Kleidern und -Schuhen, ein halbfertiges Puzzle und Malbücher, die von einem Wirrwarr aus Farbstiften umgeben waren. An der Rückwand des Raumes standen ein Bücherregal, eine Pinnwand mit einem Kalender des Sierra Clubs und ein Schreibtisch mit seinem alten, klobigen Computer.

Er schaltete ihn ein und wartete geduldig, bis das Gerät mühsam zum Leben erwachte und er die fahlgrünen Buchstaben auf dem schwarzen Hintergrund auf und ab tanzen sah. Seine Finger verharrten über der Tastatur, und der Gedanke an die Arbeit bescherte ihm ein angenehmes Vorgefühl. Bei den Agenturen, die sich ebenfalls bewarben, machten sie eine Menge Wirbel um Forschung und Zielgruppen und verschwendeten eine Menge Zeit und Geld auf ausgefallene Schaubilder und Anzeigenentwürfe, die sie auf nagelneuen Computern mit perfekten Farbdruckern komponierten. David schob derlei Überlegungen beiseite und sagte sich, alles, was er wirklich brauche, käme aus ihm selber – aus seinem Denken und seiner Seele, wenn er sich auf die Menschen und ihre Bedürfnisse konzentrierte. Damit war er damals zum Star geworden. Die Idee stimmte. Auch der kreative Anteil würde stimmen, und das war die Garantie dafür, daß er die Conways, die einen aufgeweckten und offenen Eindruck machten, über das Gefühl packen würde.

Er begann, eine Beschreibung der Grundidee zu skizzieren. Die Leichtigkeit, mit der er vorankam, war ihm Beweis genug, daß er auf dem richtigen Weg war. Natürlich mußte alles noch ausgefeilt und geglättet werden, aber er war eindeutig wieder im Geschäft.

Während einer kurzen Pause merkte er, daß das gräßliche Maschinengeratter immer noch mit voller Kraft durch die Glastüren zum hinteren Garten drang. David stand vom Schreibtisch auf, ging zum Fenster und zog den Vorhang zurück. Ein paar Zweige mit glänzenden Blättern waren hinten in seinen Garten gefallen und hoben sich dunkel vom helleren Grün des Rasens ab. Offensichtlich stutzte da jemand die Hecke. Zumindest würde das wohl kaum den ganzen Tag dauern.

Trotz des Lärms schaffte er es, noch ein paar erstklassige Zeilen zu verfassen. Kein Zweifel, es lief wieder. Anita würde überrascht sein, wenn sie von der Arbeit nach Hause kam. Vielleicht könnten sie essen gehen, nur sie beide, dann würde er ihr von seinem neuen Projekt erzählen. Die Kinder konnten sich ja eine Pizza kommen lassen.

Anita hatte sich in den letzten Jahren, als er wirklich nicht allzuviel getan hatte, immer sehr verständnisvoll gezeigt, aber jetzt, da er wieder arbeitete, wurde ihm klar, in Wirklichkeit war sie von ihm enttäuscht; er hatte diese Einsicht lediglich verdrängt. Das wird ja nun bald alles wieder ganz anders, dachte er fröhlich. Er hatte ihr doch immer gesagt, sie solle ein bißchen mehr Vertrauen haben.

Seiner Meinung nach hatte er sich noch einen Kaffee verdient; er arbeitete sich also durch das Minenfeld aus Kindergerümpel zurück. Heute würde er darauf bestehen, daß die Mädchen diesen Saustall aufräumten. Schließlich war das sein Arbeitszimmer. Vielleicht war er zu nachgiebig geworden.

Während er sich noch eine Tasse Kaffee eingoß, warf er einen Blick aus dem Küchenfenster. Irgend etwas war anders, aber es dauerte einen Augenblick, ehe er den Unterschied bemerkte. Die vorher vielleicht zweieinhalb Meter hohe Hecke war jetzt nur noch knapp zwei Meter. Über ihr erspähte er den oberen Teil einer Trittleiter und auf gleicher Höhe einen sandfarbenen Haarschopf.

Er rannte die Hintertreppe hinunter und schrie: »He!« Der Krach hörte nicht auf, und er schrie noch einmal: »He!«, dieses Mal erheblich lauter. Der Lärm verebbte genau in dem Augenblick, als er noch heftiger brüllte, und so hörte er sich selbst wie in einem schlechten Film schreien: »Aufhören!«

Hinter der Hecke ertönte ein kleiner Überraschungsschrei einer Frau. Aus irgendeinem Grund hatte er einen stämmigen jungen Gärtner erwartet. Er hörte die Leiter zweimal quietschen, und der Kopf wanderte entsprechend höher, bis David sich einer Frau Mitte Dreißig mit einem herzförmigen Gesicht gegenübersah.

»Wie weit wollen Sie die denn noch stutzen?« fragte er wütend.

»Ich bin Sue Heffernan«, stellte die Frau sich verlegen, aber tapfer vor. »Ihre neue Nachbarin«, fügte sie in vertraulicherem Tonfall hinzu – wie eine Lehrerin, die einen aufsässigen Schüler durch ihr eigenes geduldiges Vorbild zu mehr Höflichkeit anhalten will.

»David Jamison«, erwiderte er mit einem verkniffenen Lächeln. »Hören Sie, könnten wir uns mal über die Hecke da unterhalten? Uns liegt nämlich einiges an unserer Privatsphäre.«

»Wow«, meinte Sue und blickte wie ein Clown auf Stelzen zu ihm hinunter. »Tut mir wirklich leid. Wissen Sie, mein Mann ist im Versicherungsgeschäft und sehr auf Sicherheit bedacht. So eine Riesenhecke wie die hier macht es den Einbrechern leicht. Ich dachte, wenn alles übersichtlicher wird ...«

»Soll das heißen, daß Sie die Hecke noch kürzer schneiden wollen?«

»Nur so weit, daß ein Erwachsener gerade noch zu sehen ist.«

»Tut mir leid«, blaffte David. »Das kommt überhaupt nicht in Frage. Und außerdem«, fügte er hinzu, »kann ich ja die Augen offenhalten, denn ich arbeite zu Hause.«

»Tatsächlich? Interessant!« Sue Heffernan beugte sich auf ihrer Leiter so weit vor, daß in David eine boshafte Hoffnung aufkeimte, sie könnte in die Hecke fallen. »Ich arbeite auch zu Hause.«

»Na«, meinte er, »dann sind wir hier doch ziemlich sicher, finde ich. Also sollten wir die Hecke so lassen, wie sie ist, finden Sie nicht?«

»Na gut«, willigte sie ein. »Ich komme nachher noch und reche das Zeug zusammen, das zu Ihnen rübergefallen ist.«

»Danke sehr« entgegnete er steif, »das weiß ich zu schätzen.«

»Wir sind gerade von Wisconsin hierhergezogen«, erklärte sie übergangslos. »Mein Mann ist versetzt worden.«

»Ich fürchte, wir hier sind nicht ganz so freundlich wie die Leute im Mittleren Westen.« David lächelte dabei, damit sie merkte, wirklich feindselig war er nicht. »Wir mögen unsere Hecken. Und ich weiß Ihre Zurückhaltung wirklich zu schätzen.«

Er nickte kurz und ging zum Haus zurück. Herrje, das war knapp gewesen. Noch einen halben Meter tiefer, und sie wären den ganzen Sommer lang den Blicken dieser Sue samt Familie ausgesetzt gewesen.

David war selbst im Mittleren Westen aufgewachsen und dachte mit Abscheu an die endlose Aufeinanderfolge makellos gepflegter Rasenflächen, die die Häuser seines Wohnblocks in einem Vorort von Indianapolis umgeben hatten. Wie eine Gemeindewiese, die als Weide für die Schafe diente. Statt dessen hatten dort Kinder herumgetobt, während Mütter das Gelände im Auge behielten und sich gegenseitig in ihren Küchen besuchten, um Kaffee zu trinken und ihre kleinen Herden zu hüten.

David hatte seine Familie im großen und ganzen als tyrannisch empfunden, weil sie sich so sehr an die Normalität geklammert und in ihrer Unwissenheit alles mit Argwohn belauert hatte, was auch nur entfernt etwas mit einer Besinnung auf sich selbst oder künstlerischem Ausdruck zu tun gehabt hatte.

Als er ans College der University of Michigan gegangen war, hatte er sich mit einem berauschenden Gefühl der Befreiung auf den Weg gemacht und gleich nach seinem ersten Jahr und in allen darauffolgenden Jahren einen Ferienjob in Ann Arbor gefunden, so daß er nie mehr hatte zurückkehren müssen.

Da, wo er aufgewachsen war, hätte man eine Hecke oder einen Zaun als nicht gerade gutnachbarlich oder gar als feindlichen Akt angesehen. Vielleicht empfand Sue das ähnlich. Je eher sie sich hier anpaßte, desto besser.

Er fand seine neue Nachbarin recht attraktiv. Aber das war erst recht ein Grund, sie nicht in dem Glauben zu wiegen, sie könne sich ihm gegenüber alles erlauben. Immerhin hatte sie sofort einen Rückzieher gemacht, das war schon mal ganz gut. Er war äußerst zufrieden mit sich und seinem energischen Auftreten und ging pfeifend ins Haus zurück. Er freute sich schon darauf weiterzumachen.

KAPITEL ZWEI

Anita fuhr ein paarmal um den Block, ehe sie in die Einfahrt bog. Als die Mädchen noch kleiner gewesen waren, war sie immer auf die Veranda gerannt und hatte sie umarmt, und die beiden waren wie Vögelchen um sie herumgeflattert. Mittlerweile bedeutete ihr das Alleinssein im Auto einiges. Die einzige Möglichkeit, nach einem hektischen Arbeitstag ein wenig zu entspannen, ehe sie sich dem ziemlich anstrengenden allabendlichen Ritual stellte.

Früher hatte man sie, wenn ihr Vater von der Arbeit nach Hause gekommen war, aus dem Wohnzimmer gescheucht, und er hatte geraucht und die Zeitung gelesen, bis das Essen fertig war. Erst dann und nachdem er die Zeitung fein säuberlich zusammengefaltet hatte, schloß er sich der Familie zu einer von ihrer Mutter zubereiteten warmen Mahlzeit an.

Natürlich konnte sie derlei nicht erwarten. Die Mädchen hatten ihr immer tausenderlei Sachen zu erzählen, doch weit öfter noch mußte sie irgendeinen Streit schlichten. Vermutlich war das die Art der beiden, ein wenig Aufmerksamkeit von ihr zu erzwingen, nachdem sie den ganzen Tag nicht zu Hause gewesen war. Und dann war da ja auch noch David, der sich mit einem Glas Wein in der Hand auf das Sofa hatte sinken lassen und sich die Nachrichten ansah, während sie gleichzeitig stritten, was es zum Abendessen geben und wer für die Zubereitung zuständig sein sollte. Wenn sie alles im Griff hätte, würde sie am Wochenende eine Reihe von Gerichten vorkochen, die dann für die ganze Woche reichten. Die Hoffnung, er könnte, wenn sie nach Hause kam, bereits eine Mahlzeit vorbereitet haben, hatte sie schon längst aufgegeben, obwohl das Teil ihrer Abmachung gewesen war.

Wenn sie tüchtiger wäre, käme sie damit zurecht. Eigentlich sollte sie sich darauf freuen, heimzukommen und herzlich und fürsorglich zu sein, damit alle glücklich waren, sie wiederzuhaben. Doch es fiel ihr zunehmend schwer, freundlich und nett zu sein. Sie konnte sich selbst hören, wie sie die Mädchen manchmal abwehrte und ihnen leise und völlig geschafft erklärte, gerade jetzt sei sie zu müde, um ihnen in dieser oder jener Angelegenheit zu helfen – zu kaputt, um die Geduld und Fröhlichkeit aufzubringen, mit der sie ihnen das Gefühl vermitteln könnte, daß sie die beiden wirklich lieb hatte.

Sie konnte sich hören, wie sie David anschnauzte und ihm unbegründete Vorhaltungen machte. Er schien es zwar gar nicht zu merken, doch sie selbst fand es erschreckend. Alle ihre Freundinnen, die nicht berufstätig waren, räumten ein, sie seien oft völlig erledigt, wenn ihr Mann von der Arbeit nach Hause käme. Bei David einen anderen Maßstab anlegen zu wollen, kam ihr unfair vor.

Als sie sich der Haustür näherte, versuchte sie, sich zusammenzunehmen. Aber wenn diese verdammten Müslischüsseln heute noch immer in der Spüle stünden, würde sie wahrscheinlich in Tränen ausbrechen.

Sie stieß die Tür auf.

Lächelnd stand David in der Diele und breitete die Arme aus. »Hallo, Liebling«, begrüßte er sie. »Wie war's heute?«

Er sieht wirklich gut aus, dachte sie. Vor allem, wenn er lächelt. Mit dem leichten, sorglos schlendernden Gang, den er in gehobener Stimmung zur Schau stellte und der sie immer wieder bezauberte, kam er auf sie zu und nahm sie in die Arme.

»Gut« erwiderte sie und drückte ihn ziemlich heftig an sich. »Einfach gut.«

Sie trat zurück und sah ihm ins Gesicht. »Ach David, ich liebe dich.« Es klang so eindringlich, und sie lachte leise. Der Kuß im Taxi hatte im Grunde nichts zu bedeuten gehabt. Da hatte sie sich mit einem überwältigenden Gefühl der Erleichterung an Frank geschmiegt und sich von ihm küssen lassen, als sei es so bestimmt. Jetzt hingegen sagte sie sich, sie hätte seinen Kuß nur aus Eitelkeit erwidert, einfach damit er merkte, wie gut sie küssen konnte.

»Natürlich liebst du mich«, meinte David heiter. »Setz dich ins Wohnzimmer; ich bring dir ein Glas Wein und erzähl dir, weshalb heute so ein großartiger Tag ist.«

»Du bist so aufgedreht«, stellte sie fest und folgte ihm in die Küche, ohne auf seine Anweisungen zu achten. Sie war erleichtert, denn irgendwie hatte sie sich eingebildet, ihr Mann sähe ihr an, daß sie Frank geküßt hatte. »Hast du im Lotto gewonnen?«

»Fast.« Er stöberte im Kühlschrank herum, während sie sich ein

Glas holte. Die Küche war makellos. Keine Müslischüsseln in der Spüle, und die elektronische Anzeige des Geschirrspülers stand auf »SAUBER«.

Mit einer Flasche Weißwein in der Hand wandte er sich wieder zu ihr. »Ich bin dabei, einen großen Auftrag an Land zu ziehen. Einen sehr großen Auftrag. Nur ich und zwei Agenturen in der Stadt sind an der Sache dran. Und ich glaube, ich habe wirklich gute Chancen, weil ich ein verdammt gutes Konzept dafür habe.«

»Um wen geht es?« fragte sie verblüfft. Seit ewigen Zeiten hatte sie ihn nicht mehr so energiegeladen und zuversichtlich erlebt.

»Conway's Home and Garden Center.«

»Soll das heißen, du hast dich tatsächlich darum gekümmert?« fragte Anita erstaunt. Vor einiger Zeit hatte sie einen Artikel über Conway's aus dem *Puget Sound Business Journal* ausgeschnitten und ihn David gegeben. Den Abschnitt mit der Information, daß sie ihre Werbung an eine Fremdfirma vergeben wollten, hatte sie sorgfältig mit einem gelben Marker hervorgehoben. Die Ladenkette war nichts Besonderes – etliche nicht sehr große Läden mit Haushaltswaren, denen eher armselige Abteilungen für Kindersachen angegliedert waren. Ihrer Ansicht nach würden sie wohl bald von einer Kaufhauskette wie Costco verdrängt. Aber es gab sie schon seit ewigen Zeiten, und ein paar von den Läden waren wirklich günstig gelegen. Wenn es David gelang, ihr Image ein wenig aufzupäppeln, könnten sie es möglicherweise schaffen, einen ansehnlichen Marktanteil zu ergattern.

David machte eine wegwerfende Handbewegung. »Letzte Woche hatte ich ein sehr produktives Gespräch mit ihnen. Der Laden ist gerade an die nächste Generation übergegangen, und die wollen gründlich aufräumen. Jahrelang haben sie sich mit einer hauseigenen Werbeabteilung begnügt. Fast mitleiderregend – nichts als Zeitungsinserate mit Preislisten. Ich habe ein paar Ideen, da bleibt denen wahrscheinlich die Luft weg. Das muß gefeiert werden: Laß uns essen gehen!«

Ihr Gesicht wurde ein bißchen länger. »Ich war aber schon mittags in einem Restaurant. Könnten wir nicht einfach gemütlich zu Hause essen?« Die Welt draußen kam ihr plötzlich bedrohlich und voll von unbekannten Gefahren vor. Doch dann ging ihr die Bedeutung dessen auf, was er gesagt hatte. Endlich angelte er sich einen großen Auftrag.

Er hatte schon mit den Leuten verhandelt. Wenn er ihn tatsächlich bekam, hätten sie wieder zwei Einkommen. David würde Leute einstellen müssen. Vielleicht irgendwo ein Büro mieten. So ein großer Auftrag aus dem Einzelhandel, das wäre etwas Ordentliches, Dauerhaftes.

»Aber ich habe den Mädchen schon eine Pizza bestellt«, maulte er gekränkt.

»Natürlich gehen wir aus«, lenkte sie ein und schämte sich plötzlich wegen ihrer mangelnden Begeisterung. »Tut mir leid. Ich war nur ein bißchen müde. Aber wenn du fährst und für mich bestellst und alles andere übernimmst, fände ich es wundervoll, wenn wir ausgehen. Und dann erzählst du mir alles über den Auftrag. Du hast mir nicht mal gesagt, daß du meinen Tip ernst genommen hast. Wann war denn die Besprechung?«

Jetzt lächelte er wieder und füllte ihr Glas. »Das habe ich letzte Woche auf die Reihe gebracht, aber bis heute war ich mir nicht sicher, ob ich den Kampf aufnehmen will. Und heute bin ich dann aufgewacht und hatte plötzlich das Gefühl, daß ich mich dem Wettbewerb stellen will. Als hätte eine dunkle Wolke sich verzogen.« Er füllte auch sein Glas und stieß mit ihr an, dann kam er ganz nah heran, stützte sich mit einer Hand auf die Resopalanrichte, beugte sich darüber und küßte sie auf die Stirn. »Ich habe schon einen Entwurf für die Konzeption verfaßt, auf der die kreative Arbeit dann aufbauen soll. Wir haben uns auf Anhieb gut verstanden. Ich glaube, die sind ziemlich aufgeschlossen. Ein Brüderpaar und ihre Schwester. Die sind echt bereit für einen Neubeginn.«

Er hatte wirklich und tatsächlich wieder zu arbeiten angefangen.

Mit einem Mal hatte Anita das Gefühl, dauerhafte Sicherheit läge im Bereich des Möglichen. Jetzt würde alles in Ordnung kommen. Sie wollte sich nicht in den dunklen Abgrund einer Affäre mit Frank Shaw stürzen. Eigentlich hatte sie das die ganze Zeit gewußt. Sie hatte gegen seine Anziehungskraft angekämpft, und gerade als sie ihr zu erliegen begann, hatte David sich zusammengerissen. Sie war auf die Probe gestellt worden und hatte die Prüfung mit knapper Not bestanden.

Frank würde sie sagen, sie habe es sich anders überlegt, was ihr Rendezvous morgen anging. Eines Tages würde sie zurückblicken und erkennen, wie dumm das alles gewesen war. Sie gehörte nicht zu denen, die in aller Heimlichkeit eine Affäre in der Stadt hatten. Es war nur so eine blöde Midlife-crisis, die ihr in ein paar Jahren vielleicht sogar lächerlich vorkäme, so wie sie heute die Qualen der Pubertät eher als ein wenig komisch empfand. So dankbar war sie für ihre Rettung, daß sie am liebsten losgeheult hätte.

»Liebling!« sagte David einfühlsam. Er merkte es immer, wenn ihr nach Weinen zumute war; er war ein Schatz.

»Ich bin einfach so glücklich«, erwiderte Anita. »Manchmal bin ich eben ein bißchen albern.«

»Mir war nicht klar, wie wichtig das für dich ist«, meinte er. »Ich weiß, es war schwer für dich, daß ich so blockiert war. Du warst so geduldig, eine wahre Heilige.«

Anita wollte damit herausplatzen, daß sie alles andere als eine Heilige sei, sondern eine Frau in mittleren Jahren, die sich plötzlich wie ein sexhungriger Teenager gefühlt habe, eine Frau, die im Begriff gewesen war, ihre Familie zu hintergehen und etwas zu tun, das den Mädchen und David mit Sicherheit weh tat, wenn sie es je herausfanden.

»Berichte mir von deinen Ideen, David.« Eigentlich interessierte es sie überhaupt nicht. Sie wollte nichts weiter, als daß er Jahr für Jahr hübsche fünfzehn Prozent Provision für die Anzeigen kassierte, die er entwarf und in die Zeitungen setzte. Dann könnten sie endlich ein wenig Geld zurücklegen und es anlegen, so daß es ihnen ein kleines Zinseinkommen brächte und die Ausbildung der Mädchen absicherte. Vielleicht könnten sie jetzt sogar den gräßlichen gesprungenen Betonbelag der Terrasse durch ein Ziegelpflaster ersetzen. Und sie fände wieder zu sich selber zurück.

David küßte sie noch einmal auf die Stirn. »Es geht um Familien«, erklärte er ihr. »Um ein Gefühl dafür, was ein Heim wirklich bedeutet. Wir werden die Haushaltsgeräte und das Zeug für den Garten verkaufen, indem wir den Leuten neue Vorstellungen von Familie und dem ideellen Wert des häuslichen Lebens verkaufen. Ich werde mich richtig reinhängen. Da stecken ungeahnte Möglichkeiten drin.«

Zweifelnd sah Anita ihn an. »Meinst du so was wie die herzerwärmende heile Familie zum Kuscheln? So in der Art wie das nostalgische Zeug von Norman Rockwell? Glaubst du wirklich, daß die Leute darauf abfahren?«

Lily war in die Küche gekommen. »Hi, Mom.«

»Hallo, Schätzchen.« Zerstreut lächelte Anita ihrer Tochter zu.

David trat einen Schritt zurück und lehnte sich an den Kühlschrank. »Das hat nichts mit Nostalgie zu tun«, widersprach er heftig. »Die geburtenstarken Jahrgänge werden allmählich erwachsen. Und dem versuche ich gerecht zu werden. Du weißt schon. So ein inspiriertes Gequatsche über ein Familienleben, das cool ist und hip. Eine neue Art, vom Leben im eigenen Heim zu sprechen. Schließlich war ich sechs Jahre zu Hause, da weiß ich ziemlich genau, wie man einen Haushalt führt.«

»Ach ja, richtig«, tönte Lily mit sarkastisch übertriebener kindlicher Begeisterung und langte in die Plätzchendose. »Die Wäsche ist weißer als weiß. Frischer als frisch.«

»Ach, Lily«, seufzte Anita. »Dein Vater hat ein neues Projekt an der Angel. Solche Bemerkungen sind nicht gerade hilfreich.«

»Wenn ich mir so ansehe, wie du in letzter Zeit Gewicht zulegst, kann ich mir nicht vorstellen, daß du diese Plätzchen *wirklich* brauchst«, merkte David an.

»Laß sie in Ruhe«, beschwichtigte Anita ihn. »Sie nimmt ein bißchen zu, ehe sie in die Höhe schießt.« Sie ging zu ihrer Tochter und wollte sie aufmunternd in den Arm nehmen, doch Lily war schon aus dem Zimmer stolziert. Sie hörten ihre schweren Schritte auf den Stufen und das Zuschlagen einer Tür.

»Großartig!« kommentierte Anita; sie stellte ihr Glas ab und schickte sich an, ihr nachzugehen. »Daß man ihr Aussehen runtermacht, das braucht sie gerade jetzt am dringendsten. Als nächstes wird sie uns noch freßsüchtig!«

Anita ging nach oben und klopfte leise an Lilys Tür.

»Was ist?« bellte Lily durch die geschlossene Tür. Anita glaubte, eine Art Flehen aus dem Gebelfer herauszuhören. Sie öffnete die Tür und trat ein. Lily lag rücklings auf dem ungemachten Bett und starrte auf ein Poster von Keanu Reeves, das an die Decke geklebt war.

»Achte nicht auf das, was Daddy sagt.« Anita hatte sich auf die Bettkante gesetzt und streichelte die Stirn ihrer Tochter. Sie spürte die glatte, warme Haut und das weiche Haar ihrer Brauen. Lily wandte sich ein wenig ab, ließ sich aber weiterhin von ihrer Mutter streicheln.

»Er macht sich Sorgen wegen seiner Arbeit«, fuhr Anita fort. »Wir müssen ihm Mut machen. Er versucht gerade, einen ziemlich fetten Auftrag an Land zu ziehen. Vielleicht ist er deswegen ein bißchen nervös. Das ist doch verständlich.«

»Ja, ja, ich verstehe«, erwiderte Lily und verdrehte die Augen.

»Wir wollen doch, daß es klappt«, meinte Anita. »Du weißt, Lily, dein Vater ist sehr talentiert und kreativ.«

»Kann schon sein, aber ein Faulpelz ist er ist auch«, grummelte Lily.

Unten kippte David seinen Wein hinunter; er war wütend. Ausgerechnet dann, wenn er ihre Unterstützung brauchte, reagierte Anitas skeptisch und ließ ihn nur wegen des schmollenden Kindes einfach stehen. Und ohne die zahlreichen kleinen Seitenhiebe, die sie ihm in letzter Zeit versetzt hatte, wäre Lily gar nicht auf die Idee gekommen, sich da einzumischen. Plötzlich hatte er eine Vision: Lily, die ihrer Weiblichkeit entgegentrapste, verbündete sich mit ihrer Mutter zu einem Feldzug, um ihn mit einer Menge kleiner, tückischer Manöver unterzukriegen.

Sylvie marschierte in die Küche. »Hi, Daddy«, begrüßte sie ihn fröhlich. Über ihren Sweater hatte sie die Pfadfinderinnenschärpe gestreift, und ihr braunes Filzkäppchen war mit zwei Haarklemmen festgesteckt. Großartig, dachte er und ließ jetzt seinem Ärger freien Lauf. Noch so ein kleiner Soldat im Krieg der Geschlechter. Weiß der Teufel, was die stämmige junge Lesbe mit dem militärischen Haarschnitt und dem Ring in dem einen Nasenloch, die die Pfadfindergruppe leitete, ihr alles beibrachte. Zweifellos, wie man jedes männliche Wesen kastrierte, das sich in ihr Revier wagte.

»Heute ist Pfadfinderinnenabend«, erklärte sie.

»Das hab ich auch schon mitbekommen.«

»Wir nehmen Melissa und Sara mit«, fuhr sie fort. »Und für was zu essen müssen diesmal wir sorgen.«

»Zum Teufel«, fluchte David. »Kann sich nicht Mom darum kümmern?« Ohne eine Antwort abzuwarten, stürmte er durch die Hintertür nach draußen. Während er sein Weinglas umklammert hielt, klappte er einen quietschenden Gartenstuhl aus Aluminiumgeflecht auf und ließ sich hineinfallen.

Der Anblick, der sich ihm in dem schwindenden Licht bot, ließ ihn seine dumpfe, allgemeine Bitterkeit völlig vergessen. Statt dessen stieg eine ganz andere, ganz besondere, von einem massiven Adrenalinschub begleitete Wut in ihm auf. In das eine Ende der Hecke war ein geschwungenes Portal geschnitten, das wie ein kleiner Torbogen zum Nachbargarten führte. Ein bißchen sah es so aus, als würde im nächsten Augenblick eine Beatrix-Potter-Figur hindurchtänzeln. Hinter dem Durchgang bot sich ihm der unwillkommene Anblick eines Sandkastens und einer Schaukel. Plötzlich hatte er die grauenhafte Vision eines ganzen Schachbretts voller Häuser und Gärten, umzäunt von einem Heckenlabyrinth und durch diese kleinen runden Bögen miteinander verbunden, damit all die armseligen, sinnlosen Ansammlungen angeblich glücklicher Männer, Frauen und Kinder ganz Amerikas eine einzige fröhliche Gemeinschaft bildeten.

Dafür würde er sie zur Rede stellen, das stand fest.

Verzweifelt starrten Anita und Sylvie in den Kühlschrank, als David einen Augenblick später wieder hereinplatzte. Wieso hat er nichts von den Snacks erwähnt, dachte Anita verärgert. Dann hätte sie auf dem Heimweg irgendwas besorgen können. Und wenn er schon dabei war, hätte er auch den Kühlschrank saubermachen können. Im obersten Fach klebte eine eingetrocknete Pfütze Ketchup, die wie geronnenes Blut aussah.

»Wir sind zwölf«, sagte Sylvie. »Und es muß nicht gesund oder so sein. Nur gut. Zum Beispiel Fruchtrollen oder Käsecracker oder der Südseetraum von Capri-Sonne.«

»Wir bringen was Richtiges zu essen mit«, erklärte Anita mit grimmiger Entschlossenheit, während sie auf die Uhr sah. »Vielleicht Obst und Schmelzkäse und Vollkorncracker.« Sie wandte sich zu David, der durch das Fenster in den Garten starrte. »Um die Snacks für die Kinder hättest du dich wirklich kümmern können«, hielt sie ihm vor.

»Sieh dir lieber mal an, was unsere neuen Nachbarn da draußen angerichtet haben!« entgegnete David. »Die haben ein Riesenloch in die Hecke geschnitten, durch das sie jederzeit bei uns hereinspazieren können.«

Sie ging zum Fenster. Der Torbogen in der Hecke kam ihr reichlich merkwürdig vor. Genaugenommen hatte er etwas regelrecht Gruseliges an sich. Er erinnerte Anita an die lebhaften, beunruhigenden Träume, die sie manchmal hatte und in denen sich einzelne Bestandteile vertrauter Orte veränderten. Sie wachte immer ziemlich verstört auf, so als wäre sie in eine andere Dimension hinübergeglitten, die genauso wirklich, aber ungeheuer bedrohlich war.

Sylvie stellte sich neben sie und sah ebenfalls aus dem Fenster. »Hübsch«, befand sie. »Wie die Tür in einem Zeichentrickfilm. Da möchte ich durchgehen.«

»Jetzt gehe erst mal ich da durch und mache denen da drüben die Hölle heiß«, fauchte David mit zusammengebissenen Zähnen.

Anita geriet in Panik und versuchte, ihn zurückzuhalten: »Mach das lieber nicht!«

»Dein Problem ist, daß du so konfliktscheu bist«, erklärte David.

»Na ja, sie können es doch nicht einfach ungeschehen machen«, gab Anita zu bedenken. »Das wird ein paar Jahre dauern, bis es wieder zuwächst.«

»Man muß denen mal sagen, daß sie nicht einfach tun können, was ihnen paßt.«

»Vielleicht können wir etwas davorpflanzen. Ich fände es nicht gut, wenn wir gleich mit ihnen zu streiten anfangen. Das gibt nur Ärger, und das vermutlich jahrelang.«

David schnaubte. »Hier kommt es darauf an, von Anfang an Entschlossenheit zu zeigen. Man muß denen klarmachen, daß wir uns nicht alles bieten lassen.«

»Geh nicht«, bat Anita. »Wir müssen die Sache mit den Pfadfinderinnen auf die Reihe kriegen.«

»Genau«, mischte Sylvie sich ein.

»Die Pfadfinderinnen können mich am Arsch lecken!« schnaubte David und stürmte wieder in den Garten, ohne zu bemerken, wie schockiert Sylvie über seine Ausdrucksweise war. »Ich geh jetzt da rüber und mach den Leuten die Hölle heiß.«

»Ich komme mit.« Anita hoffte, ihn von einem offenen Streit abhalten oder zumindest besänftigen zu können.

»Wunderbar, aber reden läßt du mich!«

»Du könntest wenigstens dein Weinglas hierlassen. Das macht

einen besseren Eindruck.« Sie trottete hinter ihm her und wünschte, sie hätte noch Zeit gehabt, ihre hochhackigen Schuhe auszuziehen. »Ruf Melissa und Sara an und sag ihnen, daß wir ein bißchen später kommen«, rief sie Sylvie über die Schulter zu.

»Mom! Wo gehst du hin?«

»Nur zu den neuen Nachbarn«, erklärte Anita ein wenig atemlos.

»Ich komme mit!« erklärte Sylvie. »Ich will durch das hübsche Tor gehen!«

Anita wollte schon nein sagen, doch dann überlegte sie sich, daß David sich in Sylvies Anwesenheit vielleicht etwas zurückhalten würde. »Okay, dann komm«, rief sie und streckte die Hand aus. Sie folgten David durch die Hecke in den Nachbargarten, wo Sylvie voller Interesse die Schaukel zur Kenntnis nahm, und gingen ums Haus zur Tür auf der Straßenseite. In der Einfahrt stand ein nagelneuer, silbern glänzender Kombi. Auf der Veranda holten sie David ein, der mit allem Nachdruck einen hübschen Türklopfer aus Messing bearbeitete. Anita bewunderte einen großen, grün lasierten Keramiktopf, der direkt unter dem Briefkasten stand und von Lobelien und Efeu überquoll; in der Mitte schimmerten kleine weiße Blümchen. Und sie bewunderte den hellen Lichtschein, der durch einen schweren Spitzenvorhang hinter der Glastür drang. Wie konnte David nur so eindringlich an die Tür von Leuten hämmern, die sich die Mühe gemacht hatten, den Eingang ihres Hauses so hübsch und einladend zu gestalten? Selbst die große orangefarbene Borstenmatte sah einladend aus – irgendwie üppig und großzügig.

»Sei, um Himmels willen, höflich«, flüsterte Anita David zu. Die Tür öffnete sich. Aufgebaut wie zu einem Familienporträt standen da vier Leute und sahen sie an: ein kräftig wirkender Mann mittleren Alters in einem Strickpullover mit einer goldgefaßten Pilotenbrille mit dicken Gläsern, die seine hellbraunen Augen riesig erscheinen ließen. Neben ihm lächelte eine offenbar sehr glückliche, heitere Frau mit glatter, schlichter Frisur sie an. Die blonden Strähnen in ihrem Haar konnten nur von der Sonne selbst oder einem wirklich fabelhaften Friseur stammen. Mandelförmige Augen von sanftem Blau verliehen ihr ein apartes und ein wenig katzenhaftes Aussehen; sie hatte einen altmodischen Kittel aus rosa Chintz an, wie sie zur Zeit König

Edwards wahrscheinlich die Ladys beim Arrangieren von Blumengestecken getragen hatten.

Vor den beiden Erwachsenen hatten sich zwei kleine Jungen in makellosen Pfadfinderuniformen aufgebaut. Der kleinere der beiden trug eine Brille. Anita hatte die bizarre Vorstellung, sie seien gemeinsam in geschlossener Formation zur Tür marschiert, um den Besuchern ein Bild der Eintracht zu bieten.

»Wegen der Hecke ...« setzte David an.

Anita lächelte unsicher und unterbrach ihn. »Ich bin Anita Jamison«, stellte sie sich vor.

»Hallo, Anita! Ich bin Sue. David habe ich schon kennengelernt«, verkündete die Frau freundlich. Das überraschte Anita. David hatte nichts davon erzählt, daß er schon mit ihr gesprochen hatte. »Das ist mein Mann, Roger«, fuhr sie fort. »Und das sind unsere Söhne, Chris und Matt.« Anita erwartete beinahe, sie salutieren zu sehen. Die Uniformen waren wie aus dem Bilderbuch. Offenbar waren sie sogar gestärkt und hatten messerscharfe Bügelfalten, wie die Uniform von Anitas Vater. Beide Buben waren blond und sommersprossig und zahnlückig, und sie waren mit Verdienstabzeichen dekoriert. Plötzlich fühlte Anita sich ein wenig unbehaglich, weil Sylvie, wie die meisten Mädchen in ihrer Gruppe, nur Teile ihrer Pfadfinderinnenuniform anhatte.

»Und wer ist das?« Sue stützte die Hände auf die Knie und beugte sich zu Sylvie hinunter. Anita roch einen Hauch Yardley-Lavendel.

Jetzt genierte sich Anita, weil Sylvies Verdienstabzeichen nur mit Sicherheitsnadeln an ihre Schärpe geheftet waren. Eigentlich gehörten sie aufgebügelt, aber irgendwie blieben sie nie haften.

»Das ist unsere Tochter Sylvie«, erklärte David ungeduldig.

»Ich würde Sie gerne hereinbitten«, und es klang tatsächlich bedauernd, »aber wir sind auf dem Weg zu einem Wölflingstreffen drüben in der Schule.«

»Ich weiß. Die Pfadfinderinnen treffen sich auch dort«, erwiderte Anita. »Eigentlich wollte ich Sylvie gerade hinfahren.«

»Richtig«, bekräftigte David und zog die Stirn in Falten, als wäre es Sues Schuld, daß Anita statt dessen hier war. »Aber wir haben festgestellt ...«

»Es ist sehr freundlich von Ihnen, daß Sie herüberkommen, um sich uns vorzustellen«, verkündete Roger ohne sonderliche Begeisterung.

Sofort ging David auf ihn los. »Wir haben festgestellt«, wiederholte er mit erhobener Stimme, »daß Sie eine Riesenöffnung in die Hecke geschnitten haben.«

Sues Gesicht fiel in sich zusammen. Sie tat Anita schrecklich leid. Sie selber würde sich schrecklich fühlen, wenn ihre Nachbarn sich über etwas Derartiges beschweren würden.

»Es tut mir ja so leid!« Sue hörte sich verängstigt an. »Sie sagten, Sie wollten sie nicht niedriger haben, da hielt ich es für einen guten Kompromiß – und man hat einen besseren Überblick. Ich hätte Sie wohl vorher fragen müssen, aber um ehrlich zu sein, ich wollte Sie nicht noch einmal stören.«

Roger sah auf die Uhr und unterbrach sie: »Vielleicht können wir das später bereden?«

»Wir können Sylvie zur Schule mitnehmen, wenn Sie wollen«, bot Sue an, als wolle sie ihren Fauxpas wiedergutmachen.

»Das schaffen wir schon«, entgegnete Anita. »Ich muß außerdem noch zwei andere Mädchen abholen.«

»Aber das ist doch kein Problem«, widersprach Sue. »Wir haben einen ziemlich geräumigen Kombi.«

»Da drin ist Platz für eine kleine Ligamannschaft«, ergänzte Roger stolz.

Sue bedeckte ihr Gesicht mit den Händen und spähte spitzbübisch zwischen ihren Fingern durch. »Dann würde ich mich besser fühlen, wegen der Hecke. Ich fürchte, ich habe da wirklich einen Fehler gemacht.« Sie ließ die Hände wieder sinken, biß sich auf die Unterlippe und runzelte die Stirn zu einem nachgerade klassischen Ausdruck von Bußfertigkeit, der zwar ein wenig übertrieben wirkte, aber auch klarmachte, daß es ihr wirklich leid tat.

David warf Anita einen Blick zu. »Eigentlich könnten wir das Angebot annehmen«, meinte er. »Dann schaffen wir es doch noch, essen zu gehen, wie wir es vorhatten.«

Anita hatte das Essen zur Feier des Tages, das sie sich eigentlich vorgenommen hatten, völlig vergessen. Sie lächelte Sue an. »Das kann ich Ihnen wirklich nicht zumuten.«

Sylvie meldete sich zu Wort: »Was ist mit den Snacks? Dad hat vergessen, daß wir diesmal dran sind«, fügte sie hinzu und sah zu Sue auf.

»Das können wir gleich mit übernehmen«, erklärte Sue und führte Sylvie durch den Flur ins Haus. David und Anita sahen sich einen Augenblick fragend an und folgten ihnen dann.

Der Grundriß im Inneren war wie ein Spiegelbild ihres Hauses. »Wir haben ja Zwillingshäuser«, bemerkte Anita verdutzt. Als hätte jemand alle ihre Möbel ausgeräumt und durch bessere ersetzt. »Ich hab zwar gewußt, daß es in der Gegend eine ganze Reihe solcher Häuser gibt, aber in dem hier bin ich noch nie gewesen.«

»Sie kannten die Hansens nicht?« fragte Sue.

»In unserem Viertel schätzen die Leute ihre Privatsphäre«, entgegnete David anzüglich.

Anita warf ihm einen bösen Blick zu. Zwar kamen Sue und Roger ihr übertrieben freundlich vor, doch die Einrichtung – schlichte Vorhänge aus weichem Stoff, glänzende Hartholzböden, hübsche rustikale Antiquitäten mit ein paar modernen Stücken dazwischen – war so geschmackvoll und unaufdringlich schön, daß seine Grobheit dadurch noch ungehobelter schien.

»Wie viele Mädchen sind denn in deiner Gruppe?« wollte Sue wissen.

»Zwölf«, antwortete Sylvie und starrte die beiden Jungen an, die hinter ihr in die Küche gekommen waren.

»Kein Problem. Da habe ich genau das Richtige«, meinte Sue, öffnete den Kühlschrank und nahm einen braunen Tontopf heraus. »Streichkäse und Cracker. Dazu ein paar Trauben.«

Sylvie sah sie dankbar an.

»Hey, das ist ja prima«, sagte David zu Sue. Dann schaute er mit einer für Anitas Empfinden theatralisch wirkenden Geste auf die Uhr. »Wir waren gerade dabei, auszugehen. Wir haben einen Tisch reserviert«, log er. »Sylvie kann Ihnen ja sagen, wo ihre Freundinnen wohnen.«

Anita hoffte, daß ihr kurzer Rundblick durch die Küche, die genau wie ihre geschnitten, aber viel sauberer war, nicht weiter auffiel. Ein anheimelnder Geruch nach Zimt und Selbstgebackenem lag in der Luft. Über dem sechsflammigen Herd aus Edelstahl, der auch einem

Restaurant alle Ehre gemacht hätte, hing eine Reihe glänzender Kupfertöpfe. Auf einem großen alten Holztisch stand eine Schale mit grünen Äpfeln. Die makellosen weiß-blau karierten Geschirrtücher waren so perfekt gefaltet, daß das eingestickte H genau in der Mitte saß. Auf dem Fensterbrett war eine Süßkartoffel mit jungen grünen Trieben an Zahnstochern über einem Glas mit Wasser aufgehängt. Anita kannte den Trick noch vom Kindergarten und erinnerte sich daran, wie sehr er ihr gefallen hatte. Das würde vielleicht auch Sylvie Spaß machen.

»Ich kann sie natürlich auch wieder nach Hause bringen«, bot Sue an. »Ich bleibe sowieso die ganze Zeit über da, weil ich stellvertretende Gruppenleiterin bin.« Sie begann Sylvie vorzuführen, wie dick der Käse auf die Cracker gestrichen werden mußte, ehe man sie aufeinanderdrückte.

»Also weißt du, David«, sagte Anita, »das können wir wirklich nicht alles Sue überlassen.«

»Ab mit Ihnen beiden!« meinte Sue mit einer kessen Handbewegung. »Ist doch großartig, wenn man ab und zu mal zu zweit allein sein kann, oder?« fügte sie mit einem schelmischen Ausdruck hinzu. Die Angelegenheit mit der Hecke schien, zu Anitas großer Erleichterung, plötzlich gar nicht mehr so wichtig.

»Na denn, vielen Dank«, sagte Anita. »Das ist wirklich sehr nett von Ihnen.«

Gerade wollte David Anita wieder zur Haustür dirigieren, als Sue überrascht aufsah. »Sie brauchen doch wirklich nicht den ganzen Umweg außen rum zu machen!« meinte sie und deutete aus dem Fenster. »Gehen Sie doch einfach durch die Hecke.«

KAPITEL DREI

Im Garten der Heffernans nahm David Anitas Hand und lachte leise. »Hey«, sagte er, »das hat doch prima geklappt.«

»Du hältst das für richtig?« fragte Anita. »Wir kennen sie doch gar nicht. Ich meine, sie machen zwar einen recht ordentlichen Eindruck, aber wir wissen doch eigentlich nichts über sie …« In der Dämmerung zeichneten sich das Schaukelgestell und der Sandkasten ab. Eine der Schaukeln knarzte in einem leichten Lufthauch. Sie gingen darum herum und überquerten dann einen mit Backsteinen eingefaßten kurzgeschorenen Rasen.

»Ordentlich! Neben denen sieht Familie Saubermann wie die *Addams Family* aus«, spottete David. »Wie in *Schöner Wohnen*. Jedenfalls scheint sie gern Kinder herumzukutschieren.« Als sie durch den Torbogen in der Hecke gingen, inspizierte er Sues Arbeit. »Handwerklich ist jedenfalls nichts daran auszusetzen, wie sie sich da durchgeschnipselt hat«, meinte er anerkennend.

»Offensichtlich die perfekte Hausfrau. Die hat das ganze Haus voll im Griff«, bestätigte Anita. »Bis hin zur Farbe der Äpfel auf dem rustikalen Küchentisch.«

»Aber der Mann ist mir ein bißchen vertrottelt vorgekommen«, bemerkte David. »Ich wette, der hält sich einfach im Hintergrund und läßt sie rumrennen und alles mit Monogrammen besticken, was nicht niet- und nagelfest ist. Hast du die Geschirrtücher gesehen?«

Kichernd hakte Anita sich bei ihrem Mann ein. Das gemeinsame Lästern tat gut, und sie war dankbar für die Bemerkung mit den Geschirrtüchern. Nach der kurzen Begegnung mit Sue Heffernan hatte sie sich als hoffnungslose Versagerin gefühlt. Die Häuser mochten ja gleich geschnitten sein, aber an Sues Haus gemessen kam ihr das eigene abweisend, schäbig und ein wenig trist vor.

Lily saß am Küchentisch, vor sich eine offene Pizzaschachtel und daneben etwas, das wie ihre aufgeschlagene Mathehausaufgabe aussah. Zu Anitas Erleichterung schien sie ihre Schmollphase überwunden zu haben. Ohne sonderliche Begeisterung, aber auch ohne Groll sah ihre Tochter zu ihnen auf. Immerhin ein Fortschritt.

»Danke, daß ihr mich ohne Geld für den Pizzamenschen hier habt sitzen lassen«, murrte sie und nahm sich noch ein Stück. »Ihr schuldet mir jetzt was von meinem Geld fürs Babysitten.«

»Hör mal, wir gehen jetzt aus. Ein geruhsames Dinner zu zweit«, erklärte David.

Lily legte gerade den Kopf zurück und zielte mit der Spitze eines dreieckigen Pizzastücks, von dem Käse tropfte, auf ihren Mund; sie hielt kurz inne und meinte: »Ihr versucht wohl, eure müde Ehe wieder ein bißchen in Schwung zu bringen?«

Am nächsten Morgen blieb David in jenem köstlichen, aber spannungsvollen Zustand zwischen Schlaf und dem Bewußtsein liegen, aufstehen und sich um die Kinder kümmern zu müssen. Letzte Nacht hatten Anita und er nach einem phantastischen Essen bei einem Italiener auf dem Queen Anne Hill wahrhaftig wieder einmal miteinander geschlafen – na ja, wohl eher so eine Art Quickie, aber trotzdem –, und das hatte ihn daran erinnert, wie wichtig Sex eigentlich war. Unter der warmen Daunendecke langte David geistesabwesend in den Schlafanzug und gönnte seinem Schwanz ein paar Streicheleinheiten, fast wie ein Trainer, der nach einem guten Spiel seinem besten Spieler die Schulter tätschelt.

Es würde Anita nicht umbringen, wenn sie ein wenig später zur Arbeit führe und die beiden selbst zur Schule brächte, dachte er. Schließlich kamen ihm die besten Einfälle immer unmittelbar nach dem Aufwachen. Plötzlich überkam ihn ein Anflug von Ärger. Er hatte sich einfach kleinmachen lassen. Darüber mußte er mit ihr reden, sobald sie von der Arbeit nach Hause kam.

Und genau in diesem Augenblick hatte er eine Eingebung für einen Werbespot, den er bei der Conway's-Präsentation vorschlagen würde und der ihm ausgesprochen sexy vorkam: Ein Paar, in dessen Liebesleben offensichtlich alles stimmt, renoviert gemeinsam das Schlafzimmer. Dann ein hübscher kleiner Übergang, vom Tapezieren zur Nacht – das Paar schlüpft ins Bett. Das könnte man mit einer Veränderung des Lichts, das durchs Fenster dringt, andeuten. Schließlich würde der Mann das Licht ausmachen, und die Frau würde es wieder anknipsen – sie will weiter die neue Tapete bewundern. Er schaltet das Licht wieder aus. Alles schwarz. Die Frau gibt ein paar kichernde, zufriedene Laute von sich. Anschließend die Stimme des Sprechers und das Motto der Kampagne in einer modernen Schrift. Jetzt brauchte er nur noch irgendeinen Slogan für die ganze Kampagne.

David sah plötzlich eine ganze Serie von Werbespots vor sich. Er könnte Mark Miller anheuern, damit der ihm ein paar umwerfende Storyboards entwarf. Noch nie hatte jemand Haushalts- und Eisenwaren auf die Tour an den Mann gebracht, wie es ihm vorschwebte. Mit Werbung für all das, was den Menschen wirklich wichtig ist. Ein Zuhause. Arbeit. Kinder. Liebe. Sex.

Man brauchte sich da nichts vorzumachen, Sex nahm den Dingen ihre Verschrobenheit, führte sie alle auf das Wesentliche zurück. Das war seine Idee: Schluß mit dem Geschwafel von wegen modernem Leben. Statt dessen herausfinden, was die Leute wirklich glücklich macht. Und damit konnte man ihnen dann Heißwasserboiler und Türgriffe verkaufen.

Er hatte sich gerade noch einmal auf den Bauch gedreht und sich weitere zehn Minuten genehmigt, als er von unten einen schrillen, empörten Schrei hörte. Sylvie. Lilys Schreie klangen eher nach einer Dampfpfeife. Er zog sich die Decke über den Kopf und hoffte, es sei nichts weiter als ein vorübergehender Ausbruch gewesen. Dann hörte er Füße die Treppe heraufstapfen, und Sylvie kam ins Zimmer gerannt. »Daddy, Daddy, komm schnell!« japste sie atemlos.

»Was ist denn los?« fuhr er sie an und setzte sich im Bett auf.

Ganz steif, mit ausgestreckten Armen stand sie da; die kleinen Hände waren zu Fäusten geballt. »An der Decke hängt was ganz Ekliges!« Da von ihm keine Antwort kam, fügte sie aufregt hinzu: »Es wird immer größer.«

»Beruhige dich«, meinte er und schlüpfte in aller Ruhe in seine Hausschuhe. Mit einem tiefen Seufzer folgte er ihr nach unten.

»Wanzen tun doch keinem was«, erklärte er.

»Das ist keine Wanze«, behauptete sie, führte ihn ins Wohnzimmer und deutete nach oben. Von der beigen Decke hing eine große Blase herab. Die Latexfarbe hatte sich zu einem runden Sack verformt, der voller Flüssigkeit zu sein schien.

Aus der Küche spazierte Lily herein. »Sieht wie ein Ballon voll Wasser aus«, meinte sie und musterte ihn nachdenklich. Dann sah sie David an. »Ein neuer Schlafanzug!« juchzte sie und betrachtete das rotweiße Muster. »Sieht aus wie ein Tischtuch.«

»Wahrscheinlich ein Leck im Abflußrohr«, vermutete David. »Wir haben gerade erst frisch gestrichen, da ist die Farbe noch neu und dehnbar und hält das Wasser zurück.«

»Tu doch was«, flehte Sylvie händeringend.

Eklig sah es aus, das Ding da. Mit seiner beigen Farbe ähnelte es einer Pustel auf menschlicher Haut. David beschloß, die Blase aufzustechen, ehe sie von alleine platzte.

»Hol einen Eimer«, befahl er Lily. »Und eine Gabel.«

Mit dem Eimer in einer Hand stieg er auf den Couchtisch und piekste in das Ding. Ein Schwall rostigen Wassers platschte heraus. Er stieg wieder hinunter und stellte den Plastikeimer unter die Stelle, die jetzt ein feuchter Kreis mit einigen herabhängenden Fetzen von Latexfarbe war. Geräuschvoll klatschte ein Wassertropfen in den Eimer.

»Mom wird ganz schön sauer sein«, verkündete Lily. »Schließlich hat sie die Decke gestrichen.«

»Wir lassen einen Klempner kommen, und wenn er fertig ist, nehmen wir Farbe und überstreichen die Stelle«, erklärte David lässig. »Jetzt, wo ich ein Loch reingepiekst habe, kann sich der nasse Fleck nicht weiter ausbreiten. Das Wasser muß abfließen können.« Alle drei standen sie da und sahen zu, wie der nächste Tropfen herunterplatschte.

David saß vor dem Computer, hatte die Kopfhörer von Lilys Walkman aufgesetzt und ließ sich noch einmal die Grundidee des Ganzen durch den Kopf gehen, um sie zu einem überzeugenden Gesamtkonzept auszubauen. Ganz klar, damit mußten sie ins Fernsehen, dazu vielleicht eine erstklassige Broschüre als Hintergrundinformation. Nichts von dem deprimierenden Preislistenscheiß. Stimmungsvoll mußte es sein. Eine echt revolutionäre Art, Haushaltswaren zu verkaufen, etwas, das wirklich einschlug. David spielte mit dem Gedanken, einen Teil des Materials bei einem landesweiten Wettbewerb einzureichen. So was beeindruckte den Kunden.

Seit gut einer Stunde war er am Arbeiten, als ein Hämmern an die Glastür neben seinem Schreibtisch die Musik übertönte. Er nahm die Kopfhörer ab. Argwöhnisch linste er zum Fenster hinüber und erspähte durch den halb durchsichtigen Vorhang einen undeutlichen Umriß. Ein Einbrecher, der das Haus auskundschaftete? Seine paranoiden, heckenvernichtenden Nachbarn fielen ihm ein. Mit einer fahrigen Geste zog David den Vorhang zurück. Da stand Sue Heffernan in geblümtem Chintz, den Kopf ein wenig schüchtern auf die Seite gelegt, und lächelte ihn an. Wie in der Schlußeinstellung eines Werbespots hielt sie ihm einen großen Kuchen zur Begutachtung hin: eine duftige, mit Zuckerguß überzogene Torte, die sie mit schimmernder Frischhaltefolie zugedeckt hatte.

David entriegelte die Türsicherung und schob die Tür zurück.

»Hi!« sagte Sue fröhlich. »Ich habe geklingelt, aber wahrscheinlich haben Sie mich nicht gehört. Die Hecke hat mir keine Ruhe gelassen, und da habe ich Ihnen ein kleines Friedensangebot gebacken.«

Ganz klar, dachte er, nachdem sie zunächst das Loch fabriziert hat, muß sie auch prompt durchspazieren. Genau wie er es vorausgesagt hatte. »Das wäre doch wirklich nicht nötig gewesen«, erklärte er und meinte das durchaus wörtlich. Doch dann fiel ihm wieder ein, daß sie ihnen Sylvie abgenommen hatte.

»Danke, daß Sie die Kinder zum Treffen der Brownies mitgenommen haben«, sagte er widerwillig.

»Kein Problem! Sie ist ein richtiges Püppchen. Ich mag kleine Mädchen.« Sue hatte sich inzwischen ins Haus vorgearbeitet und warf einen Blick auf seinen Computer. »Oh!« tönte sie eifrig, »Sie sind bei der Arbeit?«

»Ich versuche es zumindest.« David schob sich zwischen sie und den Bildschirm. Er haßte es, anderen Leuten eine noch nicht abgeschlossene Arbeit zu zeigen.

Sie stellte den Kuchen auf den Schreibtisch. »Was machen Sie eigentlich genau?«

»Ich bin in der Werbung«, antwortete er.

Sie nickte und sah enttäuscht aus, und das ärgerte ihn. Die meisten hielten Werbung für eine faszinierende Branche. »Im Augenblick arbeite ich an einer Kampagne, die sich um das Familienleben in den neunzigern dreht. Die Einbindung traditioneller Werte in eine zeitgemäße Umgebung«, erklärte er. »Bei der Arbeit im Haus und beim Großziehen der Kinder bin ich zu einigen Einsichten gelangt, die die Jungs in den Büros einfach nicht haben können.« Ihm wurde bewußt, das Ganze klang, als sei das schon die Präsentation bei Conway's. Sie wurde hellhörig. »Wow, wirklich interessant. Darüber habe ich selbst schon viel nachgedacht. Irgendwann würde ich gern mit Ihnen darüber reden.«

»Das können wir gern tun«, bestätigte er und war ein wenig überrascht, bei ihr so etwas wie geistige Interessen zu entdecken. Er hatte sich vorgestellt, sie verbringe ihre Zeit hauptsächlich mit der farblichen Abstimmung von Topflappen und dem Trocknen von Kräutern. »Aber ich fürchte, jetzt muß ich wieder an die Arbeit. Ich stehe ziemlich unter Zeitdruck.« Er warf einen Blick auf den Kuchen. »Und nochmals vielen Dank!«

»Sie müssen ihn kaltstellen«, erklärte sie. »Er ist mit Schlagsahne gefüllt.«

Plötzlich spürte David so etwas wie Interesse – er liebte Schlagsahne. Er stand auf, um Sue hinauszubegleiten und die Torte in die Küche zu bringen.

»Ich kümmere mich schon darum«, meinte sie und forderte ihn mit einer beiläufigen Handbewegung auf weiterzuarbeiten. »Lassen Sie sich von mir nicht stören. Ich kenne den Weg, schließlich hat unser Haus den gleichen Grundriß, stimmt's?«

»Richtig. Vielen Dank.«

»Oh, fast hätte ich es vergessen.« Sie kramte in der großen rechteckigen Tasche ihres geblümten Kittels, der bei David Erinnerungen an die Kindergartentanten vergangener Zeiten weckte – Kittelschürze hieß es damals, wenn er sich recht erinnerte –, und zog einen Gegenstand heraus, der sich als Sylvies Pfadfinderinnenschärpe entpuppte. »Ich hatte ihr versprochen, die Dinger da für sie anzunähen.«

David war ein wenig irritiert. Vermutlich meinte sie die Verdienstabzeichen. »Sind die abgegangen oder was?« fragte er.

»Sie waren nur mit Sicherheitsnadeln angeheftet«, erklärte Sue. Sie nahm den Kuchen und ging zu den Stufen, die in die Küche führten. »Aber jetzt geh ich Ihnen nicht länger auf die Nerven«, meinte sie.

»Ich wollte ihnen lediglich eine kleine Freude machen, weil Sie wegen der Hecke verärgert schienen.«

»Sie haben wirklich schon genug für uns getan.« Er beobachtete, wie sie sich einen Weg durch das Chaos der überall im Raum herumliegenden Sachen der Mädchen bahnte, und brüllte hinter ihr her: »Wenn Sie wollen, können Sie gleich durch die Küchentür raus.«

Er setzte sich wieder hin und stülpte sich die Kopfhörer über; mit den Rolling Stones übertönte er Sues Schritte.

»Schatz, ich bin wieder da«, flötete Anita in dem parodierenden Tonfall, den sie als privaten Scherz kultiviert hatten, als er damals seinen Job aufgegeben hatte. Jetzt hielt sie das für einen eher grimmigen Scherz; eine Möglichkeit, mit dem sie all ihren Ärger zu verdecken versuchte.

»Ich bin in der Küche«, antwortete er. »Warum kommst du erst so spät?« Er saß am Tisch und hielt ein Glas Rotwein in der Hand.

»Ich habe angerufen,« erklärte sie und fühlte sich in die Defensive gedrängt. »Ich hab dir eine Nachricht auf Band gesprochen.«

Die Nachricht war absichtlich ziemlich vage gewesen. In Wirklichkeit hatte sie sich mit Frank getroffen, in der Absicht, ihm persönlich und so schonend wie möglich mitzuteilen, sie könne nicht mit ihm schlafen, es täte ihr leid, es sei ihr einfach unmöglich, die Schuldgefühle würde sie nicht ertragen.

Jetzt spielte sie mit dem Gedanken, David zu erzählen, sie habe mit einigen Arbeitskolleginnen auf einen Geburtstag angestoßen. Sie hoffte, daß inzwischen alle gegessen hatten.

»Ich hab fast den ganzen Tag die Kopfhörer aufgehabt«, schwärmte David. »Zehn Seiten voller Notizen – zum größten Teil nur so Einfälle, aber gutes Material. Wirklich stark. Was, meinst du, sollen wir essen?«

Wie ein Wirbelwind stürmte Sylvie herein, umarmte und küßte ihre Mutter und rannte ins Spielzimmer zurück. Auf Anitas Frage: »Wie war's in der Schule?« gab sie die gewohnte Antwort: »Schön.«

Anita öffnete den Kühlschrank. »Oh«, rief sie erfreut, »du hast den Kühlschrank saubergemacht. Der eklige Fleck von dem eingetrockneten Ketchup ist weg.« Lächelnd drehte sie sich um und sah ihn an. »Du bist ein Schatz.«

Er stand auf und trat neben sie. »War da irgendwo Ketchup?«

»Du willst mir doch nicht etwa weismachen, die Mädchen hätten den Kühlschrank aufgeräumt!« sagte Anita ungläubig und sah noch einmal genau hin, ob sie sich das vielleicht nur eingebildet hatte. »Und wo kommt denn der Kuchen her?«

»Von Sue Heffernan, unserer neuen Nachbarin. Mein Gott, ich glaube fast, die hat auch den Ketchup weggeputzt.«

»Was wollte die überhaupt hier – im Haus herumschnüffeln?«

David zuckte mit den Schultern. »Vermutlich nur in der Küche. Weil ihr das mit der Hecke leid tut, hat sie uns den Kuchen gebracht. Ich habe gearbeitet, da hat sie angeboten, den Kuchen in den Kühlschrank zu stellen.«

Jetzt sah Anita genauer hin. Sie erinnerte sich genau an Plastikbeutel mit Gemüse in verschiedenen Frischestadien, die in die Fächer gestopft waren. Sie zog das Gemüsefach heraus, wo sie alle sauber aufgereiht waren. »Schau dir das an«, forderte sie ihn auf. »Die hat alles aufgeräumt, siehst du? Die Saft- und Milchflaschen sauber aufgereiht in der Türwand.« Und nach genauer Prüfung stellte sie fest: »Sogar nach dem Verfallsdatum geordnet!«

»Vielleicht hat sie auch die Gewürze alphabetisch sortiert«, meinte David.

»Zu dumm, daß sie nichts dagelassen hat, das wir heute abend essen könnten«, stellte Anita erbittert fest. Sie fühlte sich auf einmal ungeheuer müde.

»Hey! Bei mir ist es gerade so gut gelaufen«, protestierte David. »Kreativität funktioniert nicht auf Kommando. Wir können jederzeit eine Pizza bestellen, aber eine revolutionäre Werbekampagne kann ich nicht einfach so aus dem Ärmel schütteln.« Er schnippte mit den Fingern.

Lily spazierte in die Küche.

»Hi, Liebes«, begrüßte Anita sie und brachte ein Lächeln zustande.

»Pizza? Wir haben erst gestern Pizza gehabt«, nörgelte Lily.

»Wir haben noch ein paar Eier. Da könnten wir doch Rühreier machen«, schlug Anita geistesgegenwärtig vor. Sie sah Lily an. »Wir hatten beide einen schweren Tag. Willst du sie machen?«

»Zuviel Hausaufgaben«, war die brüske Antwort. Lily verschwand aus der Küche und trampelte die Treppe hinauf. »Sag mir Bescheid, wenn das Essen fertig ist!« rief sie über das Geländer.

Verärgert beschloß Anita, sie könnten auch jeder allein für sich sorgen. »Na schön, ich habe keinen großen Hunger«, erklärte sie sanft. »Ich glaube, ich setze mich ins Wohnzimmer, trinke noch das Glas Wein und geh ins Bett.«

Von der obersten Stufe schrie Lily herunter: »Mom, es ist erst acht Uhr!«

Anita beachtete sie nicht und ging in das dunkle Wohnzimmer. Sie knipste eine Lampe an. Der Raum war ein einziges Chaos aus überall verstreuten Hausaufgabenheften; auf dem Boden lagen Buntstifte und Spielzeug und auf dem Sofa eine halb zerknüllte Tüte mit Tortilla-Chips, umgeben von gelben Krümeln. Ein paar von den Chips waren auf den Boden gefallen und zerbröselt. Auf dem Couchtisch stand ein Plastikeimer. Sie schaute nach oben, wo sie einen durchgeweichten Fleck an der Decke entdeckte. »Was ist denn das?« kreischte sie.

»Eine undichte Stelle«, erklärte David. »Ich hab den Eimer druntergestellt.«

»Eine glänzende Idee«, bemerkte Anita sarkastisch. »Einen Klempner hast du nicht zufällig angerufen?«

»Ich hatte zuviel zu tun«, blaffte er. »Das mach ich morgen.«

Anita warf einen Blick in den Eimer. Ein Haufen aufgeweichter Fetzen aus dem Verputz dümpelte in dem schmutzigen Wasser.

»Großartig! Bis morgen kann die halbe Decke runtergefallen sein.«

»Du machst dir zuviel Sorgen um diesen ganzen Haushaltskram«, entgegnete er. »Setz dich. Entspann dich. Laß dir erzählen, was ich heute gemacht habe.«

Klatschend landete ein Tropfen in dem Eimer.

»Wie kann ich mich hinsetzen und entspannen, wenn das Haus auseinanderfällt?« fragte sie. »Es ist schlichtweg eine Katastrophe. Nie machst du etwas zu essen. Die Kinder quengeln und sind völlig überdreht, wahrscheinlich weil sie in einem solchen Chaos leben müssen. Ich muß jeden Tag hart arbeiten, in einem Job, den ich nicht besonders mag, und das habe ich einfach nicht verdient!« Sie unterbrach sich, um wieder zu Atem zu kommen. »Du hättest zumindest einen Klempner rufen können.«

»Anita«, erklärte er feierlich, »für mich ist das ein entscheidender Zeitpunkt. Kannst du mich nicht wenigstens einmal unterstützen?«

Mit einem tiefen Seufzer wandte sie den Blick ab. Davids Reaktion hörte sich unglaublich blasiert an. »Fühlst du dich durch meine Kreativität vielleicht irgendwie bedroht?«

»Um Himmels willen, David!« Anita trank einen Schluck Wein und legte den Arm auf die Sofalehne. Sie schloß die Augen, um die Decke nicht sehen zu müssen. »Du hörst dich an wie der Seelendoktor in der Kummerkastensendung!«

»Du hast mich ja noch nicht einmal nach meinen Ideen gefragt. Ich hatte geglaubt, es würde dich interessieren. Schließlich geht es um unsere Zukunft.« Jetzt wurde David störrisch.

»Wenn irgend etwas wirklich abgeschlossen ist, werde ich es mir mit Vergnügen anschauen«, erklärte sie und betonte dabei jedes Wort, damit ihr Ärger auch so richtig zum Ausdruck kam. »Offen gesagt, ich habe einfach schon zuviel Optimismus in Vorhaben investiert, die du nie zu einem Abschluß gebracht hast.«

Nie zuvor hatte sie etwas Derartiges zu ihm gesagt. Er gab keine Antwort, und so hingen ihre Worte in der Stille. Obwohl sie gern seine Reaktion gesehen hätte, hielt sie die Augen standhaft geschlossen. Sie wollte nicht sehen, ob er verletzt wirkte, denn das hätte sie zu einem Rückzieher genötigt und dann dazu gebracht, ihn zu trösten.

Schließlich erklärte sie bedächtig: »Wenn ich gebadet habe, sollten wir den Haupthahn abdrehen, dann tropft es nicht die ganze Nacht durch. Und morgen solltest du besser einen Klempner kommen lassen. Sonst wird es nur noch schlimmer.«

Ein Bad war in mehr als einer Hinsicht eine gute Idee. Sie befürchtete, der wunderbar animalische Duft Franks hafte noch auf ihrer Haut.

KAPITEL VIER

Anita lag im heißen Wasser und betrachtete anerkennend ihren Körper. Wirklich genau so, wie Frank ihn beschrieben hat, dachte sie. »Zart und doch sinnlich«, hatte er geschwärmt, und seine grünen Augen hatten vor Bewunderung geglänzt. »Klein, aber vollkommen.« Allerdings bewunderte er sie nicht nur auf oberflächliche Weise, dessen war sie sich sicher. Er mochte ihr Aussehen, weil er sie als Person mochte.

Das war die Wahrheit, Anita wußte dies, weil es ihr ebenso erging. Frank war nicht im üblichen Sinn gutaussehend – nicht annähernd so attraktiv wie David. Inzwischen aber fand sie alles an ihm wunderschön.

War es wirklich erst ein paar Stunden her, daß Frank sie vor dem Restaurant begrüßt hatte? Ein gepflegter junger Pianist hatte eine Melodie von Jerome Kern gespielt, und das Stimmengewirr der gedämpften Unterhaltungen in der Bar hatte sie in gehobene Stimmung versetzt.

»Danke, daß du gekommen bist«, hatte er ernst gesagt. Seine Stimme hatte sie erregt.

»Na ja, nur auf einen Sprung.« Seine Eindringlichkeit hatte sie verlegen gemacht. Sie hatte gedacht, es sei eine Frage des Anstands, ihm persönlich zu sagen, daß sie nicht mit ihm schlafen könne. Aber natürlich hatte sie es letztendlich doch nicht fertiggebracht.

Auf dem Weg zu seiner Wohnung war sie mit den Nerven völlig am Ende gewesen, doch kaum waren sie dort angekommen, da hatte sie gespürt, alles würde gut. Statt in einer schicken, aber unpersönlichen Junggesellenbehausung, wie sie erwartet hatte, lebte er in einer altmodischen Wohnung in einem Ziegelbau auf dem Capitol Hill, der um einen Innenhof gruppiert war. An den Wänden hingen Bilder seiner Tochter Phoebe, und die ein wenig abgenutzten altmodischen Möbel stammten von seiner Mutter, die in eine Eigentumswohnung gezogen war und sie ihm nach seiner Scheidung überlassen hatte. »Meine Exfrau hat alles bekommen«, hatte er erklärt, »und ich hasse die Vorstellung, Möbel kaufen zu müssen.« Dazu ein wertvoller Orientteppich, hohe Bücherregale, eine teure Stereoanlage und eine bezaubernde Kaminecke. Im karg möblierten Schlafzimmer standen ein Bett mit geometrisch gemusterter Tagesdecke, außerdem ein schlichter Schreibtisch und ein Fernseher. Die Küche wirkte ein wenig trist. Im Kühlschrank fand sich nicht viel mehr als ein Glas mit Mayonnaise und ein bißchen Ketchup. Die Wohnung war still und friedlich, doch irgendwie spiegelte sie auch Franks Einsamkeit wider, was ihn nur noch anziehender machte.

Ohne Hast wusch sie sich mit Ivory-Seife und lächelte dabei. Nur ein kleines Ausbrechen aus dem Alltag. Mehr verlangte sie ja gar nicht. Etwas, um sie ein wenig ruhiger werden zu lassen, ein Ort, wohin sie sich flüchten könnte. Mehr wollte vielleicht auch Frank nicht. Er war sich dessen nicht bewußt – er verhielt sich, als sei er in sie verliebt –, aber das war möglicherweise nicht von Dauer. In dem Fall würde sie sich fair verhalten und einfach wieder aus seinem Leben verschwinden.

Als das Wasser allmählich kalt wurde, stieg sie widerstrebend aus der Wanne, hüllte sich in einen Frotteemantel, schlich leise ins Schlafzimmer und hoffte, daß niemand sie hörte.

Von unten drangen laute, gereizte Stimmen zu ihr. Gleich würde eine Delegation die Treppe heraufmarschieren und sie auffordern, einen Streit zu schlichten. In letzter Zeit hatte Lily sich angewöhnt, sich glattweg zu weigern, das zu tun, was David sagte; und dann erwartete sie von Anita, für sie Partei zu ergreifen. Und die Mädchen stritten sowieso andauernd.

Das Schlafzimmer lag halb im Dunkel, doch es sah anders aus als gewohnt. Das Licht, das durch die Jalousien drang, hatte sich verändert. Anita verspürte das gleiche Gefühl wie in jenen Träumen, wenn Vertrautes sich auf gespenstische Weise verwandelte. Sie ging zum Fenster und sah hinaus.

Das Licht, so stellte sie jetzt fest, hatte sich verändert, weil alle Jalousien im Nachbarhaus hochgezogen und sämtliche Zimmer hell erleuchtet waren. Viele Jahre hindurch hatte die Hausfront an ein ausdrucksloses Gesicht erinnert, doch jetzt sah sie wie eine ausgehöhlte Kürbislaterne für Halloween aus. Anita klappte die Lamellen der Jalousien zu, schleuderte ihre Schuhe von den Füßen und legte sich aufs Bett.

Vielleicht hatte sie wegen des Lecks in der Leitung zu heftig reagiert. Und das nur, weil sie bei ihrer Heimkehr so tun mußte, als wäre alles völlig normal.

Die Zeit mit Frank war kurz und intensiv gewesen, und sie war gegangen, als sie noch ganz überdreht gewesen war. Der Taumel war noch nicht verflogen gewesen, als sie unmittelbar danach nach Hause gekommen war, und hier hatte sie einen einzigen Schlamassel vorgefunden: keiner hatte etwas zu essen vorbereitet, und Teile der Decke waren in einen Eimer gebröckelt. Und zur Krönung des Ganzen hatte David von ihr verlangt, sie solle ihn doch bitteschön bei dem Auftrag, hinter dem er her war, »unterstützen«.

Sie hörte, wie unten das Gezanke der Mädchen wieder anfing, gefolgt von Davids durchdringendem, aber wirkungslosem Keifen. Mit neuentdeckter Grausamkeit fand sie, er klinge wie einer jener kleinen Hunde, die man zu sinnloser Winzigkeit zurückgezüchtet hatte, die aber noch reichlich munter waren und an der Innenseite der Tür kratzten, wenn man läutete.

Sie steckte den Kopf unter das Kissen und überlegte, ob sie ihre Mutter anrufen und ihr erzählen sollte, wie es ihr im Augenblick ging. Kein Wort von Frank, Gott behüte. Aber wie müde sie die ganze Zeit war und wie wenig Lust sie hatte, überhaupt noch nach Hause zu kommen. Doch sie wußte schon jetzt, was ihre Mutter sagen würde – was sie in ihrer unverblümten, etwas taktlosen Art immer sagte: »Ich finde, David sollte sich eine Stelle suchen.«

Wie Anita ihre Mutter doch einst verhöhnt hatte. »Geld ist nicht die Hauptsache in einer Beziehung«, hatte Anita ihr entgegengehalten und damit unterstellt, ihre Generation sei besser und idealistischer als die ihrer Mutter.

Sie wälzte sich ein paarmal im Bett hin und her und listete in Gedanken all das auf, worum David sich kümmern sollte, jedoch nie tat. Sie wollte ihm erklären: »Du mußt deine Aufgabe hier besser erfüllen. Es ist deine Sache, das Abendessen vorzubereiten und das Wohnzimmer aufzuräumen. Du solltest endlich diese Kisten mit dem Plunder von Tante Martha zur Heilsarmee oder sonstwohin schaffen. Die gammeln schon seit Monaten hier herum. Du bist für den Nachschub an Milch, Brot und sauberen Handtüchern zuständig. Außerdem solltest du die Streitereien der Mädchen besser in den Griff bekommen. Und du solltest einen Klempner kommen lassen. Wenn du all das nicht machst, fühle ich mich hundeelend. Wir alle fühlen uns dann miserabel. Ich bin einfach völlig fertig, wenn ich von der Arbeit nach Hause komme.« Doch nichts von alledem würde sie sagen, das war ihr jetzt schon klar. Wozu auch? David würde sich nie ändern, das war es. Nichts würde sich je ändern.

Sie hörte auf zu grübeln und döste in einer Art erschöpfter Erstarrung vor sich hin, bis ihr in einer Aufwallung von Wut wieder einfiel, was er vorhin im Wohnzimmer von sich gegeben hatte. »Ich brauche deine Unterstützung.«

Unterstützung! Seit Jahren unterstützte sie ihn und die Kinder. Seit dem Tag, als er aus der Werbeagentur stolziert war. Na schön, eine Zeitlang hatten sie damals von seiner Betriebsrente gelebt, die man ihm pauschal ausbezahlt hatte, nachdem er seinen »grundsätzlichen« Verzicht erklärt hatte.

Er hatte es geschafft, einen einzigen kleinen Kunden, einen Saab-Händler, mitzunehmen, und einige Zeit hatte alles ganz gut ausgesehen. Doch als der Laden an einen Konkurrenten verkauft worden war, war der Auftrag an die Agentur des neuen Eigentümers übergegangen.

Anita war gezwungen gewesen, wieder als Verkäuferin bei Lawson's zu arbeiten. Diesmal hatte sie sich jedoch für Abendkurse in Einzelhandelsmanagement eingeschrieben und sich den Arsch aufgerissen, um Einkäuferin zu werden. Inzwischen mußte sie sich Sorgen machen, ob sie den Job behielt. Ihre Vorgesetzte, die jünger war als sie, hatte im letzten Jahr eine Reihe rücksichtsloser Entlassungen durchgesetzt und ältere Einkäuferinnen durch jüngere ersetzt. Alle fürchteten eine neue Runde von Kündigungen. Zudem hielten sich hartnäckig Gerüchte, der Laden stehe zum Verkauf, und in dem Fall könnte es passieren, daß sie alle entlassen würden.

Wenn sie jetzt so darüber nachdachte, gestand Anita sich zum ersten Mal ein, ein einmaliger Trottel gewesen zu sein. Nur ein einziger Job bewahrte die Familie davor, alles zu verlieren – die Krankenversicherung und vielleicht sogar das Haus. Wenn David den Auftrag von Conway's nicht bekam, würde sie unnachgiebig darauf bestehen, daß er sich eine Arbeit suchte. Vielleicht könnte er ja Kurse in Werbung an der Volkshochschule geben oder etwas in der Art. Dann wäre er staatlicher Angestellter mit Beihilfen und Pensionsberechtigung.

Sylvies Stimme drang durch die Schlafzimmertür: »Mo-om?«

Anita seufzte. »Was gibt's?« fragte sie.

»Du mußt mir bei den Hausaufgaben helfen.« Sylvie stürmte herein. Mit einem Buch und einem Ordner, in dem ein Packen lose Seiten steckte, sprang sie neben Anita aufs Bett, daß es nur so quietschte. »Siehst du? Hier steht es.«

Mühsam rappelte Anita sich auf, knipste das Licht an und las das minzgrüne Blatt Papier, das Sylvie ihr unter die Nase hielt: »Als Hausaufgabe liest du einem von deinen Eltern zwanzig Minuten daraus vor und unterhältst dich dann über das, was du gelesen hast. Beantworte die Fragen auf der Rückseite.«

»Okay«, willigte sie ein und versuchte, eine fröhliche Miene zur Schau zu stellen. Sylvies Lehrerin gab den Kindern ständig Hausaufgaben auf, die sie zusammen mit ihren Eltern durcharbeiten sollten. Anita ärgerte sich darüber, aber nicht so sehr wie David, der verkündete, als Kind habe er seine Hausaufgaben auch alleine gemacht, und angesichts der Tatsache, daß er die Mädchen ohnehin den ganzen Tag um sich habe, könne sich Anita zumindest um den ganzen Kram kümmern, den sie aus der Schule mit nach Hause brachten.

Die Unterlagen, die Sylvie jeden Mittwoch in einem Ordner anschleppte, schienen von der Vorstellung auszugehen, erstens und vor allem müßten die Eltern soviel Zeit wie möglich mit ihren Kindern verbringen – und das sozusagen im Auftrag der Schulbehörde –, und zweitens hätten auch die Eltern etwas davon, wenn ihre Kinder ihnen Lektionen in korrekter Lebensführung erteilten. Anita war schon durchs ganze Haus gelatscht und hatte zusammen mit Sylvie nach möglichen Brandherden gesucht; die Steckdosen, in die zu viele Stecker eingestöpselt waren, hatte sie ihr allerdings nicht gezeigt. Außerdem hatte man sie zu einem Wassersparprogramm verdonnert, in dessen Verlauf sie anfing, sich für die Unmengen von Wasser zu entschuldigen, die sie für die Toilettenspülung verbrauchte, dafür, daß sie beim Zähneputzen den Hahn nicht zudrehte und außerdem die Badewanne zu voll laufen ließ – wie eben vorhin.

Auch Lily bekam gelegentlich Hausaufgaben, bei denen die Mitwirkung der Eltern verlangt wurde. »Sprich mit deinen Eltern über Drogenmißbrauch«, oder: »Jugendliche und die Verhaltenszwänge durch

Gleichaltrige«, oder: »Wie gehe ich mit Ärger um?« Anita fragte sich, was drogenabhängige Eltern oder Einwanderer aus Kambodscha, die kein Englisch konnten, damit anfingen, oder wie jene altmodischen Familien aus ihren Kindheitserinnerungen, mit fünf Kindern, überhaupt in der Lage sein sollten, all das Zeug zu bewältigen, das bei ihnen zu Hause landete. Und war den Leuten in der Schule denn nicht klar, daß viele Frauen den ganzen Tag arbeiten mußten, verdammt noch mal?

»Hast du dein Buch? Gut. Schlüpf rein zu mir, mein Schatz«, forderte sie ihre Tochter auf und schlug die Decke zurück. »Aber zieh erst die Schuhe aus.«

Sie schloß die Augen und versuchte, sich auf die Geschichte zu konzentrieren, in der einige Kinder auf den Rücken von Dinosauriern in Manhattan herumritten. Dann wartete sie auf Sylvie, die dreimal aufstand und sich erst einen Bleistift, dann einen Bleistiftspitzer und zuletzt einen Radiergummi holte. Anita sah zu, wie sich ihre Tochter abmühte, die Antworten auf die Fragen: »Wer war die Hauptperson in der Geschichte?« – »Hatte diese Person ein Problem?« – »Wie wurde das Problem gelöst?« – »Hat dir die Geschichte gefallen?« einzutragen.

Als sie fertig waren, erklärte Sylvie: »Da ist noch mehr so Zeug für dich«, und drückte ihr wie eine Chefsekretärin noch einen Stapel Unterlagen in die Hand.

»Muß das jetzt sein?« fragte Anita lustlos.

»Ja!« erklärte Sylvie nachdrücklich. »Ich muß den ganzen Krempel mit deiner Unterschrift in meinem Mittwochsordner abgeben! Das gehört zu meinen Hausaufgaben. Ich will keine schlechte Note bekommen!«

Anita arbeitete sich durch das Einwilligungsformular für den Ausflug zum Aquarium und schämte sich wie üblich, als sie »Nein, ich kann nicht teilnehmen«, ankreuzte; sie überflog die Ankündigung des alljährlichen Eltern-Lehrer-Schüler-Grillfests und eines naturwissenschaftlichen Wettbewerbs; in beiden Fällen lautete die Frage, ob sie als freiwillige Helferin zur Verfügung stehe oder nicht. Dazu kam noch ein beunruhigendes Memo der Schulkrankenschwester über Kopfläuse sowie ein Flugblatt, in dem ein Workshop über die Entwicklung des Selbstwertgefühls ihres Kindes angekündigt wurde. Schließlich hatten sie alle Formulare wieder in dem Ordner verstaut, und Anita gab Sylvie einen Kuß. »Jetzt habe ich mir aber ein Nickerchen verdient, mein Schatz.«

»Ich wünschte, du könntest zum Aquarium mitkommen«, jammerte Sylvie und kuschelte sich unter die Decke. »Shannons Mutter ist bei jedem Ausflug dabei.«

»Tut mir leid, Liebes, aber meine Chefin läßt mich nicht«, erklärte Anita bedauernd.

»Und was ist mit dem Grillfest?« fragte Sylvie und setzte sich auf. »Das findet mittags statt. Kannst du nicht am Mittag kommen?«

»Mal sehen«, beschied Anita sie. »Vielleicht.« Sie müßte mit dem Auto in die Stadt fahren, wenn sie rechtzeitig dort und wieder zurück sein wollte.

Sylvie seufzte und ließ die schmalen Schultern hängen. Anita umarmte sie. »Ich wollte, ich könnte mich öfter an den Schulveranstaltungen beteiligen«, erklärte sie eindringlich, »aber es geht einfach nicht, mein Schatz. Ich muß arbeiten, und Pam, meine Chefin, hat selbst keine Kinder und kapiert anscheinend nicht, warum Mütter mehr Zeit mit ihren Kindern verbringen wollen.«

»Echt?« fragte Sylvie, sichtlich verwundert über soviel Unverständnis.

Anita war dankbar, die Unterhaltung von ihren eigenen Mängeln wegsteuern zu können. »Ja. Irgendwie ist das traurig, findest du nicht?« meinte sie. »Pam tut mir richtig leid.«

»Ich finde sie richtig fies«, meinte Sylvie.

Unten klingelte es an der Tür. »Daddy wird doch nicht etwa eine Pizza bestellt haben?« fragte Anita in aufmunterndem Ton.

»O Mann«, bemerkte Sylvie und trippelte davon. Den verhaßten Ordner ließ sie auf dem Bett liegen. Anita warf das abscheuliche Ding, dessen Inhalt immer nur Schuldgefühle in ihr weckte, auf den Boden und ließ sich erleichtert in die Kissen zurückfallen.

Sie würde einfach hier bleiben, obwohl sie Hunger hatte. Aber sie befürchtete, vor den Mädchen wieder Streit mit David anzufangen, wenn sie hinunterging. Und so etwas wie Selbstbeherrschung brachte sie im Moment nicht auf; sie war einfach zu erledigt.

Zehn Minuten später kam David ins Zimmer und knipste das Licht an. Er hatte ein Tablett dabei. Sie stützte sich auf die Ellbogen und starrte ihn an, während sich ihre Augen allmählich an die Helligkeit gewöhnten.

»Ich hab dir was zu essen gebracht«, erklärte er in versöhnlichem Tonfall.

»Pizza?«

»Nein, Pizza hat's gestern gegeben. Wir haben etwas beim Chinesen bestellt.«

»Danke«, erwiderte sie matt. »Aber ich kann auch runterkommen. Ich habe nur ein bißchen Entspannung gebraucht.«

»Das mit dem undichten Rohr tut mir leid«, betonte er. »Mir ist klar, daß du einen harten Tag gehabt hast. Morgen rufe ich als erstes den Klempner an. Ich habe mir sogar einen Zettel mit der Aufschrift ›Klempner‹ an den Badezimmerspiegel geklebt, damit ich's nicht vergesse.«

Sie fühlte sich schwach und erschöpft und durcheinander und fing an zu weinen.

»Anita!« sagte er, stellte das Tablett auf die Kommode und setzte sich neben sie. »Du Ärmste. Du bist ja völlig mit den Nerven runter, stimmt's?« Er legte die Arme um sie; sie bettete ihren Kopf an seine Schulter und weinte in sein Hemd.

»Ich liebe dich«, flüsterte er und tätschelte ihr sanft den Rücken.

»Ich liebe dich auch«, erwiderte sie unter Tränen und wünschte, es wäre wahr.

Am nächsten Tag, als er die Mädchen zur Schule fuhr, überlegte David, daß Anita weit angegriffener schien als sonst. Manchmal schien sie zerbrechlicher, als ihm bewußt war. Er würde gleich nachher den Klempner anrufen. Und er nahm sich vor, den Haushalt ein bißchen besser in den Griff zu bekommen. Eine nette Geste wäre auch, sie mit einem fertig zubereiteten Abendessen zu empfangen.

Jetzt, wo er endlich wieder ernsthaft an etwas arbeitete, konnte er ein Zerwürfnis mit Anita am allerwenigsten brauchen. Er erinnerte sich, als er noch in der Werbeagentur gearbeitet hatte, war er manchmal ganz erledigt aus dem Büro nach Hause gekommen und hatte Anita völlig aufgelöst in einem wüsten Durcheinander vorgefunden, und das Baby, Lily, hatte geweint. Er hatte es wirklich gehaßt, aber er hatte nicht das Handtuch geworfen und sich nicht so hängen lassen wie sie gestern abend. Möglicherweise laugte der Job sie mehr aus, als ihm bewußt war. Er würde sich bemühen und den Haushalt besser in Schwung halten.

»Schau«, rief Sylvie vom Rücksitz, »da ist Sue.«

David bemerkte seine Nachbarin, die ihre Kinder zur Schule brachte. Vornübergebeugt unter ihren Schulranzen, wie zwei Liliputaner auf einer langen Wanderung, trotteten die beiden Jungen dahin. Sue ging zwischen ihnen und gestikulierte beim Sprechen fast anmutig.

»Wer ist Sue?« fragte Lily.

»Unsere neue Nachbarin«, antwortete David und dachte daran, wie wohltuend und gesund es doch war, die Kinder zu Fuß zur Schule zu begleiten, anstatt sie hinzufahren. Natürlich, Sue hatte ja nichts Besseres zu tun. David hingegen war immer in Eile. Heute zum Beispiel hatte er nur schnell seinen Regenmantel über den rot-weiß karierten Schlafanzug gezogen und war noch in Hausschuhen.

Sylvie winkte Sue und ihren Jungen begeistert zu. In David löste das ein unbehagliches Gefühl aus. Sollte er anhalten und ihnen anbieten, sie mitzunehmen? Er drückte aufs Gaspedal und brauste davon.

Auf dem Heimweg allerdings, nachdem er Sylvie und Lily abgeliefert hatte, sah er Sue, die allein nach Hause ging, wieder. Die Hände hatte sie in den Taschen einer beigen Strickjacke vergraben, und ihr Gesichtsausdruck wirkte freundlich und aufgeweckt. Er fuhr an den Randstein, voller Schuldgefühle, weil er vorhin nicht angehalten hatte.

»Kann ich Sie mitnehmen?« fragte er durch das Fenster auf der Beifahrerseite.

»Hi!« grüßte sie und schenkte ihm ein breites Lächeln. »Das wäre großartig.«

Er machte ihr die Tür auf; sie schlüpfte auf den Beifahrersitz und legte den Sicherheitsgurt an. Dann wandte sie sich zu ihm und fing unvermittelt zu plaudern an: »Ich fand es gestern wirklich interessant, ein bißchen über Ihren Beruf zu erfahren. Die Vorstellung, daß Sie durch Ihre Arbeit im Haus aufgeschlossener für Familienangelegenheiten geworden sind, läßt mir keine Ruhe. Niemand scheint wirklich zu würdigen, was die Leute leisten, die im Haus arbeiten. Das ›Ich-bin-ja-nur-Hausfrau‹- Gerede, Sie wissen schon.«

»Niemand sollte den Wert eines ordentlich geführten Haushalts unterschätzen«, verkündete David feierlich. »Wenn die Leute hören, ich sei Hausmann, reagieren sie ganz merkwürdig. Ein Mann, der sich um den Haushalt kümmert, das will denen nicht in den Kopf, egal wie politisch korrekt zu sein sie vorgeben.«

»Aber Sie haben ja auch noch Ihre andere Arbeit«, wandte Sue ein.

»Da habe ich schon ziemlich zurückstecken müssen, wegen der Kinder«, behauptete David. »Aber ich habe gelernt, daß es im Leben Wichtigeres gibt als Geld.« Zum Steuertermin hatte er sich gedemütigt gefühlt, weil sein Jahresumsatz sich auf lachhafte dreitausend Dollar belief.

»Ich halte das für eine gesunde Einstellung«, bekundete Sue bewundernd. »Und so selten.«

»Danke«, erwiderte er und lächelte ihr kurz zu, ehe er den Blick wieder auf die Straße richtete.

»Von Ihnen könnte Roger einiges lernen. Sie scheinen sich wirklich damit auseinandergesetzt zu haben.«

»Na ja, zu schreiben, und sei es für die Werbung, heißt eben, sich Gedanken zu machen über die Dinge, die den Menschen wichtig sind.«

»Roger hat nicht immer Zugang zu seinen Gefühlen. Das kann bei jedem zum Problem werden«, erklärte Sue gewichtig. Sie senkte die Stimme und fügte mit fast noch größerem Ernst hinzu: »Ich glaube, es würde ihm helfen, Sie näher kennenzulernen.«

Ihre Unterhaltung hatte ziemlich schnell eine recht persönliche Note bekommen. Er kannte diese Leute doch kaum. Die Aussicht, mit Roger als Kumpel durch die Gegend zu ziehen und mit ihm eine Art Gefühlstraining zu absolvieren, erschreckte ihn. Und der Vorstellung, mit weiteren Enthüllungen über seine Nachbarn bedacht zu werden, konnte er ebenfalls nichts abgewinnen. Auch noch in deren Familiendramen einbezogen zu werden war das letzte, was er jetzt brauchen konnte.

Als eine Ampel auf Rot schaltete, warf David einen Blick auf das Auto in der Spur neben ihm, einen glänzenden weißen Lexus. Wie so oft kam er sich in dem alten Volvo, den er fuhr, ziemlich ärmlich vor. Vor Jahren, als Lily noch ein Baby gewesen war, hatten sie ihn neu gekauft. Jetzt war er innen wie außen ziemlich heruntergekommen, aber er tuckerte unverdrossen dahin, und eigentlich konnten sie sich keinen neuen Wagen leisten.

»Ich glaube, Männer, die Zugang zu ihren Gefühlen haben, sind ziemlich selten«, stellte Sue fest.

David brummte zustimmend und blickte zu dem Mann in dem Lexus hinüber. Eine Hand lag lässig auf dem Lenkrad, und unter einer makellos weißen, gestärkten Manschette blinkte eine goldene Uhr hervor. Mit der anderen Hand hielt er ein Handy ans Ohr. Lachend warf er den Kopf zurück und stellte dabei blendend weiße Zähne zur Schau. Vor Vergnügen hatten seine Augen sich zu Schlitzen verengt. Der quatscht bestimmt mit irgendeiner heißen Tussi, dachte David. Mit einer, die er die ganze Nacht rauf- und runtergevögelt hat und die nicht genug davon kriegen konnte.

»Mann«, sagte Sue verwundert und starrte auf Davids Knie hinunter. Der Regenmantel war aufgegangen und hatte die knalligen rotweißen Karos enthüllt. »Sie sind ja noch im Schlafanzug.«

David zerrte den Regenmantel wieder über die lächerlichen rotweißen Karos. Er haßte diesen Schlafanzug, den Anita bei irgendeinem Schlußverkauf in ihrem Laden ergattert hatte. Er sah sie geradezu vor sich, wie sie in der Abteilung für Sonderangebote im Souterrain eine Tonne mit Ausschußware durchwühlte. Mit ihrem Personalrabatt hatten die ihr wahrscheinlich noch drei Piepen erstattet. Wenn der Hurensohn in dem Lexus überhaupt Schlafanzüge trug, dann bestimmt weißseidene, die ihm eine dankbare Geliebte verehrt hatte.

»Ja, morgens habe ich es manchmal etwas eilig«, erklärte David. Er überlegte, ob er ihr ein strahlendes Lächeln präsentieren sollte, um sich als wagemutiger, unkonventioneller Bursche darzustellen, aber dazu war er zu niedergeschlagen.

Der Mann in dem Lexus hatte zu lachen aufgehört. Jetzt schien er ein Liedchen ins Telefon zu trällern. David hatte recht gehabt: der unterhielt sich mit einer Frau. Jetzt erzählte er ihr wahrscheinlich, was er alles für aufregende Sachen mit ihr anstellen würde, wenn sie sich wieder trafen. Wenn der Typ die Augen nicht zukniff, kam er ihm irgendwie bekannt vor.

Sues Blick wanderte zum Schalthebel hinunter. »Und in Hausschuhen«, stellte sie mit einem Anflug von Heiterkeit fest, als handle es sich dabei um die außergewöhnlichste und wildeste Kaprize eines Bohemiens, die sie je erlebt hatte.

»Hm«, brummelte David gedankenverloren; der Mann in dem Lexus nahm mittlerweile seine ganze Aufmerksamkeit in Anspruch. Nicht nur, weil er all das verkörperte, was David nicht war. Plötzlich wurde ihm auch bewußt, daß er Skip MacDougal vor sich hatte, der vor Jahren sein Assistent in der Werbeagentur gewesen war. Er hatte Skip direkt von der University of Washington School of Communications weg angeheuert, und dieser war ihm in der Agentur wie ein Hündchen überallhin nachgelaufen.

David erinnerte sich an den Tag, als er gekündigt hatte und Skip zu ihm gekommen war und erklärt hatte: »Ich bewundere dich wirklich, David. Du hast Courage. Und Talent. Ich wünschte, ich könnte mich auch selbständig machen, aber ich bin noch ganz neu im Geschäft. Mir bleibt gar nichts anderes übrig, als mich hier reinzuhängen.«

David versuchte, sich an seinen richtigen Namen zu erinnern, und fragte sich, ob er sich immer noch Skip nannte. Alles an ihm, angefangen bei dem ziemlich teuer wirkenden Anzug bis hin zu der leichten Bräune, strahlte Wohlstand und Selbstvertrauen aus. David starrte ihn weiter an und bemerkte nur am Rande, wie Sue weiter auf ihn einredete.

Skip telefonierte immer noch, als er sich zu dem Volvo umdrehte. David fühlte sich wie ein Tier im Scheinwerferlicht; er sackte hinter dem Lenkrad zusammen und versuchte, sein Gesicht zu verdecken, indem er sich mit den Fingern durchs Haar fuhr. Das hätte ihm gerade noch gefehlt, von Skip dabei gesehen zu werden, wie er eine Hausfrau aus der Nachbarschaft in einer alten Rostlaube abschleppte. Noch dazu im Schlafanzug, verdammt noch mal!

»Nehmen Sie nur unsere Entscheidung beim Kauf des Hauses«, fuhr Sue fort. »Ich habe nie zuvor in so einem alten Haus gewohnt. Roger hat immer darauf bestanden, in einem Vorort zu leben, aber dieses Mal habe ich gedacht, es müßte etwas ganz besonders Zauberhaftes sein. Es hat mich viel Zeit gekostet, ihn zu überzeugen, daß unser Zuhause meine Arbeit und für mich genauso wichtig ist wie seine Arbeit für ihn.« Sie tätschelte Davids Arm und meinte: »Hey, es ist Grün.«

Während David sich zu den Pedalen gebückt hatte, war Skip MacDougal davongerauscht. David richtete sich wieder auf, würgte den Gang hinein, und dann zuckelte der Volvo mit einem halben Block Abstand zu dem Lexus auf die nächste Kreuzung.

»Diese alten Häuser können einem ziemliche Kopfschmerzen bereiten«, verkündete David und versuchte beherrscht zu erscheinen. »Heute habe ich Probleme mit einem Abwasserrohr. Über der Wohnzimmerdecke ist eine undichte Stelle.«

»O nein«, rief Sue mitfühlend aus.

Traurig schüttelte David den Kopf. »Ausgerechnet in dem Augenblick, in dem ich bei meiner neuen Kampagne einen Fuß auf den Boden bekommen habe. Jetzt muß ich mich den ganzen Tag damit herumschlagen.« Skip MacDougal brauchte sich natürlich mit gar nichts herumzuschlagen. Wahrscheinlich wohnte er in einem phantastischen Penthouse, wo eine Mannschaft von Handwerkern alles wie ein Uhrwerk am Laufen hielt – in einer Wohnung mit einem großartigen Blick auf den Puget-Sund und echter Kunst an den Wänden.

Als sie vor ihrem Haus anhielten, senkte Sue den Blick und fragte: »Wie hat Ihnen denn der Kuchen geschmeckt?«

»Der Kuchen? Wunderbar. Das hätte ich Ihnen als allererstes sagen sollen.« Sie wirkte erleichtert. Offenbar war es ein ziemlicher Schnitzer gewesen, den Kuchen nicht zu erwähnen.

»Mit dem Leck und meiner Arbeit und dem ganzen Zeug habe ich glatt vergessen, mich zu bedanken. Er war einfach köstlich.« Der Kuchen war wirklich hervorragend gewesen, saftig und locker, und die Schlagsahne hatte das leichte Mandelaroma gehabt, das er so mochte.

Ehe sie sich bedankte und ausstieg, blieb Sue noch kurz auf dem Beifahrersitz sitzen und lächelte ihn an. Er fühlte sich, als lasse er ein Mädchen nach einem Pennäler-Rendezvous aussteigen.

Zu Hause suchte David auf den Gelben Seiten die Nummer eines Klempners heraus und rief ihn an. Eine weibliche Stimme beschied ihn, später würde jemand bei ihm vorbeikommen. Er kochte sich Kaffee und nahm ihn mit in sein Arbeitszimmer, als er hinunterging, um sich noch einmal anzusehen, was er tags zuvor auf dem Bildschirm produziert hatte. Es gefiel ihm verdammt gut. Trotz Anitas Desinteresse machte er wirklich Fortschritte.

Er ließ sich das Gespräch mit Sue vorhin im Auto noch einmal durch den Kopf gehen, wie sie verkündet hatte, für sie sei ihr Heim ihr Beruf. Das war der Geist der guten alten fünfziger Jahre, über den sich lange Zeit jeder lustig gemacht hatte. Doch Sue machte nicht den Eindruck einer Vorzeigemutter aus den fünfzigern, die Fleischklopse oder Kürbispuddings zusammenrührte. Hinter all ihren häuslichen Bemühungen steckte offensichtlich ein raffinierter Geschmack, und das sah man ihrem Haus auch an. Vielleicht war es an der Zeit, einige Einstellungen neu zu überdenken, ehe er an seiner Kampagne weiterarbeitete.

David hatte das Gefühl, Sue könnte ihm dabei helfen. Da war jemand, der Heim und Garten ernst nahm und dem klar war, wie wichtig beides für eine Familie war, jemand, der das Familienleben eindeutig genoß. Und überdies freundliche Gelassenheit ausstrahlte. Gelassenheit. Sie fehlte in den meisten Familien von heute. David spürte es, Sue wäre in der Lage, ihm einige Einsichten zu liefern. Vielleicht konnte sie ihm sogar als Ein-Personen-Zielgruppe dienen, an der er seine Einfälle ausprobieren konnte.

Ein paar Stunden später kam sie vorbei und klopfte leise an die Küchentür. David war gerade mit dem Klempner, einem grauhaarigen Mann mit schwarzer Hornbrille, oben im Wohnzimmer gewesen. Der Klempner stand auf einer Leiter und zerrte mit einer in Davids Augen beunruhigenden Rücksichtslosigkeit Teile der Putzschicht von der Decke.

Diesmal hatte Sue eine große runde Glasschüssel dabei, wie auch er und Anita eine besaßen. Einen Augenblick lang dachte er sogar, es sei ihre. »Zufällig habe ich zuviel davon gemacht«, erklärte sie entschuldigend, »und da habe ich mir gedacht, ich könnte Ihnen ein wenig helfen, wo Sie doch den ganzen Tag mit dem Abflußrohr beschäftigt sind. Man braucht es nur aufzuwärmen.« Sie hielt es ihm zur Begutachtung hin. Unter die Frischhaltefolie erahnte er Pasta mit sehr fein geriebenem Parmesan oder Romano.

»Wow! Das ist aber wirklich sehr aufmerksam von Ihnen. Kommen Sie doch rein«, forderte er sie auf. »Am Ende habe ich doch einen Klempner kommen lassen. Ich habe einfach nicht die Zeit, das Ding selber zu reparieren.«

Mit der Glaskasserolle in der Hand folgte sie David ins Wohnzimmer. Der Klempner hatte ein großes Stück Decke weggerissen und ein dunkles Loch hinterlassen, durch das ein schmutziges Metallrohr verlief. Er leuchtete es mit einer Taschenlampe an. »Das Rohr hier hat den Geist aufgegeben«, erklärte er. »So was kommt vor. Sehen Sie sich das an. Einfach durchgerostet.« Er stieg wieder die Leiter hinunter.

»Ich weiß, Sie werden das nicht gern hören«, fuhr er mit dem bekümmerten, aber schicksalsergebenen Ausdruck eines Mannes fort, der meist nur schlechte Nachrichten bringt, »aber diese alten verzinkten Rohre halten nicht ewig. Wir können die Decke aufstemmen und diesen Abschnitt reparieren, aber ich kann Ihnen nicht garantieren, ob nicht irgendwo anders noch ein anderes Rohr durchrostet. Sie sollten sich überlegen, ob Sie nicht lieber alles gleich durch neue Kupferrohre ersetzen lassen.«

»Das ist eine gute Idee«, erklärte Sue. »Übrigens verringert Kupfer die Gefahr von Blei im Trinkwasser.«

»Sie hat recht«, bestätigte der Klempner mit gewichtigem Nicken. »Das Blei in den alten Rohren kann bei Kindern Gehirnschäden hervorrufen.« In dem trügerisch sachlichen Ton, der Fanatiker auszeichnet, dozierte er weiter: »Meiner Meinung nach sind nur die veralteten Wasserrohre daran schuld, daß in unserem Land so viele Leute von der Fürsorge leben oder im Gefängnis sitzen.« Traurig schüttelte er den Kopf und kam wieder zum Geschäft. »Wie gesagt, wir können auch nur den einen Abschnitt reparieren, wenn Sie wollen. Aber dann muß ich vielleicht schon in einer Woche wiederkommen und noch mal alles aufreißen. Wenn gerade vorher die Decke wieder zugegipst worden ist.«

»Können nicht Sie das übernehmen?« fragte David.

»Tut mir leid. Wir sind eine Installationsfirma.«

»Was würde es denn kosten, wenn Sie überall neue Rohre verlegen?« erkundigte David sich besorgt.

Der Klempner runzelte die Stirn und sah zur Decke hinauf. »Dreitausend Dollar vielleicht. Ich mach Ihnen einen Kostenvoranschlag. Wir können alles auf den neuesten Stand bringen.«

»Und was würde es kosten, wenn Sie nur das eine Leck reparieren?« fragte David.

»Ungefähr hundertfünfzig. Diesmal«, erklärte der Klempner achselzuckend.

Spontan wollte David ihn mit der Reparatur des schadhaften Teils beauftragen, doch Sue, die zu der großen Wunde in der Decke hinaufschielte, meinte: »Das Rohr scheint völlig durchgerostet zu sein. Ich wette, Sie kriegen in absehbarer Zeit noch mehr Probleme, wenn Sie nicht neue Kupferrohre verlegen lassen.«

Was war denn mit der los? Steckte sie mit dem Installateur unter einer Decke?

»Ich fürchte, Ihre Frau hat recht«, bestätigte der Klempner. Er wandte sich direkt an Sue und ergänzte: »Hängt davon ab, was Ihnen Ihr Seelenfrieden wert ist.«

»Ich bin nur eine Nachbarin«, korrigierte Sue nervös.

»Wir sind verheiratet, aber nicht miteinander«, scherzte David.

Sue kicherte.

»Oh«, meinte der Klempner und wandte sich mit einem Anflug von Herablassung wieder an David. »Wenn Sie sich das nicht leisten können, machen wir eben nur den einen Abschnitt.«

»Natürlich kann ich mir das leisten«, erklärte David steif. »Machen Sie schon, und schreiben Sie mir einen Kostenvoranschlag.«

Der Klempner ging ins Erdgeschoß hinunter und sah sich das Ganze noch einmal genauer an. »Sie tun genau das Richtige«, meinte Sue, »aber ich würde noch einen weiteren Kostenvoranschlag einholen. Nachdem wir hier eingezogen sind, war einiges zu reparieren. Die Leute waren sehr gut; ich werde sie für Sie anrufen. Und vergessen Sie nicht, die Kosten fürs Verputzen und den neuen Anstrich in Ihr Budget aufzunehmen. Dieser Mensch soll Ihnen zeigen, wo er Wände und Decken aufstemmen muß.« Sie machte einen ungeheuer kompetenten und selbstsicheren Eindruck. Wieder hatte David das Gefühl, sie unterschätzt zu haben.

»Ich hasse solche Sachen«, klagte er.

Zu seiner Überraschung lachte sie. Ein freundliches, herzliches Lachen. Irgendwie schien sie seinen Widerwillen gegen Hausreparaturen liebenswert zu finden. »Wirklich wahr?« fragte sie. »Ich liebe das. Als kleines Organisationstalent bin ich ganz groß. Wenn Sie wollen, kann ich ein paar Anrufe für Sie übernehmen.«

»Tatsächlich?« fragte David unschlüssig. »Aber ich kann Ihnen doch nicht noch mehr zumuten.« Er warf einen Blick auf die Glaskasserolle. »Sie haben ja schon für das Abendessen gesorgt.« Unbeholfen nahm er sie ihr ab.

»Soll ich Ihnen ein kleines Geheimnis verraten?« fragte sie schelmisch und senkte gleichzeitig die Stimme. Und ihre Wimpern. »Ich habe viel zuviel Energie für einen allein. Ich helfe sehr gern anderen Leuten. Das gibt mir unglaublich viel. Roger meint, wenn General Motors auch im Haushaltsgeschäft wäre, würden sie mich zur Vorstandsvorsitzenden machen.« Sie warf einen Blick auf die große Glasschüssel. »Eine halbe Stunde im Rohr auf dreihundertfünfzig«, erklärte sie ihm. Mit besorgtem Blick fügte sie hinzu: »Sie sind doch hoffentlich nicht Vegetarier? Da ist nämlich Schinken drin.«

»Nein, sind wir nicht«, erwiderte er lachend.

»Gut zu wissen«, meinte sie. »Kinder mögen das jedenfalls, Erwachsene aber auch. Eigentlich nichts weiter als Makkaroni und Käse, nur sind die Zutaten ein bißchen raffinierter, damit die Erwachsenen auch etwas davon haben.«

Nachdem sie gegangen war, dachte David eine Weile über sie nach. So jemanden wie Sue Heffernan hatte er noch nie getroffen. Junge, da gab es doch tatsächlich eine glückliche Hausfrau. Sie genoß das Leben im trauten Heim in vollen Zügen. Eindeutig fand sie ihre Fertigkeiten als Heimchen aufregend. Wie oft hörte man schon eine Hausfrau sagen: »Herrje, ich bin wirklich gut!«

Als Anita an dem Abend nach Hause kam, ging sie ins Wohnzimmer und sah sich das Loch in der Decke an. »O nein! Das sieht jetzt ja noch viel schlimmer aus!« beschwerte sie sich.

»Der Klempner mußte ziemlich viel Putz abschlagen, um die schadhafte Stelle zu finden«, erwiderte David eisig. »War gar nicht so einfach, da dranzukommen. Übrigens müssen wir eine Entscheidung treffen. Die alten Rohre tun's nicht mehr lang. Er meint, wir sollten die Leitungen im ganzen Haus erneuern lassen.«

»Natürlich meint er das«, sagte Anita, »kann er nicht einfach dieses Stück reparieren?«

»Diese alten verzinkten Rohre halten nicht ewig. Ich finde, wir sollten alles gleich richtig machen lassen und auf den neuesten Stand bringen.«

»Und was soll das kosten?« fragte sie leicht verzweifelt.

»Etwa dreitausend«, antwortete er.

»Dreitausend! Aber wir haben keine dreitausend Dollar.«

David zuckte die Schultern. »Wir können einen Kredit aufnehmen. Du verdienst gut. Und außerdem habe ich so eine Vorahnung, daß ich den Conway's-Auftrag kriege, dann können wir alles zurückzahlen.«

Anita wollte schon zu der Bemerkung ansetzen, auf irgendwelche theoretischen Einkünfte, die er in Zukunft zu erhalten hoffte, könne man nicht zählen. Doch was brächte es, seine Moral zu untergraben, ausgerechnet jetzt, da er ein wenig Unternehmungsgeist zeigte? Sie sollte lieber versuchen, nicht mehr so negativ zu denken.

»Entspann dich einfach«, schlug er vor und streichelte ihr die Schulter.

»Irgend etwas duftet hier ganz wundervoll«, meinte sie und fühlte sich plötzlich wieder etwas fröhlicher. Sie wandte sich ihm zu, und ihr angespannter Ausdruck verschwand. »Du hast uns ja was zu essen gerichtet, Schatz. Das freut mich wirklich. Riecht wie einer von den Aufläufen, die meine Mutter immer gemacht hat.« Sie legte ihre Arme um ihn und bemerkte dankbar: »Du hast nicht vergessen, wie geschafft ich gestern abend war und wie ich mich darüber beschwert habe, weil das Abendessen nicht fertig war?«

David tätschelte ihr den Rücken. »Ja, Liebling. Und mach dir keine Sorgen mehr wegen der Leitungen. Ich werde mich um alles kümmern. Vertrau mir einfach.«

KAPITEL FÜNF

Sylvie und Matt saßen im Kinderzimmer der Heffernans und malten. Sylvie gefiel der kleine Tisch mit den passenden Stühlen hier unten, es kam ihr vor wie im Kindergarten. Sogar ein Miniatursofa gab es. Chris allerdings wurde langsam zu groß für die Kindercouch. Lässig lag er darauf und ließ die Beine und einen Arm über die Lehnen baumeln. In der anderen Hand hielt er die Fernbedienung seines Nintendo-Spiels, die er auf den Bildschirm richtete.

Bei dem Spiel machte es »boing, boing, boing«, und immer wenn Chris einen killte oder selbst gekillt wurde, krachte es; dann sog er zischend Luft ein oder rief: »O Mann!«

Zuerst hatte Sylvie Chris unheimlich gefunden, weil er schon in der vierten Klasse, ein Junge und außerdem laut war und weil er so durchdrehte, wenn er mit seinem Videospiel rumhantierte, aber allmählich gewöhnte sie sich an ihn.

Sylvie zeichnete ein Haus. Sylvie wußte ziemlich oft nicht, was sie zeichnen sollte, und dann malte sie immer ein Haus mit spitzem Giebel wie das ihre oder das der Heffernans. Immer malte sie oben zwei Fenster hin, bei denen Fensterkreuze die Scheiben andeuten sollten; dazu einen Kamin, aus dem eine große gekräuselte Rauchwolke aufstieg und eine Tür und noch ein Fenster im Erdgeschoß. Neben das Haus stellte sie meistens einen Apfelbaum. Im Augenblick befaßte sie sich mit den Äpfeln und malte mit einer roten Kreide kleine Kreise. Heute wollte sie auch noch ein Pony malen und darum herum einen kleinen Zaun neben dem Haus. Aber Ponys waren schwer zu zeichnen.

Sie legte die rote Kreide weg und suchte nach einer grauen. Das Pony sollte graue Punkte bekommen. Bei den Heffernans waren die Malkreiden nie zerbröckelt. Es war wundervoll. Und als einmal die gelbgrüne Kreide abgebrochen war, hatte Sue die Papierhülle einfach mit Tesa zusammengeklebt, und es hatte wirklich gehalten. Sue schien zu wissen, was Kinder mochten.

Sylvie schielte zu Matts Bild hinüber. Wie so oft malte er einen Roboter. Er nahm immer die schwarze Malkreide und entwarf komplizierte Roboter mit lauter kleinen Schrauben darauf. Sie hatten steife Arme mit Schraubenschlüsseln oder Granaten daran. Manchmal gab er ihnen rote oder gelbe Augen mit dazu passenden Lichtern auf dem großen, eckigen Kopf.

Plötzlich erschien Sue am oberen Ende der Treppe. »Chris!« rief sie nach unten. »Jetzt ist Schluß mit dem Videospiel!«

»Aber ich bin noch nicht tot!« protestierte er.

»Chris!« mahnte Sue in bestimmtem, aber freundlichem Ton. Bei ihr galten strenge Regeln für Videospiele. Chris durfte nach der Schule eine halbe Stunde damit spielen, und dann noch einmal eine halbe Stunde, wenn er seine Hausaufgaben gemacht hatte.

»Ja, ja, schon gut«, maulte er, schaltete die Fernbedienung aus und warf sie in eine Ecke. Auf einmal herrschte Ruhe im Raum. Er ließ sich auf das Sofa zurückfallen und starrte an die Decke. »Hey, Matt«, fing er plötzlich an. »Da oben ist eine Spinne. Für unseren Spinnenzoo.«

Sylvie schaute hinauf und sah die Spinne. Bei ihnen daheim im Souterrain gab es auch welche. Spinnen und Souterrains schienen einfach zusammenzugehören. Sie mochte sie nicht besonders, doch solange sie an der Decke blieben, hatte sie nichts dagegen. »Was ist ein Spinnenzoo?« fragte sie, nachdem sie sich einen Augenblick lang auf den Kopf des Ponys konzentriert hatte.

Matt räusperte sich und malte weiter. »Wir sammeln Spinnen«, erklärte er. »Dreiundzwanzig haben wir schon, in einer Schachtel.«

Sylvie war gleichzeitig abgestoßen und fasziniert. »Darf ich sie sehen?« fragte sie.

»Wenn du sie sehen willst, mußt du sie auch anfassen«, bestimmte Chris. »Aber wahrscheinlich hast du Angst vor Spinnen.«

»Nein, hab ich nicht.« Doch anlangen wollte Sylvie sie, ehrlich gesagt, doch lieber nicht.

»Sag Mom nichts von den Spinnen, okay?« bat Matt.

»In Ordnung«, versprach Sylvie. Vielleicht konnte sie ja eine nur mit der Fingerspitze berühren. »Ich mach es. Darf ich sie jetzt sehen?«

Chris kam an ihren Tisch und grinste auf sie hinunter. »Wir veranstalten Rennen mit ihnen, und wenn sie verlieren, reißen wir ihnen ein Bein aus. Bei einer mußt du auch ein Bein ausreißen, wenn du sie sehen willst.«

»Das ist gemein!« erklärte Sylvie. »Ihr seid doch beide verrückt.«

Matt, der an einem kniffligen Detail seines Roboterbildes arbeitete, hatte die Zungenspitze zwischen die Schneidezähne geklemmt.

»Reißt ihr ihnen wirklich die Beine aus?« fragte sie Matt.

Matt ließ sich ziemlich lange Zeit, dann lächelte er und sagte: »Nein.«

Chris lachte. »Er tut so, als könnte er kein Wässerchen trüben, aber in Wirklichkeit hat er das Spiel erfunden. Der ist echt krank.« Chris verzog das Gesicht und versuchte, wie ein sabberndes Monster auszusehen.

Sylvie hätte lieber von etwas anderem geredet. Sobald Sue den Flur gewachst hatte, wollte sie Sylvie beibringen, wie man Karamelbonbons macht. Dazu brauchte man ein spezielles Thermometer, und das hörte sich irgendwie raffiniert an. Sue hatte alle möglichen raffinierten Sachen in ihrer Küche: Karamelthermometer und Portionierer für Melonenbällchen und eine kleine, einer Amsel nachgebildete Porzellanform, in der man Pastetensauce aufkochte. Weil sie mit Sue so tolle Sachen machen durfte, fand sie sich sogar damit ab, mit Matt und Chris zu spielen.

Chris setzte sich auf einen der winzigen Stühle und rückte damit direkt neben Sylvie an den Tisch. Er brachte sein Gesicht ganz nah an ihres. »Matt ist wirklich verrückt«, behauptete er, »einer von den Spinnen wollte er alle Beine ausreißen und sie wie eine kleine runde Kugel liegenlassen, damit sie verhungert.«

Sylvie begann zu zittern. »Das sag ich eurer Mom!« drohte sie und warf die Malkreide auf den Boden.

Chris umklammerte ihr Handgelenk. »Das solltest du besser nicht tun«, erklärte er. »Mein Bruder ist nämlich ein Vampir. Sonst kommt er nachts zu dir und saugt dir dein ganzes Blut aus!«

»Hör auf!« schrie Sylvie. Chris tat ihr weh, und sie hatte Angst, er würde sie schlagen, wenn sie es verriet.

Mit einer schlängelnden Bewegung befreite sie ihr Handgelenk aus der Umklammerung, und da sie sich nun ein wenig mutiger fühlte, fügte sie hinzu: »Matt ist jedenfalls netter. Wenn hier einer ein Vampir ist, dann bist du es.«

»Falsch!« widersprach Chris. »Vampire verhalten sich ganz brav und unschuldig, aber dann!« Er sprang auf und fuchtelte mit zu Klauen gekrümmten Fingern vor ihrem Gesicht herum.

»Du mußt sie sogar hereinbitten«, erklärte Matt, der immer noch malte. »Sie können nicht in dein Haus kommen, wenn du sie nicht einlädst. So lautet die Regel.«

»Wer sollte denn einen Vampir zu sich einladen?« fragte Sylvie spöttisch.

»Du weißt ja zuerst nicht, daß es ein Vampir ist, du Doofie.«

»Ich weiß einen Vampirwitz«, verkündete Chris.

»Welchen denn?« fragte Sylvie. Ein Vampirwitz, das hörte sich sicherer an. Sie erinnerte sich an den Herzog in der Sesamstraße. Der war ein lustiger Vampir mit Muppetflügeln.

»Was hat ein Vampir in seinem Lunchpaket?« fragte Chris.

»Keine Ahnung«, gab Sylvie zu.

»Ein Camelia-Sandwich«, wieherte Chris.

Sylvie sah ihn verwirrt an.

»Ich glaube, du weißt überhaupt nicht, was Camelia ist«, spottete Chris. »So ein Ding für die Periode.«

»Hör auf damit!« schimpfte Sylvie. Sie stand auf und schob die Malkreiden von sich weg. »Ihr seid ordinär.«

Sylvie wußte, was die Periode war, aber das Thema hatte ihr immer ein bißchen angst gemacht, seit sie einmal einen großen Blutfleck auf Lilys Laken entdeckt und Lily ihr erklärt hatte, ihre Periode sei früher gekommen, als sie erwartet habe. Doch Mom hatte gemeint, es sei etwas vollkommen Natürliches, ein Zeichen des Erwachsenwerdens und überhaupt nicht unanständig; vielmehr sei es etwas Gutes, weil es bedeute, daß sie eines Tages süße kleine Babys haben werde, aber es sei eben eine sehr persönliche Angelegenheit, die nur Frauen etwas angehe. Aus diesem Grund dürfte Chris eigentlich gar nicht darüber reden.

Auf dem Treppenabsatz tauchte Sue auf. »Sylvie«, rief sie, »bist du soweit, daß wir die Karamelbonbons machen können?«

Ungeheure Erleichterung überkam Sylvie, als sie sich anschickte, nach oben zu gehen. Doch ehe sie verschwinden konnte, zischte Chris ihr zu: »Sag Mom bloß nichts von den Spinnen, oder es wird dir noch leid tun!«

»Komm schon, Schätzchen«, drängte Sue.

Matt schob seine Brille hoch. »Darf ich mithelfen?« rief er wehleidig nach oben.

»Nein, Schatz. Ihr Jungs bleibt mal schön unten. Jetzt will ich für eine Weile nur mit Sylvie zusammensein.«

Gut! Das geschah ihnen recht. Sogar Matt, der nie wirklich gemein war, kam ihr ein wenig unheimlich vor. Seine Roboterbilder waren abstoßend, und wenn Chris all die unanständigen Sachen sagte, saß Matt einfach da, als wäre das nichts. Vielleicht quälte er wirklich Spinnen.

In der Sicherheit der Küche fühlte Sylvie sich ein wenig wacklig auf den Beinen. Aber jetzt brauchte sie auch nicht die Starke zu spielen. Sie hatte sogar ein paar Tränen in den Augenwinkeln.

»Was ist denn los, Schatz?« fragte Sue, kniete sich vor sie hin und legte die Hände auf Sylvies Schultern.

»Die Jungs sind manchmal richtig fies«, beklagte sie sich.

»Am besten, du beachtest sie gar nicht«, empfahl Sue und legte einen Arm um Sylvie. »Jungs sind einfach anders als kleine Mädchen. Sie können nichts dafür.«

Sylvie ließ sich in Sues Arme fallen und lehnte sich an ihre weiche Schulter. Jetzt fühlte sie sich sicherer. Sie war froh, daß Sue nicht wissen wollte, was die Jungs gesagt hatten. Sie wollte nicht über sie reden, weil sie Angst hatte, Chris würde ihr dann weh tun.

»Ich verrate dir ein Geheimnis, Sylvie«, flüsterte Sue ihr ins Ohr. »Ich liebe meine beiden Jungen, aber ich habe mir immer ein Mädchen gewünscht. Als ich dich gesehen habe, war mir darum auch sofort klar, daß ich dich öfter bei mir haben will, damit wir zusammen ein paar ganz besondere Sachen machen können. Ich weiß nicht, ob deine Mom und dein Dad sich gewünscht haben, daß du ein Mädchen wirst, aber ich freue mich darüber.«

Sylvie dachte über diese letzte Bemerkung nach, während Sue ihr eine Schürze umband und ihr die kleine Trittleiter direkt neben den Herd schob. Vor einiger Zeit – sie hatte sich gerade fürchterlich mit Lily gestritten – hatte diese sie angebrüllt: »Mom und Dad haben dich gar nicht gewollt. Und als du da warst, warst du ein Mädchen, und sie hatten doch schon eines.«

Als Sylvie nach unten gerannt war und Dad gefragt hatte, ob das stimme, hatte er ihr einen Kuß gegeben und erklärt: »Natürlich wollten wir dich haben, Pummelchen.« Doch Lily, die ihr gefolgt und hinter ihr ins Zimmer gestapft war, hatte geschrien: »Dad hat aber gesagt, daß du eine Riesenüberraschung warst! Ich habe es gehört!«

Dad hatte Lily einen richtig bösen Blick zugeworfen und betont: »Eine wunderbare Überraschung.«

Wußte Sue möglicherweise etwas von alldem? Sylvie hatte das Gefühl, inzwischen mochten ihre Eltern sie, nachdem sie nun mal da war.

»Hast du dir gewünscht, Matt würde ein Mädchen?« fragte sie Sue, während sie zusah, wie in dem doppelwandigen Topf Schokoladenstückchen schmolzen.

»Ich habe mir immer eine Tochter gewünscht«, gab Sue zu. »Ein kleines Mädchen, genau so eines wie dich.«

Vor ungefähr einem Monat hatte Sue Heffernan ein Loch in die Hecke geschnitten, und jetzt hatte sie sie anscheinend schon wieder gestutzt. Anita bemerkte es vom Küchenfenster aus, als sie mit David und den Mädchen gerade dabei war, sich zu einem ausgiebigen Abendessen mit Lasagne und Salat niederzulassen.

»Sieht aus, als würde die gute alte Sue wieder mal die Heckenschere schwingen«, scherzte sie. »Die Öffnung ist sauber ausgeschnitten und oben scheint sie nochmals zwanzig Zentimeter weggeschnipselt zu haben. Ich nehme mal an, das hat sie mit deinem Einverständnis gemacht, David.«

Sosehr er sich damals darüber aufgeregt hatte, so unglaublich dick befreundet schien er inzwischen mit ihr zu sein. Er hatte sie sogar dazu überredet, Sylvie zusammen mit den beiden Jungen jeden Morgen zu Fuß zur Schule zu begleiten.

David sah aus dem Fenster. »Sie will da ein kleines Tor einsetzen, hat sie gesagt«, erläuterte er. »In einer Illustrierten hat sie mir ein Foto gezeigt, auf dem so ein Tor in einem englischen Garten abgebildet war. Ich könnte mir vorstellen, daß das recht hübsch wird.«

»Hört sich nett an«, meinte Anita. »Bist Du nicht froh, daß ich an dem ersten Abend damals mit dir zusammen rübergegangen bin und dich davor bewahrt habe, einen kompletten Narren aus dir zu machen?« David gab keine Antwort, doch Anita ließ nicht locker. »Jetzt kannst du doch endlich ausschlafen, seit Sue jeden Tag Sylvie zur Schule bringt und Lily den Bus nimmt.« Sie lächelte, als wolle sie ihn nur ein wenig aufziehen, war sich aber der Gemeinheit ihrer Bemerkung bewußt. Anscheinend konnte sie nicht anders. Sie begriff einfach nicht, warum sie sich um so mehr über David ärgerte, je besser er seine Sache machte. Seit ihrem Zusammenbruch im Bett vor etwa einem Monat, als sie ihn aufgefordert hatte, endlich seine Pflichten als Hausmann zu erfüllen, schien plötzlich alles sauberer, aufgeräumter und gemütlicher zu sein.

Inzwischen löste nicht mehr unabgewaschenes Frühstücksgeschirr, das sie beim Nachhausekommen vorfand, ihre plötzlichen Wutanfälle aus, sondern David selber.

David legte seine Gabel weg. »Sue hat nur angeboten, Sylvie zur Schule zu bringen, weil sie ihre beiden Jungen sowieso jeden Tag hinbringt«, erklärte er beleidigt. »Sie weiß auch, daß ich mich bei der Kampagne richtig reinhänge. Ich benutze die Zeit nicht zum Ausschlafen. Ich arbeite.«

»Das war doch nur Spaß!« meinte Anita beiläufig. Zu ihrer Überraschung hatte er nicht verärgert, sondern gekränkt reagiert. Sie mochte es nicht, wenn er gekränkt war. Das setzte sie ins Unrecht und verhalf ihm zu einem moralischen Sieg. Mit dem aufmerksamen Schweigen, dessen Linienrichter beim Tennis sich befleißigen, aßen die Mädchen weiter, doch sie war sich ziemlich sicher, sie hatten keine Ahnung, welche Feindseligkeit hinter ihren banalen Bemerkungen steckte.

Auf alle Fälle faßte sie den Entschluß, es lieber mit ein wenig Freundlichkeit zu versuchen. »Das Essen ist ausgezeichnet, David«, lobte sie. Doch dann hörte sie sich mit einem kleinen Lächeln hinzufügen: »Es macht mich richtig froh, wie du dich in die Kampagne über das Glück im trauten Heim gestürzt hast. Scheint so, als wärst du dadurch ein besserer Hausmann geworden.«

Lily bedachte ihre Mutter mit einem argwöhnischen Blick von der Seite.

Die Bürde, allein für die Unterhaltung der ganzen Familie verantwortlich zu sein, lastete schwer auf Anita, als sie sich Sylvie zuwandte. »Wie läuft's in der Schule?« fragte sie. »Gefällt es dir, zu Fuß hinzugehen?«

»Das ist cool«, meinte Sylvie. »Unterwegs erzählt Sue uns Geschichten.«

»Wie schön«, erwiderte Anita, beugte sich zu Sylvie hinüber und strich ihr besitzergreifend übers Haar. Hielt Sue womöglich auch die Hand ihrer Tochter, wenn sie morgens fröhlich zu zwitschern anfing und ihr Geschichten erzählte?

»Bei den Heffernans gibt es heute abend auch Lasagne«, verkündete Sylvie.

»Sue geht mir auf den Geist«, warf Lily ein. »Wenn ich von der Schule komme, hängt sie immer hier rum, lädt irgendwelches Zeug ab oder schnüffelt einfach rum. Ich kann sie nicht ausstehen.«

»Sie ist nett«, protestierte Sylvie.

»Ach du meine Güte«, fauchte Lily, »da merkt man, daß du keine Ahnung hast.«

»Verdammt«, knurrte David, »ich habe diese dauernden Streitereien satt. Kein Wort mehr über die Heffernans.« Bei seinem überraschenden Ausbruch zuckte Anita ein wenig zusammen.

Überrascht und beleidigt fragte Sylvie: »Wieso eigentlich?«

»Oh, ich bin es einfach leid, über sie zu reden.« Er nahm sich noch etwas Salat. »Laßt uns von etwas anderem reden.«

»Jetzt, wo wir nun regelmäßig essen und all das«, stellte Lily fest, »müssen wir vermutlich als nächstes lernen, so wie die Fernsehfamilien zu reden, die richtig zu Abend essen. Jeder erzählt, was in der Schule los war und so Zeug.«

»Ich finde es sehr angenehm, jeden Abend um die gleiche Zeit zu essen«, erwiderte Anita, die froh war, etwas Positives sagen zu können. »Irgendwie hatten wir uns, ohne es zu merken, zu einer Familie entwickelt, in der jeder seiner eigenen Wege ging.«

»Ganz recht«, bekräftigte David. »Diese Art von Nachlässigkeit schleicht sich hinterrücks ein. Nur mit einer bewußten Anstrengung kann man dem Familienleben Vorrang verschaffen. Da sind reichlich Kurskorrekturen nötig. Und eine eingehende Problemanalyse.«

»Was für Probleme?« wollte Sylvie wissen.

»Wir haben doch keine Probleme, Liebes«, erklärte Anita. »Daddy meint andere Leute und ihre Probleme.«

Einen Augenblick lang herrschte Schweigen. Anita spürte die niederdrückende Traurigkeit, die über ihnen allen schwebte. Lily munterte sie ein wenig auf, weil sie mit ungewohnt fröhlicher Stimme fragte: »Hey, Mom, wenn ich den Wecker auf die Zeit stelle, zu der du aufstehst, machst du mir dann Zöpfe ins Haar?«

»Klar, Liebes. Deine Haare sind genau richtig für so eine Frisur.« Anita strahlte ihre Tochter an.

Später am Abend saß Anita im Halbdunkel auf Sylvies Bettkante und deckte sie zu. Sylvie lächelte ihre Mutter schläfrig an, und Anita erinnerte sich, wie beide Mädchen als Babys immer genau den gleichen herzig-doofen Blick und ganz schwere Lider gehabt hatten, wenn sie sie gestillt hatte. Kleine, rundköpfige, sanfte Babys beim Einschlummern; weiche, unschuldige Gesichter, die paradiesischen Frieden ausstrahlten.

»Erzählt Sue lustige Geschichten?« fragte Anita. »Und worum geht's dabei?«

»Die Geschichten sind eigentlich ziemlich langweilig. Von Eichhörnchen und Häschen und so Zeug. Aber auf jeden Fall irgendwie nett.«

»Sylvie«, begann Anita und versuchte, beiläufig zu klingen, »wieso hast du gewußt, daß es bei den Heffernans heute abend auch Lasagne gegeben hat, genau wie bei uns?«

»Ich habe dabei geholfen!« gab Sylvie zur Antwort und schlug die Augen wieder auf, überrascht, daß Anita das nicht wußte. »Wir haben zwei gemacht. Eine für sie und eine für uns. Ich habe den Käse gerieben.«

»Du und Daddy?« fragte Anita angespannt.

Sylvie legte ihrer Mutter eine Hand auf die Schulter. »Ich und Sue.« Sie wirkte bekümmert. »Sue hat gesagt, ihre Mutter hat auch arbeiten müssen und genau wie du keine Zeit gehabt, ihr das Kochen beizubringen, deswegen will sie es mir zeigen. Das ist doch in Ordnung, oder?«

Anita gab ihrer Tochter einen Kuß auf die Stirn und versuchte, sich ihren Ärger nicht anmerken zu lassen. Sue meinte es gut, aber sie hatte kein Recht, Anitas Stellung derart zu untergraben. Allerdings war das kein Grund, Sylvie das Gefühl zu vermitteln, sie sei irgendwie nicht loyal. »Natürlich, mein Schatz«, erklärte sie. »Mach dir keine Sorgen deswegen. Ich wäre gern öfter mit dir zusammen, aber ich kann einfach nicht. Das verstehst du doch, oder?«

»Ja.« Sylvie hob beide Hände und spielte an Anitas goldenen Ohrringen herum. »Die mag ich so gern«, meinte sie. »Sie sind so glatt.«

»Wenn du groß bist, schenke ich sie dir vielleicht«, versprach sie ihr lächelnd.

»Das wäre toll, Mom.«

»Ach übrigens, Liebes, deinen Ordner für Mittwoch habe ich neben die Tür gelegt, damit du ihn nicht vergißt.« Anita war stolz darauf, an diese Kleinigkeit, die jedoch in Sylvies Leben eine große Rolle spielte, gedacht zu haben, bis sie merkte, wie erbärmlich das im Grunde war.

»Danke, Mom. Aber Sue erinnert mich immer daran. Oh, und Sue macht diese kleinen Kuchen mit Zitronenglasur für das Grillfest, und ich darf sie glasieren«, verkündete sie begeistert.

Anitas Gefühl einer Niederlage wurde von einem heftigen Energieschub abgelöst. »Liebes«, kündigte sie entschlossen an, »ich komme zu eurem Grillfest, ja? Ich werde einfach tapfer sein und mich bei Pam durchsetzen.«

»Wow! Versprochen?«

»Versprochen«, bekräftigte Anita.

Am nächsten Morgen ging sie in Lilys Zimmer. Sie setzte sich hinter ihrer Tochter aufs Bett und flocht ihr die Haare. Geschickt nahm sie die glänzenden dunklen Strähnen und betrachtete liebevoll Lilys gebeugten Nacken über dem Spitzenrand ihres Flanellnachthemds, wo weichere, gekräuselte Haare wuchsen.

»Kann ich aus Spanisch aussteigen?« fragte Lily. »Ich sehe nicht ein, warum ich in der achten Klasse Spanisch lernen soll. Kann ich das nicht auf der High-School machen?«

»Was stört dich an Spanisch?« fragte Anita.

»Ich kann Mrs. Contreras nicht ausstehen«, antwortete Lily.

»Ich möchte aber, daß du einen guten Start hinlegst, damit du auf der High-School schon einen Vorsprung vor denen hast, die keine Fremdsprache gelernt haben.«

»Na schön, aber wahrscheinlich krieg ich eine Fünf«, meinte Lily störrisch.

»Ich bin sicher, du schaffst eine bessere Note«, stellte Anita klar, doch sie sagte es ohne Strenge. Im Augenblick hatte sie einfach keine Lust, sich auf eine Diskussion über Lilys Noten einzulassen. Es war so friedlich hier, während nur sie beide im Licht des frühen Morgens saßen, das durchs Fenster drang.

Bei dem Gedanken, Sylvie hätte sich vielleicht nur deswegen, weil sie selber sie etwas vernachlässigte, so eng mit der neuen Nachbarin angefreundet, hatte sie sich letzte Nacht ein wenig aufgeregt und beschlossen, ihr mehr Zeit und Aufmerksamkeit zu widmen. Jetzt wurde Anita klar, wie wichtig es war, Lily nicht das Gefühl zu vermitteln, sie sei davon ausgeschlossen.

»Was soll überhaupt das Getue mit den Noten? Die sind doch erst in der High-School wichtig fürs College«, beschwerte sich Lily. »Ich kapier das nicht.«

»Lily, ich erwarte aber von dir, daß du dir schon jetzt Mühe gibst, damit du dich daran gewöhnst, gute Noten zu kriegen, wenn du erst einmal auf der High-School bist. Mütter wünschen sich für ihre Töchter nun mal, daß sie es im Leben einmal besser haben sollen, das ist doch ganz natürlich. Sicher, manchmal ist das gar nicht so einfach einzusehen, was das alles soll, aber ich wünschte, ich hätte mir mehr Mühe gegeben.«

»Mom!« Lily hörte sich erstaunt an. »Ich möchte genauso sein wie du. Du bist so hübsch und hast einen guten Job und so. Du kannst mir sogar Zöpfe flechten. Du bist ganz bestimmt eine von den coolsten Müttern.«

»Ich habe keine Lust, dir bloß irgendwelche Tips für die Schönheitspflege mit auf den Weg zu geben, Schätzchen«, erklärte Anita mit einem Seufzer. »Du sollst viele Möglichkeiten zur Auswahl haben, damit du einmal jeden Job kriegen kannst, den du willst. Damit du auf ein interessantes College gehen kannst, interessante Leute kennenlernst und einen interessanten Job bekommst.«

»Du hast das College nicht abgeschlossen, weil du dich in Dad verliebt und ihn geheiratet hast, aber das war schon richtig so«, meinte Lily. »Du hast doch ein prima Leben, oder etwa nicht?«

»Ja, natürlich, Liebes«, bestätigte Anita. »Aber es tut mir trotzdem leid, daß ich auf dem College nicht bis zum Ende durchgehalten habe. Letztlich bin ich bei einer Arbeit gelandet, die mich nicht besonders interessiert, und das nur, weil ich die Abschlußprüfung nicht gemacht habe.«

»Aber ich finde die Arbeit bei Lawson's cool.«

Anita lächelte. »Gut, das ist schon in Ordnung, aber ursprünglich wollte ich etwas anderes machen. Ich hatte eine Prüfung in Kunstgeschichte abgelegt und irgendwie gehofft, eines Tages in einem Museum arbeiten zu können. Viele Leute schaffen es nicht, in ihrem Wunschberuf zu arbeiten, aber je besser deine Ausbildung ist, desto weniger bist du gezwungen, Kompromisse zu schließen.«

Sie hatte ihre Zweifel, ob Lily das verstand. Am liebsten hätte sie ihr erklärt: »Es tut mir leid, aber dein Vater hat mich auf sein Niveau hinuntergezogen, weil ich vor Liebe blind war.« Doch vielleicht konnte sie Lily ihre Sicht der Dinge eines Tages, wenn ihre Tochter älter war, doch noch irgendwie vermitteln. Sie schob das Gummiband von ihrem Handgelenk über das feste, glänzende Ende von Lilys Zopf. »Fertig.« Dann beugte sie sich vor und drückte einen Kuß auf Lilys bloßen Nacken.

Am Nachmittag darauf lag Anita neben Frank Shaw im Bett, küßte seine Schulter und bewunderte glückselig sein Profil. »Ich fühle mich wundervoll«, seufzte sie. »Wie kann etwas, das sich so gut anfühlt, schlimm sein?«

Er drehte sich zu ihr um und streichelte ihre Wange. »Hast du Schuldgefühle? Ach, Anita! Es tut mir leid, daß du das alles durchmachen mußt. Ich kann einfach nicht anders, ich will so viel von dir haben, wie ich nur kriegen kann. Was dich angeht, bin ich absolut parteiisch, und was richtig oder falsch ist, interessiert mich überhaupt nicht.«

Sie küßte ihn auf den Mund. »Eigentlich spielt es auch keine Rolle«, meinte sie. »Ich finde dich so wundervoll, da bin ich auch bereit, den Preis dafür zu bezahlen.«

»Ich muß nicht lügen oder mich aus dem Haus stehlen«, stellte er fest. »Du schon. Ich hingegen muß warten. Ich würde gern meine Arme nach dir ausstrecken können, wann immer mir danach zumute ist.«

»Tut mir leid«, erwiderte Anita schwach.

»Du fühlst dich nicht wohl dabei, ich weiß. Mein Gott, wie bist du hochgefahren, als dich der Kerl im Restaurant angesehen hat!« Vorhin hatten sie schnell noch etwas gegessen. Frank hatte sie gerade geküßt und dann ihre Wange gestreichelt, als Anita jemanden bemerkt hatte, der sie anstarrte. Er hatte eine Brille aufgehabt und saß in einiger Entfernung an einem Tisch mit Geschäftsleuten. Frank war der Ansicht gewesen, sie leide an Verfolgungswahn und der Mann bewundere sie nur.

»Es ist meine Schuld«, behauptete Frank jetzt. »Ich war hinter dir her. Ich konnte nicht anders. Ich war so unglaublich scharf auf dich. Ich will einfach immer mit dir zusammensein.« Er klang so eindringlich, daß es ihr fast angst machte.

»Wann?« fragte sie wie ein kleines Mädchen und versuchte, einen spielerischen Ton anzuschlagen. »Wann hast du beschlossen, scharf auf mich zu sein?«

Er lachte. »Natürlich habe ich dich schon bei dem Softballspiel bemerkt, doch da warst du nur eine attraktive Frau unter anderen. Du bist mir nicht besonders aufgefallen. Aber dann habe ich dich auf Julies Party gesehen. Du warst so schön und so traurig.«

Sie stützte sich auf einen Arm.

»Traurig?«

Er nickte, zeichnete mit dem Finger die Linie ihres Nasenrückens nach und tippte ihr auf die Nasenspitze. Ein wenig herablassend, wie ihr vorkam. »Ich habe mich bei Julie nach dir erkundigt. Ich habe ihr nichts davon gesagt, daß ich dich schon bei dem Sopftballspiel gesehen hatte, denn in Wirklichkeit habe ich dich erst in diesem Augenblick zum ersten Mal richtig wahrgenommen. Ich habe sie bloß gefragt: ›Wer ist diese schöne, traurige Frau?‹ «

»Ich weiß nicht, was ich davon halten soll«, meinte Anita; sie lag auf dem Rücken und starrte an die Decke. »Zunächst einmal glaube ich, einigermaßen gut auszusehen, aber schön bin ich eigentlich nicht!«

»Das zu entscheiden mußt du schon mir überlassen«, stellte er reichlich selbstgefällig klar.

»Oh, ich bin froh, daß du dich so getäuscht hast«, erklärte sie. »Aber ich war mir nicht bewußt, daß ich irgendwie traurig wirke.« Sah sie in diesem Augenblick traurig aus? Das konnte eigentlich nicht sein. Nicht nach dem, was sie gerade miteinander getan hatten. Im Augenblick fühlte sich jeder Zentimeter von ihr glücklich an.

»Aber selbst dann hätte ich mich nicht so um dich bemüht, wie ich es getan habe«, behauptete er. »Du warst eine respektable verheiratete

Frau und so weiter, das war mir durchaus klar. Aber Julie hat gemeint: ›Oh, das ist Anita. Sie ist seit Jahren unglücklich verheiratet, mit einem ausgesprochenen Schlaffi.‹ Ich muß zugeben, das hat mich dazu ermutigt.«

»Das hat Julie wirklich gesagt?« Anita warf sich auf den Bauch und vergrub ihr Gesicht im Kissen. Julie war David gegenüber immer besonders freundlich und nett gewesen; zumindest hatte sie diesen Eindruck gehabt. »Ich hoffe, Sie und Ihr bezaubernder Gatte können zu unserer Party kommen«, hatte sie gesagt. Julie hatte ein wenig mit David geflirtet und ihn wie einen interessanten und gutaussehenden Mann behandelt. Anita hatte das nichts ausgemacht. Es bedeutete nichts weiter, als daß sie einen attraktiven Ehemann hatte. Anita hatte geglaubt, die Leute seien von David beeindruckt. Er sah gut aus und verhielt sich immer sehr selbstsicher. Anita wußte, er war in gewisser Weise ein Schwächling, hatte aber immer geglaubt, das gut überspielt zu haben. »Ich hatte keine Ahnung, daß sie Mitleid mit mir hat. Wie gräßlich.«

»Dich aber auch bewundert«, beeilte sich Frank hinzuzufügen und streichelte ihr Haar. »Sie hat erklärt, du seist sehr tapfer und hättest dich nie beklagt. Ich fand das große Klasse. Meine Exfrau ist bei jeder sich bietenden Gelegenheit über mich hergezogen. Ich bin sicher, sie hat sogar Fremden gegenüber, die im Flugzeug neben ihr gesessen sind, über mich gejammert.«

Anita tauchte wieder aus ihrem Kissen auf. Wie konnte irgend jemand sich über Frank beklagen? Seine Frau war wohl nicht ganz bei Verstand gewesen.

»Mir war nicht einmal bewußt, daß ich unglücklich bin«, stellte Anita fest. »Es hat schlechte Zeiten gegeben, aber auch gute.«

»Wie habt ihr euch kennengelernt?« wollte Frank wissen.

»Ich habe ihm eine Krawatte verkauft«, antwortete Anita.

Jahrelang hatte Anita das als die Geschichte einer witzigen Eheanbahnung verkauft. Jetzt aber wollte sie es nicht so klingen lassen. Frank schien allzu interessiert daran. Sie zuckte die Schultern. »Mein Hauptfach an der University of Washington war Kunstgeschichte, und bei Lawson's hatte ich einen Teilzeitjob in der Abteilung Herrenausstattung. Er ist hereinspaziert und hat eine Krawatte gekauft.«

»Und hat dich gleich mit dazugenommen?« fragte Frank in scheinbar unbeschwertem Ton, der jedoch ein wenig gereizt klang, wenn man genauer hinhörte.

»Nun, er hat fallenlassen, er hätte sich noch nie eine Krawatte umbinden müssen. Damals war das eine Art Auszeichnung. Er trug Jeans und einen Pullover mit Rollkragen und war bei einer Werbeagentur angestellt. Es war die Agentur, die für unseren Laden gearbeitet hat.«

»Und weshalb hat er eine Krawatte gekauft? Wegen einer Beerdigung oder so?«

»Sie hatten ihn im Werbeklub für eine Auszeichnung vorgeschlagen. Eine ziemlich große Sache. Er hat mir davon erzählt, und ich habe so getan, als sei ich beeindruckt. Na ja, um ehrlich zu sein, ich war beeindruckt. Er hat mich zu der Feier eingeladen, und da habe ich mir gedacht, das könnte recht unterhaltsam werden, also habe ich ja gesagt.«

»Hat er den Preis gewonnen?«

»Ja.«

Damals hatte Anita es sehr aufregend gefunden, mit den leitenden Angestellten der Firma am Tisch zu sitzen und zu beobachten, wie all die eleganten jungen Frauen von der Agentur, die auf David scharf waren, sie prüfend musterten und sich fragten, wie sie an ihn rangekommen war.

Dieser Abend, so hatte sich später herausgestellt, war der Höhepunkt seiner Karriere gewesen. Der Frühlingskatalog von Lawson's war zwar Wettbewerbssieger, aber für den Verkauf ein Reinfall gewesen. Alles war sehr hübsch und geschmackvoll und irgendwie »künstlerisch« gewesen – David hatte sich von dem schwedischen Film *Elvira Madigan* inspirieren lassen –, doch den Kunden hatte sich bloß eine Stimmung, ein Gefühl vermittelt. Das Verlangen nach bestimmten Waren war ihnen hingegen nicht eingeimpft worden. Man hatte David wieder auf den Teppich zurückgeholt und ihm nahegelegt, das »Künstlerische« beim nächsten Mal zurückzuschrauben. Seinen Job hatte er behalten, doch danach schien seine Karriere zu stagnieren. Möglicherweise hatte er gekündigt, weil er deswegen eingeschnappt war.

»Du hast dich also von den Verkaufsetagen nach oben gearbeitet«, stellte Frank anerkennend fest.

»Das kam später. Als die Mädchen acht und zwei Jahre alt waren und nachdem Davids freiberufliche Existenz gescheitert war, habe ich wieder zu arbeiten begonnen. Aber da war ich schon älter und etwas gewitzter. Eine Karriere im Einzelhandel ist nie mein spezieller Wunsch gewesen, doch dann bin ich ehrgeizig geworden. Und wir haben das Geld gebraucht.«

»Mein armer Liebling. Hört sich an, als hättest du eine schwere Zeit durchgemacht.«

»Natürlich haben mir die Mädchen gefehlt. Zunächst habe ich gedacht, es sei nur vorübergehend. Ich habe ihn für so talentiert gehalten, da mußte sich irgendwann wieder etwas ergeben, damit ich wieder aufhören könnte, arbeiten zu gehen. Aber soweit ist es einfach nie gekommen. Und das schlimmste war, er hat meinen Job die ganze Zeit über als ›gewöhnlich‹ hingestellt.«

Frank ließ ein ärgerliches Knurren hören. »Gewöhnlich! Damit hast du den Lebensunterhalt für die Familie verdient. Und seit wann ist das Werbegeschäft so rein und erhaben?«

»Ich schätze, er hielt sich für etwas Besseres, weil er kreativ war. Aber seit kurzem hacke ich auf ihm herum; anscheinend kann ich mich einfach nicht mehr beherrschen. So lange habe ich versucht, mir einzureden, ich liebte ihn noch immer, obwohl er nur zu Hause rumsaß und alles schleifen ließ. Inzwischen scheint wieder alles in Ordnung zu kommen. Und er versucht, in seinem Beruf wieder Fuß zu fasen.«

Skeptisch zog Frank eine Augenbraue hoch. »Ja, schon. Wann soll denn diese Präsentation überhaupt stattfinden?«

»Frühestens in zwei Wochen«, seufzte Anita »Wer weiß, vielleicht klappt es ja. Ich sollte es mir eigentlich wünschen, doch das Schlimme ist, ich bin mir da nicht mehr so sicher. Wenn er es nicht schafft, kann ich ihn mit Recht als Verlierer abschreiben.« Die Kälte ihrer Worte erschreckte sie. Hoffentlich hielt Frank sie jetzt nicht für hartherzig.

»Ich verstehe«, erklärte Frank. »Falls er Erfolg hat, wird es erheblich schwerer, dich von ihm zu lösen. Du verlierst einen Teil der Rechtfertigung, ihn zu verlassen.«

Anita bedauerte, ihm bei ihrem letzten Treffen erzählt zu haben, sie denke gelegentlich daran, David zu verlassen. Sie hatte zwar klargestellt, daß sie lediglich mit dem Gedanken spielte und es im Grunde nicht ernst meinte. Doch nun redete er, als laufe alles unausweichlich auf ein Scheitern ihrer Ehe hinaus.

»Man läßt sich auf Kompromisse ein«, meinte Anita. »Aber als ich vor einiger Zeit so richtig explodiert bin und ihm klargemacht habe, er müsse sich endlich richtig um den Haushalt kümmern, hat er mich tatsächlich ernst genommen und einiges geändert. Das Haus ist sauber und aufgeräumt, es gibt regelmäßige Mahlzeiten, und auch frische Wäsche ist immer da. Eigentlich erstaunlich.«

»Er muß schreckliche Angst haben, dich zu verlieren«, bemerkte Frank. »Wo sollte er auch hin? Was sollte er anfangen?«

Sich darüber eingehender Gedanken zu machen, hatte Anita sich nicht gestattet. »Ich weiß es nicht«, sagte sie. »Ich schätze, er müßte sich eine Stelle suchen.« Genau, was ihre Mutter unablässig wiederholte. »Aber was wirklich erschreckend ist: Je besser alles läuft, desto mehr geht er mir auf die Nerven. Als ich neulich gesehen habe, wie er auf seinem Essen herumgekaut hat, ist mir klargeworden, wie sehr mich seine Art zu essen immer abgestoßen hat.«

Doch stimmte das überhaupt? Vielleicht hatte es ja auch eine Zeit gegeben, in der sie jenes schwerfällige, an ein Kind erinnernde Kauen liebenswert gefunden hatte. Sie konnte sich nicht mehr daran erinnern. In letzter Zeit konnte sie sich an so vieles nicht mehr erinnern, oder vielmehr erinnerte sie sich an vieles anders.

Zum Beispiel, wie sie damals wieder zu arbeiten angefangen hatte. Den Schmerz, den sie empfunden hatte, als sie den ganzen Tag weit weg von ihren Töchtern verbringen mußte, hatte sie vollkommen verdrängt. Sylvie war noch so klein gewesen. Aber in letzter Zeit war das alles erneut auf sie eingestürmt und ihr eher noch tragischer vorgekommen als zu jener Zeit. Sie erinnerte sich an den ersten Tag, als sie mit einem schrecklichen Gefühl im Magen aus dem Haus gegangen war – wie an ihrem ersten Schultag. Am eindringlichsten war die Erinnerung an jenes fürchterliche Gefühl, in gewisser Hinsicht versagt zu haben, weil sie die Mädchen jeden Tag viele Stunden sich selbst überließ. Aber unzählige Mütter gingen wieder arbeiten. Sie hatte sich geschämt, für sich so etwas wie eine Sonderstellung beansprucht zu haben. Vielleicht hatte sie deshalb diesen Zwiespalt ihrer Empfindungen abgewehrt. Aus Scham.

Was verleugnete sie sonst noch vor sich selber? Seltsam, wieviel ehrlicher sich selbst gegenüber sie geworden war, seit sie sich ihrer Familie gegenüber in eine Lügnerin verwandelt hatte.

Sie drehte sich zu Frank. »Nur weil ich seine Art zu kauen nicht mag, kann ich ihn doch nicht verlassen, oder? Das wäre unfair.« Sie rieb ihr Gesicht an seiner Brust.

»Mit Fairneß hat das nichts zu tun«, erwiderte Frank und streichelte ihren Nacken. »Glaub mir, ich kenne das. Schießlich gelangst du an den Punkt, an dem dir klar wird, du kannst nicht mehr zurück.«

Sie drehte ihren Kopf auf seiner Brust zur Seite, um gleichzeitig sprechen und seinen Herzschlag hören zu können. »Ich bin mir nicht sicher, ob ich glaube, Unglücklichsein sei ein ausreichender Grund dafür, eine Ehe scheitern zu lassen«, erklärte sie. »Ehe ich die Kinder bekommen habe, hätte ich das vielleicht geglaubt. Doch inzwischen bin ich der Ansicht, unsere Eltern könnten möglicherweise recht gehabt haben und wir hätten gar keinen Anspruch darauf, immer nur glücklich zu sein. Sondern nur manchmal. So wie jetzt.«

»Trotzdem, wahrscheinlich hat er eine Heidenangst«, wiederholte Frank.

»Angst? Das bezweifle ich. Auf die Idee, ich könne je daran gedacht haben auszusteigen, ist David nie gekommen.«

»Habt ihr denn nie darüber gesprochen?« In Franks Worten schwang ein wenig Enttäuschung über sie mit.

»Oh, Frank!« seufzte Anita und hob den Kopf, damit sie ihm in die Augen sehen konnte.

»Sehe ich aus wie ein Geier, der über einer dahinsiechenden Ehe kreist?« fragte er mit einem Stirnrunzeln. »Tut mir leid. Ich will selbstverständlich nur dein Bestes.« Er seufzte. »Ich werde dir das nicht immer wieder von neuem erklären. Du kennst meine Gefühle für dich.« Er schenkte ihr ein tapferes, ein wenig schiefes Lächeln. »Und ich möchte, daß du mich bei der Auswahl einer Krawatte berätst. Ich hasse es, Krawatten zu kaufen.«

Anita stemmte sich auf einen Ellbogen und lächelte. »Darin war ich sehr gut. Da gibt es eine richtiggehende Technik. Du wickelst die Krawatte um deine Finger und führst vor, wie sie gebunden aussieht.« Sie zeigte ihm den richtigen Dreh mit den Fingern.

Frank nahm ihre Finger und küßte sie.

»Mit deinen grünen Augen solltest du dich an Olivgrün und Goldtöne halten.«

»Ich liebe dich über alles«, erklärte er. »Ich denke immer nur an dich. Ich will dich immer um mich haben.«

»Tatsächlich?« fragte sie und versuchte, nicht erwartungsvoll zu klingen. »Wirklich immer?«

Einen Augenblick lang schien er fast wütend. Ab und zu sah sie Ärger in ihm aufflackern, und das machte ihr angst. »Bitte, Anita, darüber sollten wir keine Diskussion anfangen, einverstanden? Es gibt eine Grenze für das, was ich verkraften kann.«

»Tut mir leid«, erwiderte sie und versuchte erneut, nicht überglücklich zu klingen. Er liebte sie! Er liebte sie wirklich und wahrhaftig! Sie küßte ihn einmal aufs Auge und auf den einen Wangenknochen und dann auf den Mund, bis er sich ergab und ihren Kuß erwiderte, dann seinen Arm um ihren schmalen Rücken schlang und sie an sich zog.

Sie wollte nicht weiterreden und schnell in die Welt zurückfinden, die ausschließlich von ihnen beiden bevölkert war. Der Gedanke an David und die Mädchen, der irgendwie in der Ecke des Raums auf sie lauerte, war zugleich bedrohlich und belastend.

Frank seufzte. Er schwieg einen Augenblick, dann sagte er schließlich: »Einfach ist das nicht«, rückte plötzlich ein Stück von ihr weg und zog sich die Decke bis ans Kinn. »Wenn ich mir vorstelle, daß du jede Nacht mit ihm im selben Bett schläfst.«

Sein körperlicher Rückzug schmerzte sie und ließ sie mit einem schrecklichen, panischen Verlangen nach Bestätigung zurück. »Da ist noch etwas, das ich dir nicht erzählt habe«, begann sie mit ernster Stimme; er sollte hören, wie kostbar das Vertrauen war, das sie ihm entgegenbrachte. »Ich glaube, David lügt mich an. In Wahrheit macht er das alles gar nicht selber. Ich glaube eher, in unserer neuen Nachbarin hat er eine Dumme gefunden, die seine Pflichten übernimmt.« Bisher hatte sie sich zu sehr geschämt, um ihm das zu erzählen, hatte sich für David geschämt, für ihren absonderlichen Haushalt.

»Ist das wahr?« fragte er jetzt interessiert.

Nun erzählte Anita ihm, wie Sue die Kinder zur Schule brachte und Mahlzeiten zubereitete, die ihnen David dann als Ergebnisse seiner eigenen Kochkunst unterzujubeln versucht hatte. »Sylvie hat meinen Verdacht gestern abend bestätigt«, erklärte sie und berichtete ihm die Geschichte mit der Lasagne.

»Er hat dich also angelogen?« fragte Frank eindeutig fasziniert.

»Wegen einer Lasagne?«

»Wirklich erbärmlich, findest du nicht?« meinte Anita. Sie fühlte sich erleichtert. Frank machte nicht sie für David und seine schäbigen Tricks verantwortlich. Seit Jahren fühlte sie sich nun als eine Art Mitverschwörerin bei allem, was David tat. Zunächst hatte sie sich im Glanz seiner Triumphe gesonnt, später hatte sie die Scham wegen seiner Schwäche auf sich geladen und versucht, für ihn einzuspringen. Doch möglicherweise war sie in Wirklichkeit für sich selbst eingesprungen.

»Und was hat Sue davon?« erkundigte sich Frank.

»Weiß nicht. David kann recht charmant sein, wenn er will. Und Sue ist so ein überfreundlicher Typ Superhausfrau mit überschüssiger Energie. Einmal hat sie sogar unseren Kühlschrank sauber-gemacht.«

»Vielleicht will sie ihn sich angeln? Mit ihrer Lasagne.« Dieses Szenario gefiel Frank offensichtlich.

»Sie ist nicht gerade sein Typ«, gab Anita zurück.

»Sie haben reichlich Gelegenheit«, meinte Frank. »Hängen den ganzen Tag zu Hause herum.«

Einen Augenblick lang hatte Anita eine Vision von David und Sue, wie sie stöhnend in Anitas Bett, dem Bett, in dem ihre Kinder gezeugt worden waren, herumzappelten. Dann lachte sie über diese absurde Idee. »Wenn du Sue kennen würdest, wäre dir klar, daß sie nicht gerade der Typ ist, der sich von der großen Leidenschaft mitreißen läßt. Jedenfalls nicht, wenn sie dafür ein Pfadfindertreffen oder eine Gelegenheit zum Plätzchenbacken auslassen müßte.«

»Du gefällst mir, wenn du dich über andere lustig machst.«

»Hat sich das süffisant angehört?«

Er zog sie an sich. »Wenn irgend jemand ein Recht darauf hat, über ihre Fähigkeit zu Leidenschaft herzuziehen, Schatz, dann bist du das.«

»Ich habe geglaubt, dieser Abschnitt meines Lebens sei vorüber«, erklärte Anita ernsthaft. »Jetzt kommt mir das seltsam vor.«

»Das ist es ja auch«, bestätigte er und vergrub sein Gesicht zwischen ihren Brüsten.

»Mein Gott, Frank«, platzte sie auf einmal heraus und wand sich aus seiner Umarmung. »Mir ist gerade eingefallen, wer der Mann im Restaurant war. Sues Mann! Ich hatte ihn zuvor nur ein einziges Mal gesehen, und das nur ganz kurz, und habe einfach nicht gewußt, wo ich ihn hinstecken soll. Aber er ist es gewesen. Ich bin mir dessen ganz sicher. Er hat gesehen, wie du mein Gesicht gestreichelt hast. Außerdem hast du mich auch noch geküßt.«

»Wahrscheinlich hat er dich genausowenig erkannt«, beschwichtigte Frank sie. »Und du hast dich erst jetzt an ihn erinnert, weil du an seine Frau gedacht hast. Und außerdem, was soll's? Vielleicht habe ich dich geküßt, vielleicht hat er es gesehen. Deswegen hat er noch lange kein Video, das uns in flagranti zeigt.« Frank umklammerte ihre Schultern mit beiden Händen und drückte sie aufs Bett. »Deine Nerven sind völlig zerrüttet. Laß mich dir helfen, dich zu entspannen.«

[illegible] in Gericht [illegible]

[illegible]

[illegible]

KAPITEL SECHS

»Bei uns ist es immer ein bißchen unaufgeräumt«, warnte Lily ihre neue Freundin Amy, als sie sie ins Haus führte.

Amy blickte sich um; sie sah ein mit blauem Teppichboden ausgelegtes, blitzsauberes Wohnzimmer, in dem ein großes, etwas schmuddeliges beiges Sofa stand, dazu zwei mit dunkelblauem Stoff bezogene Stühle und einen Couchtisch, auf dem eine Reihe einander ordentlich überlappender Illustrierten ausgelegt war – genau wie beim Zahnarzt. Wie die schnurgeraden Furchen eines ebenen Getreidefelds im Mittleren Westen zeichneten sich auf dem Teppich die Spuren eines Staubsaugers ab, mit dem jemand kurz vorher hier saubergemacht haben mußte.

»Wow. Keine Spur von chaotisch«, lautete ihr Urteil.

Lily zuckte die Schultern. »Das sage ich aus Gewohnheit, glaube ich. Hier war es eigentlich immer ziemlich unordentlich, aber in letzter Zeit kommt es mir total anders vor.« Die beiden Mädchen warfen ihre Mäntel und Schulranzen auf das Sofa. »Aber mein Zimmer ist noch immer ganz schön unaufgeräumt«, gab Lily zu. Ihr gefiel es so. Wenigstens ein Bereich, in dem alles noch so war, wie es immer gewesen war. Ihr eigenes Reich. Sie mochte es, wenn in ihrem Zimmer alles herumlag, und David schien das nicht zu stören. Mom regte sich zwar darüber auf, doch sie hatte im Grunde keine Zeit, wirklich dahinterher zu sein. »Ich räume es nur auf, wenn Grandma kommt. Die schläft immer in meinem Zimmer.«

Lily freute sich ungeheuer, daß Amy da war. Claire, Lilys beste Freundin, war im März weggezogen, und Lily wußte, daß Amys beste Freundin, Samantha, sie einfach sitzenlassen und sich statt dessen der widerwärtigen Clique von Collegeaspirantinnen unter der Führung von Kirsten Knutsen angeschlossen hatte, die die gesamte achte Klasse terrorisierten.

Als Sue es sich zur Gewohnheit gemacht hatte, Sylvie zur Schule zu bringen, hatte sie Lily vorgeschlagen, sie solle ein Stück mit ihnen gehen und dann zur Mittelschule abbiegen, doch Lily hatte beschlossen, lieber den Bus zu nehmen. Sie wollte nicht gesehen werden, wie sie täglich in Begleitung einer Schar kleiner Kinder und einer Mom daherkam, doch das allein war es nicht; irgendwie war Sue ihr unheimlich. Genau wie diese Clique von Mädchen, die immer auf lieb und freundlich machten, im Grunde genommen aber schlichtweg fies waren.

Im Bus hatte sie sich mit Amy angefreundet. Vielleicht könnten sie wirklich gute Freundinnen werden. Amy hatte sich bei Lily beliebt gemacht, als in Sozialkunde der afroamerikanische Befreiungskampf durchgenommen wurde; damals hatte sie sich zu ihr herübergebeugt und die Mädchenclique als KKK bezeichnet, was laut ihrer Erklärung nicht für den Ku-Klux-Klan, sondern für Kirsten-Knutsen-Klan stand.

Auf der Suche nach etwas zu essen führte Lily Amy in die Küche. Dort trafen die beiden Mädchen auf Sue, die im Spülbecken einen Putzlappen auswrang. »Kommt bloß nicht rein«, warnte sie die beiden mit schriller Stimme, »der Boden ist noch naß, und ihr könntet ausrutschen.«

»Wir doch nicht«, erklärte Lily, hastete mit großen Schritten zum Kühlschrank und machte ihn auf. Amy blieb an der Tür stehen.

»Willst du mich nicht deiner Freundin vorstellen?« fragte Sue spitz.

»Das ist Amy. Und das ist Sue«, zischte Lily durch zusammengebissene Zähne. »Wir wollen unten unsere Hausaufgaben machen und ein bißchen MTV schauen.«

»Oh, aber unten arbeitet dein Vater«, verkündete Sue; sie gesellte sich zu Lily und schaute mit ihr in den Kühlschrank. »Wenn ihr eine Kleinigkeit essen wollt: es sind Orangen da.«

»Ich laß mir schon was einfallen.« Lily schnappte sich zwei Cokes. »Ich schätze, wir müssen in mein Zimmer raufgehen«, rief sie Amy über die Schulter zu und ging weiter zum Schrank, wo sie noch Tortilla-Chips, ein Glas mit Salsa und eine Tüte Marshmallows auftrieb.

»Ich bin so froh, daß du eine Freundin mit nach Hause gebracht hast«, meinte Sue, als die Mädchen zur Treppe gingen. Lily drehte sich um und bedachte sie mit einem eisigen Blick. Wieso erzählte sie Amy nicht gleich, daß Lily überhaupt keine Freundinnen hatte und eine totale Versagerin war? Lily war sich sicher, die wollte gemein sein.

»Wieso wischen Sie eigentlich unseren Flur?« fragte sie angriffslustig.

»Oh, ich habe einfach bemerkt, daß er das gebrauchen könnte«, behauptete Sue und hängte den Mop zurück in den Besenschrank. »Und dein Vater ist wirklich sehr beschäftigt.«

»Komm, Amy«, forderte Lily ihre neue Freundin auf.

Die Mädchen gingen in Lilys Zimmer und machten es sich mit ihren Snacks auf Lilys ungemachtem Bett bequem.

»Ist Sue deine Stiefmutter?« fragte Amy.

»Nein, nur eine völlig durchgeknallte Nachbarin, die zu uns rüberkommt und so tut, als wäre sie hier zu Hause«, erklärte Lily. »Außerdem kann sie mich nicht leiden. Hast du gehört, was sie gesagt hat?« Lily schnitt eine Grimasse und machte Sue nach: »Ich bin ja so froh, daß du eine Freundin mitgebracht hast.«

»Dein Zimmer gefällt mir«, meinte Amy und riß eine Cola auf. »Einfach cool.« Sie bewunderte die Collagen, die Lily aus Zeitschriften zusammengestellt und an die Wände geklebt hatte. »Das Zimmer eines echt kreativen Menschen, könnte man sagen.«

»Ich kann es immer noch nicht fassen – wischt die doch glatt den Fußboden hier bei uns«, regte Lily sich auf.

»Ist sie vielleicht hier, um nach deiner kleinen Schwester zu sehen oder so was?« fragte Amy.

»Angeblich arbeitet mein Vater zu Hause. Im Grunde ist er ein ziemlicher Faulpelz und hat nichts dagegen, daß Sue hier rumhängt, weil sie eine von diesen durchgedrehten Heimchentypen ist, die gerne putzen und kochen und so Zeug. Dafür ist er aber sehr kreativ und talentiert«, fügte Lily entschuldigend hinzu. »Von ihm habe ich das wohl mitbekommen.«

»Vielleicht heiraten sie irgendwann mal«, scherzte Amy. »Dann wird sie deine böse Stiefmutter. Gott sei Dank lebe ich bei meiner Mutter. Nur jedes zweite Wochenende muß ich dieses Biest Marcia ertragen.«

»Meine Eltern sind noch zusammen. Die würden sich nie trennen«, meinte Lily.

»Ach ja? Arbeitet deine Mom?«

»Bei Lawson's. Wir bekommen fünfzehn Prozent Rabatt auf alles«, verkündete Lily mit leisem Stolz.

»Cool.« Amy riß die Tüte mit den Marshmallows auf und stopfte sich eines in den Mund. »Das Zeug bleibt manchmal an meinen Zahnspangen kleben, aber das ist mir egal. Was hält eigentlich deine Mutter davon, wenn diese komische Sue dauernd hier herumhängt?«

»Immer wenn Mom heimkommt, ist sie weg.«

»Sehr merkwürdig«, meinte Amy.

Lily merkte, Amy fand Sue interessant, also plapperte sie weiter. »Anfangs ist sie nur rübergekommen, um meine kleine Schwester abzuliefern. Sie begleitet sie zusammen mit ihren eigenen Kindern zur Schule. Dann hat sie angefangen, hier rumzufuhrwerken. Alles aufzuräumen und so Scheiß. Dad bleibt einfach unten im Souterrain und arbeitet. Ich glaube, er findet sie auch ein bißchen seltsam.«

»Ist sie mit deiner Mutter befreundet?« fragte Amy.

»Nein. Die Sache ist die: sie sorgt hier für Ordnung. Manchmal macht sie auch das Abendessen. Na schön, meistens. Mom ist froh darüber, wenn sie von der Arbeit heimkommt. Mom und Dad haben früher andauernd über Saubermachen und Essen und so Zeug gestritten. Jetzt streiten sie überhaupt nicht mehr.«

»Weiß sie denn nicht, daß das alles Sues Werk ist?«

Lily zuckte die Schultern. »Irgendwie schon. Ich weiß es nicht. Wir reden nicht groß darüber.« Mom ging es besser, das war das allerwichtigste.

»Ich glaube, die ist ein richtiges Miststück«, erklärte Amy hitzig, aber mit gedämpfter Stimme. »Ich kenne dich schon, und du bist meine Freundin. Aber nehmen wir an, ich wäre eine ganz Neue gewesen. Jemand, mit dem du für ein gemeinsames Projekt in Spanisch oder so was zusammengespannt worden bist, und dann kommt sie rein und diese Sue sagt so was wie vorhin? Du wärst doch total blöd dagestanden.«

Lily berührte Amys Hand. »Ich bin wirklich froh, daß du das verstehst. Und du hast recht. Wenn Sue an die Falsche gerät, könnte sie die ganz schön in Verlegenheit bringen.«

»An deiner Stelle würde ich das deiner Mom sagen. Ist doch wirklich komisch, wenn da irgend jemand zu euch kommt und den Boden schrubbt.«

»Vielleicht sollte ich erst Dad erklären, daß ich diese Verrückte nicht bei uns haben will«, überlegte Lily. »Was hältst du davon?«

Da ging die Tür auf, und Sue stand mit einem Tablett mit zwei Gläsern Milch und einer Schale Plätzchen auf der Schwelle. »Ich habe mir gedacht«, erklärte sie, »ihr beiden mögt vielleicht so was. Ich habe ein paar mehr davon gebacken, um sie euch rüberzubringen.«

Lily rannte zur Tür, um ihr das Tablett abzunehmen. Sie hatte plötzlich Angst, Sue könnte jedes Wort gehört haben oder, noch schlimmer, sie käme herein, um sich zu ihnen zu setzen. Sue neigte den Kopf ein wenig zur Seite und lächelte. »Die Milch habe ich mitgebracht, weil Milch besser zu Plätzchen paßt als Coke, stimmt's?«

»Okay«, brummelte Lily. Wieso klopfte die eigentlich nicht an? Verdammt noch mal, konnte sie sich nicht mal in Ruhe mit Amy unterhalten, ohne Sue im Genick zu haben? Sie langte nach dem Tablett, murmelte: »Danke!« und hielt die Stellung, indem sie den Eingang blockierte, bis Sue sich umdrehte und ging. Lily knallte die Tür hinter ihr zu und drückte auf den Verriegelungsknopf in der Mitte des Türknaufs.

»O mein Gott«, stöhnte Amy aufgeregt und mit weit aufgerissenen Augen. »Ich wette, die hat gehört, wie du sie als Verrückte bezeichnet hast. Ich raff es nicht!«

Die beiden Mädchen fingen an, hysterisch zu kichern, dann dämpften sie ihr Lachen in den Kissen auf dem Bett. Nach herrlichen fünf Minuten prustender Heiterkeit, in denen Lily glaubte, das Herz würde ihr zerspringen, tauchten sie wieder auf, um Luft zu holen.

»Ich raff es nicht«, wiederholte Amy. »Milch und Plätzchen auf dem Tablett«, kicherte sie, »das totale Muttertier.«

Lily wedelte mit den Händen auf und ab. »Vielleicht hat sie ja irgendwelche Drogen in die Plätzchen getan«, meinte sie. »Vielleicht ist sie total durchgeknallt und setzt die Leute außer Gefecht, ehe sie ihnen die Schränke ausmistet und die Wäsche wäscht und bügelt und lauter so Scheiß.«

Die Mädchen fielen sich in die Arme und schwelgten erneut in hysterischem Gelächter.

Amys Gesicht nahm den Ausdruck eines durchgedrehten, blicklosen Zombies an. Mit schleppender Roboterstimme sang sie: »Muß saubermachen. Muß Haus saubermachen. Dieses Haus. Nichts kann mich aufhalten.«

»Genau!« rief Lily aus. »Sie ist ein Android. In ihrem Programm ist irgendwas durcheinandergeraten, deswegen ist sie übermotiviert und erledigt unsere Hausarbeit zusätzlich zu ihrer eigenen.«

Amy biß in ein Plätzchen. Sie kaute, schluckte, griff sich dann an die

Kehle und tat so, als stürbe sie. Während sie mit eindrucksvollem Todesröcheln vom Bett glitt, fuchtelte sie mit starrer Hand in der Luft herum.

Auf verquere Weise war Lily froh, daß Sue heute hier gewesen war. Das Lachen über ihre Verrücktheit hatte es ihr leichter gemacht, mit Amy Freundschaft zu schließen. Amy würde eine höchst befriedigende beste Freundin sein, und eine solche hatte Lily dringend nötig.

David kam die Treppe herauf und ging ins Wohnzimmer. Stirnrunzelnd nahm er die sauber aufgereihten Illustrierten zur Kenntnis und schob sie wieder ein wenig durcheinander. Irgendwie sah es gar zu ordentlich aus. Außerdem würde Anita nie und nimmer glauben, er hätte etwas Derartiges vollbracht.

Er ließ sich schwer auf das Sofa niederfallen, legte den Kopf in den Nacken und starrte an die beige Decke. Die Maurer und Maler hatten wirklich hervorragende Arbeit geleistet. Allerdings war ihnen auch kaum etwas anderes übriggeblieben, denn Sue hatte ihnen mit Adleraugen auf die Finger gesehen, wenn sie ihnen Kaffee gebracht hatte. Anita hatte eigentlich einen Teil der Arbeit selbst erledigen wollen. Manchmal konnte sie fürchterlich knausrig sein, doch er hatte sie überredet, alles in Auftrag zu geben, so wie Sue es vorgeschlagen hatte. Dann hatte die gute alte Sue die besten Angebote ausgesucht und sich um alles Weitere gekümmert, damit er sich seiner Arbeit widmen konnte. Er fand es wunderbar, von all dem verschont zu bleiben. David empfand Handwerker als Bedrohung. Dauernd versuchten sie, einen als Idioten hinzustellen, nur weil man von ihrem dämlichen Gewerbe nichts verstand.

Sue war eine wirklich bemerkenswerte Frau. Sie half Sylvie und bei den Installateuren, brachte Kasserollen mit Essen rüber und wischte so ganz nebenbei Staub, wenn sie sich in der Küche unterhielten oder Kaffee tranken. Sie machte sich auf so unauffällige Weise nützlich, daß er nichts von der Geschäftigkeit bemerkte, mit der sie es fertigbrachte, das ganze Haus in kürzester Zeit auf Vordermann zu bringen. Als sie ihm einen Stapel ordentlich gefalteter Wäsche aus einem Korb präsentierte, der schon einige Tage auf der Treppe gestanden hatte, wurde ihm bewußt, wie nützlich sie mittlerweile geworden war.

»Hi«, sagte eine Stimme hinter ihm.

David fuhr zusammen. Er hatte nicht gemerkt, daß Sue noch im Haus war. Normalerweise war sie um diese Zeit schon weg. »Ich fand, der Fußboden in der Küche könnte einmal kurz Wischen vertragen, und dann habe ich drüben noch ein paar Plätzchen für Lily und ihre Freundin geholt. Sie sind oben.«

Sue ging um das Sofa herum und nahm auf dem blauen Stuhl direkt davor Platz. Sie setzte sich ganz vorne auf die Kante, als sei sie jederzeit bereit, aufzuspringen und zu verschwinden.

»Oh, das war sehr nett von Ihnen.«

»Sie sehen aus, als machten Sie sich Sorgen«, stellte sie fest und runzelte plötzlich mitfühlend die Stirn. »Ist alles in Ordnung? Kommen Sie mit Ihrer Arbeit voran?«

Er lächelte sie an. Irgend etwas an ihrer Besorgtheit rührte ihn. »Ich lasse die Entwürfe jetzt ausdrucken und fertigstellen. Bleibt nur noch ein wenig Feinabstimmung zu erledigen. Ich glaube, die Präsentation wird Spitzenklasse.«

»Da bin ich ganz sicher«, erklärte sie.

»Wissen Sie, Sue«, fuhr er fort, »ich bin mir nicht sicher, ob ich es ohne Sie geschafft hätte. Während der letzten Wochen haben Sie sich als wahre Freundin erwiesen.«

Ihr Gesicht nahm einen Ausdruck an, den er noch nie an ihr bemerkt hatte. Sie wirkte erfreut, aber auch sehr gelassen. »Freut mich, daß Sie das sagen«, erwiderte sie mit einem leichten Lächeln.

»Aber das ist noch nicht alles«, fuhr er fort. »Durch Ihr Beispiel habe ich eine Menge darüber gelernt, was einem ein ordentlich geführter Haushalt geben kann. Das hat beinahe etwas Spirituelles an sich. Einiges davon habe ich in die Kampagne eingebaut.«

Jetzt sah sie aus, als wäre ihr die Luft weggeblieben. Ihre Augen glänzten, und ihre Wangen leuchteten hellrosa. War es sein Lob, das sie erröten ließ? Die Veränderung in ihrem Gesicht erinnerte ein wenig an einen viktorianischen Roman, wenn sich die Gemütsbewegungen der Heldin in ihrer Gesichtsfarbe spiegeln.

»Wie dem auch sei«, bemerkte er abschließend, hastig und ein wenig beschämt, »Sie waren eine große Hilfe.« Er erhob sich. »Gut, ich denke, ich sollte mich wieder an die Arbeit machen.« Für heute hatte er zwar schon Schluß gemacht, aber er wollte sie dringend loswerden. Unter dem Vorwand, noch arbeiten zu müssen, wollte er sich nach oben schleichen und die Abendzeitung lesen.

»Aber vorher«, ergänzte Sue, die zu ihrer üblichen vernünftigen Gelassenheit zurückgefunden hatte, »sollte ich vielleicht noch erwähnen, daß Lily nicht gerade glücklich zu sein scheint. Haben Sie nicht auch den Eindruck, daß sie was gegen mich hat? Sie war ziemlich schnippisch zu mir.«

»Lily?« fragte David gedehnt. Er konnte diese Art von Gesprächen, bei denen man von ihm erwartete, über verletzte Gefühle zu sprechen, nicht ausstehen.

Sue schien seine Stimmung zu spüren. »Ist auch nicht so wichtig«, beschwichtigte sie.

»Lily kann einem manchmal ganz schön auf die Nerven gehen«, räumte David ein, der befürchtete, zu abweisend gewesen zu sein. »Teenager können ziemlich muffig oder aber sarkastisch sein. Meine Schwester war auch so. Ehrlich gesagt, ich blende Lily ziemlich oft einfach aus meinem Leben aus.«

»Sie ist wenig mit ihrer Mutter zusammen«, meinte Sue einfühlsam. »Ausgerechnet jetzt, wo sie die Mutter am dringendsten braucht.«

Allmählich irritierte sie David. Normalerweise erwähnte Sue Anita nur selten. Abgesehen davon, daß sie verschwand, sobald die Kinder nach Hause gekommen waren, gehörte das zu ihrer stillschweigenden Übereinkunft. »Anita muß den ganzen Tag über hart arbeiten«, erklärte er. »Manchmal ist sie ziemlich erledigt, wenn sie nach Hause kommt. Aber das geht heutzutage ja vielen Müttern so.«

»Eigentlich ist es eine Schande, finden Sie nicht?« stellte Sue fest.

David verzichtete bewußt darauf, sich nach der schnippischen Bemerkung Lilys zu erkundigen, weil er keine Lust hatte, in den Schlagabtausch eines Weibergezänks zu geraten. »Vielleicht geht es um eine Art weiblichen Revieranspruch. Wahrscheinlich wäre es besser, wenn Sie an den Nachmittagen das Haus ihr überlassen. Normalerweise sind Sie ja auch schon zu Hause, wenn sie von der Schule kommt.«

»Das kann es eigentlich nicht sein«, widersprach Sue voller Überzeugung. »Nur der Mann verteidigt sein Revier. Die Frau ist die Hegerin.«

»Wie dem auch sei, am Muttertagswochenende kommt Anitas Mutter aus Denver und bleibt für ein paar Tage«, fuhr David fort, »und Lily macht immer ein Riesenaufhebens von ihrer Grandma. Vielleicht beruhigt sie sich da wieder ein bißchen.« Plötzlich bekam er Angst, Sue könnte bei ihnen rumhängen und vor den Augen von Anitas Mutter im Haushalt herumfuhrwerken. Er konnte sich lebhaft vorstellen, wie das ausginge. Seine Schwiegermutter lag ständig auf der Lauer und wartete auf irgendwelche Beweise seiner Unzulänglichkeit. Dazu war sie so verklemmt und konventionell, sie würde es gewiß etwas seltsam finden, daß Sue derart oft hier aushalf. Vielleicht war es ja auch ein wenig seltsam. Jedenfalls mußte er Sue während dieser einen Woche in Schach halten.

»Wie schön für Sie, einen netten Muttertag im Kreis der Familie verbringen zu können«, säuselte Sue.

David war dieses ganze Muttertagsgetue verhaßt; er hielt ihn für eine ruchlose Erfindung von Blumenhändlern und Grußkartenherstellern. Er zuckte die Achseln. »Wir machen da keine besonderen Umstände.«

Das schien Sue ein wenig zu schockieren. David fiel ein, selbst vernünftige Frauen neigten dazu, diesen ganzen Feiertagsquatsch ernstzunehmen. »Ist nicht letztendlich jeder Tag Muttertag?« ergänzte er beiläufig.

Sue lächelte traurig. »Der Gedanke, den ersten Feiertag weit weg von unserer großen Familie zu verbringen, macht mich richtig niedergeschlagen.«

»Und wir haben auch keine große Familie«, erklärte David forsch. Er hoffte, sie davon abhalten zu können, rührselig zu werden. »Anita ist ein Einzelkind, und ihr Vater ist vor einigen Jahren gestorben; was mich angeht, so habe ich nicht gerade eine besonders enge Beziehung zu meiner Familie, fürchte ich.« Tatsächlich lag David seit einiger Zeit in offener Fehde mit Mutter und Schwester. Seiner Ansicht nach hatten sie ihn bei der Aufteilung von Tante Marthas Besitz gründlich über den Tisch gezogen und einen Haufen alter Küchengeräte und Decken bei ihm abgeladen, während sie die guten Sachen abgesahnt hatten. Sein Vater hatte natürlich für Mutter Partei ergriffen, einfach weil er keinen Ärger haben wollte. Wenn er ehrlich war, vermißte David keinen von ihnen.

»Hey, ich habe eine Idee!« rief Sue, und ihre Stimmung schien sich aufzuheitern. »Am Muttertag könnten Sie doch alle zu uns zum Abendessen kommen. Ich würde mich wirklich freuen, wenn ein paar Gäste kämen.«

»Das ist sehr nett von Ihnen«, meinte David lächelnd. Die Vorstellung gefiel ihm gar nicht. Er wollte Anita und ihre Mutter von Sue fernhalten, der möglicherweise eine Anspielung auf ihre ausgedehnte Tätigkeit hier im Haus entschlüpfte. Das würde die beiden nur aufregen. Aber wie sollte er Sue, die so freundlich gewesen war, einen Wunsch abschlagen? »Ich muß erst noch klären, was Anita vorhat«, sagte er lahm. Später würde er sich dann einen Ausweg einfallen lassen.

»Ich hoffe, sie entschließt sich zu kommen«, meinte Sue.

Sie beugte sich über den Couchtisch und arrangierte die Illustrierten wieder zu einer sauber überlappenden Reihe.

KAPITEL SIEBEN

Ein paar Tage später stand David im Wohnzimmer, umgeben von großen schwarzen Pappkartons mit Entwürfen der Fernsehspots zu der von ihm vorgeschlagenen Kampagne. Auf Marks Storyboard sahen die Spots richtig lebendig und lustig aus. Die Vorbereitung der Präsentation hatte David eine enorme Rechnung des Graphikers eingebracht, doch er war ziemlich zuversichtlich, daß die Investition sich bezahlt machen werde.

Sue hatte sich dabei als sein Schutzengel erwiesen. Nicht nur war ihre Einstellung gegenüber der Hausarbeit eine echte Inspiration gewesen, sie hatte ihm überdies auch noch den Slogan für die gesamte Kampagne geliefert. Damals war er mit seinem Latein am Ende gewesen und hatte ihr einfach alle seine Arbeiten gezeigt. »Einfach wundervoll«, hatte sie ihn gelobt. »All das scheint auszudrücken: ›Wir von der Conway-Familie haben alles, was Ihre Familie braucht.‹« Genau das hatte er gesucht.

David hatte die Kampagne erheblich weiter ausgebaut, als nötig gewesen wäre. Er hatte einfach immer weitergemacht und einen Haufen phantastischer Fernsehspots und zusätzlicher Radioeinblendungen geschrieben. Das Material war schlicht großartig, und falls er den Auftrag erhielt, hätte er damit eine Riesenetappe in der kreativen Arbeit zurückgelegt. Er könnte dann sofort in die Produktion einsteigen und die Spots gegen Sommeranfang anlaufen lassen; und dann könnte er nach und nach ein paar prächtige Aufträge von den Medien einheimsen.

Die Leute vom Kopierladen hatten hervorragende Arbeit geleistet, alle Erläuterungen zu seiner Kampagne in einem Buch mit einem klasse roten Hochglanzeinband zusammengestellt und mit einer schwarzen Plastikspirale gebunden. Die drei Conway-Geschwister könnten nun Davids Konzeption und die Darstellung der zugrundeliegenden Vorstellungen in aller Ruhe durchgehen. Doch der eigentliche Schlüssel war natürlich die persönliche Präsentation durch David. Damit, sagte er sich, steht und fällt alles. Da sich die Conways bei ihrem ersten Treffen so aufgeschlossen gezeigt hatten, war David zuversichtlich, sie ohne Schwierigkeiten für seine Ideen begeistern zu können.

Seine kärgliche Präsentationsmappe hatte ihm ein wenig Sorge bereitet, doch das jetzt entwickelte Familienkonzept lieferte ihm die beste Begründung für die Tatsache, daß die meisten seiner Arbeiten schon ziemlich alt und seine letzten Entwürfe nur als billige kleine Broschüren erschienen waren. Falls die Conways darauf anspielen sollten, war er jedenfalls darauf vorbereitet.

»Ich war bei meinen Kindern zu Hause, habe mich neu orientiert und mich auf diese Weise auf die nächste Phase vorbereitet.« Pause, dazu ein kleines Lachen. »Wie Sie sich vorstellen können, haben meine Kinder, gesegnet seien die Herzchen, nicht die leiseste Ahnung, was sie mich alles gelehrt haben, während ich versucht habe, ihnen beizubringen, wie man sich die Schuhe bindet oder nach links und rechts schaut, ehe man die Straße überquert. Über das Leben. Über Familie. Über Werte.« An dieser Stelle würde er Augenkontakt zu der Conway-Schwester, Sandy, aufnehmen. Ihr Schreibtisch war mit Kinderfotos zugestellt.

Sandy war in diesem Fall diejenige, die letztlich die Entscheidung fällte, dessen war er sich ziemlich sicher. Die beiden Brüder schienen Werbeausgaben als lästige Zusatzkosten zu betrachten und hatten sich über die Druckereirechnungen für ihre faden Zeitungsinserate beklagt. Bob, ein amtlich zugelassener Wirtschaftsprüfer, hatte geäußert, er habe etwas gegen Werbung, weil es seinem Gefühl nach keine verläßliche Methode gäbe, den Ertrag der Investition zu messen.

Sandy dagegen besaß mehr Verständnis für die kreativen Aspekte. »Wir brauchen eindeutig ein anderes, frisches Konzept – um den Leuten klarzumachen, daß Conway's mit der Zeit geht, auch wenn es ein alteingesessenes Familienunternehmen ist«, hatte sie ernsthaft erklärt. Das kam David gerade recht. Auf seine Fähigkeit, bei Frauen seinen Charme spielen zu lassen, hatte er sich immer schon verlassen.

Als er sein Material aufeinanderstapelte, spürte David beim Gedanken an diesen Vortrag ein leichtes Flattern in der Magengegend. Aber er durfte jetzt nicht in Panik geraten. Er mußte entspannt und zuversichtlich bleiben, so wie bei dem ersten Treffen. Bis zu dem Termin waren es noch genau zwölf Tage, und bis dahin durfte er nicht die Nerven verlieren. Eine gute Präsentation konnte man mit dem Versuch vergleichen, sich über Wasser zu halten. Man mußte sich nur dem Auftrieb anvertrauen. Sobald man anfing, darüber nachzudenken, ging man unter.

Er schlenderte in die Küche und schaute durchs Fenster in den Garten hinunter. Der Frühling ging jetzt eindeutig in den Sommer über. All die frischen grünen Triebe dunkelten nach, und die Sträucher sahen aus, als hingen sie träge herum und bewegten sich nur noch schwerfällig in der leichten Brise. Der Himmel strahlte in wolkenlosem, tiefem Blau, das nichts mehr von dem fahlen Frühlingsblau mit den weißen Streifen am Horizont an sich hatte. Die Sonne tauchte alles in ein gleichmäßiges, beständiges Licht. Er ging nach draußen, um so richtig darin zu schwelgen.

Alles schien zu seiner Stimmung zu passen. Sein kreativer Zwischenspurt war vorüber. Jetzt konnte er es sich gemütlich machen und – schließlich war es Sommer – darauf warten, die Früchte seiner Mühen zu ernten.

Er hatte sich gerade noch einmal selbst überzeugt, wie umwerfend sein Konzept doch sei und wie wenig Grund es gäbe, sich Sorgen zu machen, als Sue durch die Hecke kam. Sie trug einen breitrandigen Strohhut und ein luftiges Baumwollgewand; in der Hand hielt sie eine robust wirkende Kelle mit Holzgriff.

»Hi, David«, begrüßte sie ihn.

»Sie sehen so hübsch sommerlich aus«, erwiderte er und ging über den Rasen auf sie zu.

»Ich bin gerade dabei, ein Frühbeet mit Veilchen und Farnen zu pikieren«, informierte sie ihn ein wenig atemlos. »Ich habe mir gedacht, vielleicht möchten Sie ein paar davon? Ich zeig sie Ihnen mal.«

Über die allgemeine Bewunderung der Lichteffekte auf dem Laub der namenlosen Sträucher hinaus, die sein Grundstück säumten, hatte David nicht das geringste Interesse an Gärtnerei, doch die Ablenkung kam ihm gelegen. Er sollte wirklich nicht mehr an die Präsentation denken und sich davon verrückt machen lassen.

Er folgte ihr auf die andere Seite der Hecke und war überrascht, eine Wäscheleine zu sehen, die sie quer durch den Garten gespannt hatte. In der schwachen Brise blähten sich einige riesige weiße Laken wie Segel. Seit seiner Kindheit hatte er keine Wäsche mehr auf der Leine hängen sehen. Seine Mutter hatte eine Art Wäschespinne besessen, die aus mehreren quadratförmig angeordneten Wäscheleinen bestand, die an einem einbetonierten Pfahl befestigt waren. Er erinnerte sich, wie er zwischen den Laken herumgeirrt war und sich dabei vorgestellt hatte, er befände sich in einer Art Zelt aus Tausendundeiner Nacht.

Sue führte ihn an die Seite des Hauses. »Wie finden Sie das?« fragte sie und zeigte mit der Spitze ihrer Kelle auf ein kleines Fleckchen Garten im Schatten des Dachvorsprungs.

»Ich schätze...« murmelte er unentschlossen, »na ja, ich weiß nicht so recht, wo wir sie einpflanzen sollen.«

»Ich weiß genau die richtige Stelle. Direkt neben der Tür, die ins Tiefparterre führt. Das Fleckchen Erde dort wirkt ein wenig vernachlässigt. Ich würde für mein Leben gern etwas daraus machen.«

»Einverstanden.«

»Ich bring sie gleich rüber. Es ist zwar nicht gerade die beste Zeit zum Umpflanzen, aber was soll's, wenn wir sie genügend wässern, werden sie vielleicht doch Wurzeln schlagen.«

David, den Pflanzen anödeten und der außerdem fand, sie gehörten, wenn schon, in Anitas Zuständigkeitsbereich, drehte sich um und blickte auf die lustig flatternden Laken. »Ist Ihr Wäschetrockner kaputt?« fragte er.

An Sues überlegenem Lächeln merkte er, daß er genau das Falsche gesagt hatte. Natürlich war er nicht kaputt. In Sues Haushalt war nie etwas kaputt. »Die Laken duften so wundervoll, wenn man sie draußen trocknen läßt«, erläuterte sie. Demonstrativ nahm sie einen Zipfel eines der Laken und vergrub ihr Gesicht darin. Das erinnerte David daran, wie seine Kinder als schläfrige Babys ihre Gesichtchen immer in ihre Lieblingsdecke gekuschelt hatten. »Riechen Sie selbst«, forderte sie ihn auf.

Eher zögerlich näherte er sein Gesicht dem Laken und atmete den Duft ein. Sie hatte recht. Es duftete wundervoll nach Sommer und frischer Luft. Jetzt erinnerte er sich wieder an den Duft aus seiner eigenen Kindheit. »Wow«, rief er anerkennend. Sue strahlte ihn an. Ihre Haut schimmerte rosig, und im Sonnenlicht wirkten die kleine Stupsnase und die Rundungen ihrer Wangen wie von einem alten flämischen Meister gemalt. Blaßgoldene Sommersprossen, die ihm zuvor nie aufgefallen waren, sprenkelten ihr Gesicht, und er roch einen Hauch von Lavendel – noch ein frischer Sommerduft.

Plötzlich wurde David bewußt, sie standen nebeneinander und hielten das duftende Laken fest, als wollten sie gleich gemeinsam darunter und ins Bett schlüpfen. Hastig zog er die Hand zurück. Blitzartig erinnerte er sich an den Ausdruck auf Sues Gesicht, unmittelbar bevor sie es mit der Begeisterung des geborenen Sinnenmenschen auf das Laken gepreßt hatte. Ihre schmalen Augen waren geschlossen und ihre Lippen in lustvoller Erwartung leicht geöffnet gewesen.

Er hörte ein Telefon läuten. »Ich muß ans Telefon«, behauptete er, obwohl er sich ziemlich sicher war, das Läuten kam vom Nachbarn auf der anderen Seite, und rannte durch die Hecke und die Hintertreppe hinauf.

Auf dem Weg zurück in die Küche entfuhr ihm ein Seufzer. Das hätte ihm gerade noch gefehlt, von Sue angemacht zu werden! Er mußte dafür sorgen, nicht noch einmal in eine solche Situation zu geraten. Abgesehen von allem anderen war derlei schlichtweg lästig, wenn man einander sowieso so oft sah. Von nun an würde er etwas zurückhaltender sein.

Genau in diesem Moment läutete tatsächlich sein Telefon.

Sandy Conway war am Apparat.

»Hi, Sandy«, begrüßte er sie und versuchte den Eindruck zu erwecken, er sitze friedlich in einem raffiniert durchgestylten und ultraschicken Wohnbüro an seinem Schreibtisch und stütze sich nicht, nach seinem Spurt durch den Garten immer noch nach Luft japsend, auf ein Spülbecken voll schmutzigen Geschirrs.

»Hi«, antwortete sie. »Es geht um die Präsentation am Donnerstag.«

»Ja, richtig. Ich freue mich schon darauf. Und ich glaube, Sie werden mein Konzept, das Ihnen zu dem gewünschten modernen Erscheinungsbild verhelfen soll, recht überzeugend finden.«

»Nun, wir haben uns überlegt, ob Sie das nicht für eine Weile auf Eis legen könnten«, erklärte sie in leicht entschuldigendem und weinerlichem Ton. »Im Augenblick sind wir einfach noch nicht soweit, das durchzuziehen.« David gab keine Antwort, und sie fuhr fort: »Meine Brüder und ich haben uns gestern abend lange über unsere Betriebskosten unterhalten und sind zu dem Schluß gekommen, daß wir etwas kürzer treten müssen, was neue finanzielle Verpflichtungen angeht.« Sie atmete tief ein. »Und da ist noch etwas. Sehen Sie, Jennifer – das ist Sams Tochter – studiert an der Washington State University, drüben in Pullman, Kommunikationswissenschaften im Hauptfach. Im Juni macht sie ihr Examen, und da haben wir gedacht, wir könnten sie hier bei uns in die Praxis einsteigen lassen. Bob ist der Meinung, es wäre sehr nützlich, sie bei den Präsentationen dabeizuhaben. Sie ist die einzige in der Familie, die wirklich etwas von Werbung versteht.«

Mittlerweile hatte sich David von seinem ersten Schock erholt. Er sah das Bild nur allzu deutlich vor sich. Vor allem wollten sie es billiger haben. David erkannte dahinter den Einfluß von Bob, dem amtlich zugelassenen Wirtschaftsprüfer. Er war versucht, patzig zu sagen: »Man sollte die Leitung eines Unternehmens nie dem Buchhalter überlassen.« Aber noch schien es machbar, ein bescheidenes Werbebudget aus ihnen herauszuquetschen. Die beunruhigendere Entwicklung war die Aussicht, vor einem weiteren Mitglied der Conways kriechen zu müssen, einer doofen Ziege von den Korporierten mit Namen Jennifer.

»Na schön, Sandy«, erklärte er so liebenswürdig, wie er nur konnte, »Sie sollten allerdings berücksichtigen, ein Ein-Personen-Kreativ-Laden wie ich kann es sich leisten, in Hinblick auf das Budget jede Kampagne exakt an die wirtschaftlichen Anforderungen anzupassen. Deswegen sind ja auch meine eigenen Unkosten so niedrig. Sie sollten sich das durch den Kopf gehen lassen.«

»Sicher«, erwiderte Sandy ausweichend.

»Und natürlich würde es mich freuen, Jennifer dabeizuhaben. Könnte ganz lustig werden zu sehen, wie der Nachwuchs frisch von der Schule die Sache angeht. Auf wann wollen Sie den Termin verlegen?«

»Am fünfzehnten Juni macht sie Examen, dann ist sie für sechs Wochen mit ihrem Freund in Europa.«

Grauenhaft. Möglicherweise beziehen die diesen Freund auch noch in den Entscheidungsprozeß mit ein, überlegte David. Er stellte sich einen mürrischen Betriebswirtschaftler vor, dessen Vokabular sich auf Ausrufe wie »Ausgezeichnet!« und »So ein Scheiß!« beschränkte, mit denen er seine unausgereiften, kurzschlüssigen Ideen in die Verhandlungen einbrachte.

»Ich verstehe«, erwiderte er und versuchte dabei ruhig zu wirken. »Wie wäre es, wenn wir Sie wieder anrufen?«

»Na klar«, antwortete David in leicht gönnerhaftem Ton. »Aber Sandy, ich muß sagen, ich habe ein paar wirklich heiße Ideen für Conway's. Ich würde es bedauern, wenn Sie noch mehr Zeit verlören, ehe Sie Ihre Werbung auf den neuesten Stand bringen und aufpolieren.«

»Na ja, immerhin hat sie dreißig Jahre lang recht gut funktioniert«, meinte Sandy abwehrend. »Ich schätze, wir kommen damit auch noch ganz gut über den Sommer.«

»Aber natürlich, klar.«

Als er auflegte, bemerkte er, wie er zitterte. Er blickte hinunter in den Garten in seiner dumpfen, unbewegten, herzlosen Schönheit.

Er hatte Angst davor, Anita von dem Aufschub zu erzählen. Sie würde das nur wieder als Vorwand nutzen, ihn als Versager hinzustellen, so als wäre irgendwie er an dem Debakel schuld. In letzter Zeit war sie immer so negativ. Allmählich geriet sie immer mehr ihrer Mutter nach, stets auf der Lauer, ob er etwas vermasselte – wie ein Raubtier, das eine Herde Rotwild umschleicht und nach dem kleinsten Hinken oder Straucheln Ausschau hält.

O verdammt, dachte er, als Sue die Treppe zur Veranda heraufkam. Im Augenblick hatte er nicht die geringste Lust, irgend jemanden zu sehen. Schon gar nicht Sue.

Er öffnete die Tür, wobei er den Wunsch unterdrücken mußte, sie mit: »Was ist denn jetzt schon wieder?« anzuschnauzen.

»Hi«, grüßte sie fröhlich. »Ich habe die Blumen eingepflanzt. Wollen Sie sich das mal anschauen?«

David interessierte sich weder für die Farne noch für die Veilchen. Eigentlich war ihm danach zumute, wieder ins Bett zu gehen und sich die Decke über den Kopf zu ziehen. Trotzdem wählte er den Weg des geringsten Widerstands, trottete hinter Sue die Treppe hinunter und folgte ihr zu einem kleinen Fleckchen Erde neben der Tür zum Souterrain.

»Die Stelle hier ist schön schattig«, erklärte sie, »nur ist der Boden sehr schlecht. Ich habe ihn mit Torf verbessert und ein paar Tränende Herzen dazwischengesetzt, die wahrscheinlich bald aufblühen.«

David starrte auf die kleinen, wassertriefenden Büschelchen Grün zu seinen Füßen. An der Stelle, wo Sue sie eingepflanzt hatte, war der Boden vorher nackt und steinig und das Lüftungsrohr des Wäschetrockners, das aus der Wand ragte, der einzige Blickfang gewesen.

»Die Veilchen blühen im Frühjahr, und wir könnten auch noch ein paar Maiglöckchen einsetzen«, fuhr Sue begeistert fort.

David brachte ein zustimmendes Brummen zustande. Gekränkt sah sie ihn an, jedenfalls interpretierte er das so.

»Das ist wirklich sehr hübsch, Sue. Tut mir leid, wenn ich nicht so interessiert klinge, wie ich eigentlich sollte. Aber ich habe gerade eine schlechte Nachricht erhalten.«

»O nein«, rief sie aus; vor Besorgtheit erschienen die charakteristischen Falten auf ihrer glatten Stirn.

»Es geht um meine Präsentation. Den Auftrag von Conway's Home and Garden Center. Ich glaube, die reden nur um den heißen Brei rum. Irgendeine Nichte ist mit im Spiel, ein Frischling vom College. Ich fürchte, die ganze Sache verläuft im Sand. Und das, obwohl ich schon so viel harte Arbeit in die Kampagne gesteckt habe.«

Mit ihren stillen blauen Augen musterte Sue ihn unglaublich eindringlich. »Da mache ich mir keine Sorgen, David«, erklärte sie mit leiser, unaufgeregter Stimme. »Ich glaube an Ihre Ideen, Ihre Sensibilität, Ihre Fähigkeiten. Wenn die erst sehen, was Sie sich da ausgedacht haben, werden sie sich förmlich darauf stürzen.«

Die Unbedingtheit ihres Vertrauens überraschte und erregte ihn. »Vielleicht haben Sie ja recht«, meinte er nach einer kleinen Weile. Er war ihr sehr dankbar. Sie glaubte wirklich an ihn und ermöglichte ihm so, ebenfalls an sich zu glauben. »Was Sie sagen, freut mich wirklich sehr, Sue. Sie sind eine echte Freundin.«

Genau so war es. Sue war eine Freundin. Den kleinen erotischen Schauder vorhin hatte er sich nur eingebildet. Wahrscheinlich nur deswegen, weil er zur Zeit kaum mehr zu einer Nummer kam. Und wie lange schon hatte er keinen richtigen Freund mehr gehabt?

Sue bückte sich und klopfte die Erde um die Farne fest. »Wegen Muttertag...« begann sie.

»Wir kommen sehr gern«, erwiderte er spontan. »Wir freuen uns schon alle darauf.«

»Was?« beschwerte Anita sich beim Abendessen. »Wie bist du überhaupt auf die Idee gekommen, ohne Rücksprache mit mir zuzusagen?«

»Ich hielt es für nett von ihnen, uns zu einem Familienfeiertag einzuladen. Ich glaube, sie haben ein bißchen Heimweh oder so.«

»Und seit wann machen wir wegen Muttertag große Umstände?« fragte Anita und bedachte Lily und Sylvie mit einem leicht verkniffenen Lächeln. »Die hübschen kleinen selbstgemachten Glückwunschkarten, das ist alles, was ich mir wünsche.« Früher hatte Anita David regelmäßig daran erinnern müssen, zusammen mit den Mädchen ein Geschenk für sie zu kaufen; auf die Dauer war ihr das allerdings ziemlich deprimierend vorgekommen. Ständig hatte sie sich Sorgen gemacht, er werde es wieder zu lange vor sich herschieben oder gar vergessen, und die Mädchen würden sich dann schämen, weil sie kein Geschenk für sie hatten. Irgendwann einmal hatte sie dann erklärt, die selbstfabrizierten Glückwunschkarten, die sie ebenfalls bekam, seien ohnehin das Wichtigste und alles, was sie sich in Zukunft noch wünsche.

»Ich will aber zu Sue!« wandte Sylvie ein.

Anita sah sie nachdenklich an und wandte sich dann wieder zu David. »Du hast zugesagt, ohne mich zu fragen. Du wirst uns da auch wieder rausholen.« Sein eigenmächtiger Entschluß, die Einladung anzunehmen, war wirklich unerträglich, und sie würde das auf keinen Fall einfach so hinnehmen.

»Grandma kommt uns besuchen«, bemerkte Lily nachdrücklich. »Die hat wahrscheinlich keine besondere Lust darauf, zu den Heffernans zu gehen. Mir ist es lieber, wenn wir unter uns bleiben.« Anita war dankbar für die Rückenstärkung.

»Ich habe gedacht, du würdest dich freuen«, sagte David zu Anita. »Sue wird sicher ein Festessen veranstalten, und wir brauchen nichts weiter zu tun, als mit einer Flasche Wein aufzukreuzen. Außerdem fühlen sie sich, wie gesagt, ein wenig einsam.«

»Ich sehe keinen Grund, sie aufzumuntern! Ich habe gar nicht mitgekriegt, daß dir die Heffernans so am Herzen liegen.«

»Sie sind nett«, meinte Sylvie.

»Schwachköpfe sind sie«, konterte Lily. »Und Sue ist eine Psychopathin. Gib mir bitte die Kartoffeln rüber!«

»Ich will aber hin«, wiederholte Sylvie hartnäckig.

Anita reichte Lily die Schüssel mit den überbackenen Kartoffeln. »Was willst du damit sagen, Sue sei eine Psychopathin?« fragte sie.

Lily warf ihrem Vater einen Blick zu und schaute dann wieder zu ihrer Mutter. »Weiß auch nicht«, meinte sie achselzuckend.

»Na schön. Frage Nummer zwei. Wer hat diese überbackenen Kartoffeln gemacht?« Anklagend deutete Anita auf die Schüssel mit wie auf Schnüren zu perfekt geformten Kreisen angeordneten Kartoffeln, auf denen Käse glänzte und die mit Schinkenwürfeln und Schnittlauch bestreut waren.

Drei Augenpaare starrte sie an, doch keiner gab eine Antwort.

»War es Sue?« fragte Anita.

»Ja, es war in der Tat Sue«, räumte David freundlich ein. »Sie ist als Nachbarin einfach unglaublich hilfsbereit.«

»Dann kann sie ja vielleicht am Muttertag das Essen für uns liefern«, meinte Anita sarkastisch. »Ohne daß wir deswegen gleich Freundschaft mit ihnen schließen müssen.«

Lily kicherte, und David warf ihr einen bösen Blick zu. »Ich wünschte, du würdest dich nicht über die Leute lustig machen. Kein Wunder, wenn Lily so zynisch ist.«

Lily sah ihren Vater herausfordernd an. »Ich finde es einfach bescheuert, wenn Sue hinter uns herputzt und so«, erklärte sie. »Mir ist ein bißchen Durcheinander lieber, statt sie die ganze Zeit hier bei uns zu haben.«

David legte seine Gabel weg. In scharfem Ton sagte er: »Du übertreibst. Sue ist nicht andauernd hier bei uns.« Er warf Anita einen Blick zu. »Wie dem auch sei, bei meiner Arbeitsbelastung und den meistens sehr langen Arbeitstagen von Mom ist sie eine große Hilfe.«

»Ich mag Sue«, teilte Sylvie kläglich mit.

»Wie oft ist sie denn eigentlich hier?« verlangte Anita zu wissen.

»Jeden Tag«, verriet Lily. »Sie tut so, als wäre sie unsere Mom.«

Anita wandte sich zu David. »Ermunterst du diese Frau dazu? Ich mag die Vorstellung nicht besonders, sie könnte einfach mein Heim übernehmen.«

»Sie hat eine ungeheure Energie und ist sehr freundlich«, meinte David. »Irgendwie hält sie alles mühelos in Schwung.«

»Das ist deine Aufgabe!« erklärte Anita und bemühte sich, nicht loszubrüllen. »Aber wenn du das nicht schaffst, ist es mir immer noch lieber, du läßt die Sachen schleifen, anstatt die Frau andauernd hier herumfuhrwerken zu haben.«

»Für die Kinder ist es doch gut, eine aufgeräumte Wohnung vorzufinden«, dozierte David in einem Ton, der Anita unglaublich geziert vorkam. Plapperte er vielleicht Sue nach?

»Wann ist dir denn diese Erleuchtung gekommen?« fuhr sie ihn an.

»Um ehrlich zu sein, ich hatte das irgendwie vergessen, bis ich Sue bei der Arbeit erlebt habe. Sie kann einen wirklich inspirieren.« Er beugte sich über den Tisch und sagte in ziemlich selbstgefälligem Ton: »Du glaubst vielleicht, sie sei eine dumme Hausfrau, aber sie hat ein paar interessante Ideen, die ich in die Conway-Kampagne eingebaut habe.«

»Ach, wirklich?« Anita schob ihren Teller weg. »Welcher Art? Wie man Küchengeräte zum Glänzen bringt, oder wie man Schimmel an Duschvorhängen verhindert!«

»Nein!« widersprach David. »Richtig konzeptionelle Sachen. Dir würde so was nicht einfallen, weil du zu sehr auf deinen Job fixiert bist. Sue hat zufälligerweise ein paar echte Einsichten, worauf es bei einer Familie ankommt.«

»Halt du mir bloß keine Vorträge über Familie«, erwiderte Anita verärgert. »Wenn du einen richtigen Job hättest, müßte ich nicht so viel Zeit damit verbringen, mich um meinen zu kümmern.«

»Streitet ihr euch?« fragte Sylvie ängstlich.

»Natürlich nicht«, antwortete Anita, griff nach Sylvies Hand und tätschelte sie. »Ich bin nur so griesgrämig, weil mich meine Arbeit müde macht. Tut mir leid.«

»Und was ist jetzt angesagt?« wollte Lily wissen. »Müssen wir nun am Muttertag bei den Heffernans zum Essen antanzen?«

David und Anita antworteten gleichzeitig. Sie sagte: »Nein«, er sagte: »Ja.«

»David hat sich durch nichts davon abbringen lassen. Ich konnte ihm doch nicht sagen, weshalb ich Sues Mann nicht gegenübertreten will. Schließlich sind auch noch die Mädchen unruhig geworden, weil ich zu brüllen angefangen habe, also habe ich schließlich nachgegeben«, flüsterte Anita in das Telefon in ihrem Büro. Sie dankte Gott für ihr tägliches Gespräch mit Frank, das sie vom Büro aus führte. Sie mußte das einfach loswerden, mit ihm darüber sprechen.

»Hm«, ließ Frank neutral verlauten. Sie wünschte, er würde so etwas wie: »Ach du Ärmste!« sagen.

»Vielleicht hattest du ja recht, und Roger Heffernan hat mich an dem Tag im Restaurant gar nicht erkannt«, fuhr Anita mit leiser Stimme fort. Sie hatte ständig Angst, jemand könne sie durch die papierdünnen Wände des Büros hören oder Pam passe draußen vor der Tür einen günstigen Moment ab, um hereinzuplatzen und weitere schreckliche Einzelheiten zu verkünden über ihre demütigenden Anreizprogramme zur Steigerung der Verkaufszahlen und Verminderung von preisreduzierter Ware. »Aber wenn er mich doch erkannt hat, wird er hämisch grinsen, und das vor David und den Mädchen. Und meiner Mutter. Außerdem wird er es seiner Frau erzählen, wenn er es nicht schon getan hat.«

Anita sah Sue förmlich vor sich, die sich höflich und korrekt benahm, aber die ganze Zeit dachte, was für eine Schlampe Anita doch sei und wie sehr sie David und die Mädchen bedauerte, weil sie jemanden wie sie am Hals hatten.

»Warum erzählst du David nicht einfach selbst von uns?« schlug Frank mit einer Seelenruhe vor, die zum Verrücktwerden war. »Dann weiß er Bescheid. Und was die Kinder und deine Mutter betrifft, so geht es sie ja nicht unbedingt etwas an, nicht wahr?«

»Ich kann mir beim besten Willen nicht vorstellen, wie David es aufnehmen würde.«

»Freuen wird er sich nicht darüber, das ist klar, aber er kann überhaupt nichts machen.« Frank hörte sich ruhig und logisch an. Wie ein Rechtsanwalt eben. Für Anita hatte seine Kompetenz einen gewissen, allerdings etwas frostigen Sex-Appeal. »Du hast alle Karten in der Hand, Anita. Schließlich lastet alles auf dir. Wenn er dich verläßt, könnte er vermutlich ein wenig Unterhalt von dir verlangen, doch die meisten Männer wären zu stolz dazu. Du darfst nur nicht selbst ausziehen, weil er sonst gute Chancen hätte, das Haus zu bekommen.«

Und vielleicht auch die Mädchen, dachte Anita mit Schrecken. Was, wenn er das Sorgerecht erhielt? Sie würde sich weiter bei Lawson's abrackern und ihnen jeden Monat einen Unterhaltsscheck schicken müssen, während er herumhing und auf Sue wartete, die ihm das Essen brachte. Die Mädchen würden glauben, sie habe sie im Stich gelassen. Doch über die Mädchen wollte sie mit Frank nicht reden.

»Ich sage einfach, ich bin krank«, meinte sie. »In letzter Minute.«

»Auch gut. Und dann kommst du zu mir. Ich besorge eine Flasche Champagner, und wir feiern auf unsere Weise.«

»Hört sich wunderbar an«, lachte sie. »Aber ich kann nicht, das weißt du genau.«

»Und wann können wir?« fragte er. »Morgen? Wieder eine verlängerte Mittagspause? Komm einfach rüber zu mir.«

»Mach ich«, willigte sie ein. Sie zog die Schublade ihres Schreibtischs auf und warf einen liebevollen Blick auf den Schlüssel, der zwischen Füllhaltern, Bleistiften und Klebezetteln lag. »Um zwölf. Wahrscheinlich kann ich mindestens zwei Stunden wegbleiben. Zwei von den kostbaren Stunden, die du zählst.« Da fiel ihr etwas ein. »Oh, verdammt, fast hätte ich's vergessen. Ich habe Sylvie versprochen, zu dem Grillfest in der Schule zu kommen.«

»Das kannst du doch sicher noch rückgängig machen!«

»Ich gehe ohnehin nie zu ihren Schulveranstaltungen. Tut mir leid, Liebling.«

»Du mußt natürlich Prioritäten setzten, das sehe ich ein«, erwiderte Frank steif.

»Wie wär's mit übermorgen?« fragte Anita verzweifelt. »Ich liebe dich, das weißt du doch. Bitte, sei mir nicht böse. Ich tue mein Möglichstes.«

Er seufzte. »Es ist die Hölle. Ich möchte mit dir zusammensein, wann immer mir danach ist. Ich möchte die ganze Nacht mit dir verbringen. Ich will neben dir aufwachen, dann können wir uns am

Morgen noch einmal lieben.« Jetzt hörte er sich sanft und verletzlich an; Anita fand das erregend, da es von einem Mann kam, der stark war und sich auskannte.

»Ich liebe dich«, wiederholte sie.

Am Tag darauf regnete es. Zur Mittagszeit meldete Anita sich in Sylvies Klassenzimmer und blieb an der hinteren Wand stehen, zusammen mit den anderen Eltern, die ihren Kindern verstohlen zuwinkten; diese achteten nicht weiter auf Miss Carrs Anweisungen, sondern drehten sich um und starrten zu den Eltern hin. Mit dröhnender Stimme ging die Lehrerin die Änderungen der Planung durch. Die Grillgestelle waren von der Wiese, auf der die Veranstaltung ursprünglich hatte stattfinden sollen, unter eine von Fahrradständern begrenzte, überdachte Fläche neben der Turnhalle transportiert worden. Die Kinder würden von Eltern durch die Reihen der Essensstände geleitet werden, sich dann alle wieder in die Klassenzimmer zurückbegeben und dort essen.

Anita wurde die Aufgabe zugewiesen, Sylvie und einen kleinen Jungen namens Carlos, dem die Nase lief, durch die qualmige Reihe mit Hamburgern, gebackenen Bohnen aus der Büchse, gestiftelten Karotten und kleinen Kuchen zu führen. Hinter einem der Ausgabetische bemerkte sie Sue, an deren blau-weiß gestreifter Küchenmeisterschürze ein rosa Namensschild aus Zeichenkarton prangte. Sue strahlte alle Kinder an, die in ihrer Reihe standen, und plauderte beim Verteilen der Bohnen locker mit den Eltern, als würde sie jeden einzelnen kennen.

Anita bugsierte Sylvie und den stumm schniefenden Carlos, der mit seiner feuchten kleinen Hand die ihre umklammerte, in eine andere Schlange. Mit Sues Einladung zum Muttertag wollte sie nicht direkt konfrontiert werden. Sollte doch David sehen, wie er sich aus der Affäre zog.

Sylvie zerrte an ihrer anderen Hand und zog Anita zu sich herunter. »Ich bin froh, daß du mitgekommen bist. Jetzt sehen alle, wie schön du bist«, wisperte sie ihrer Mutter ins Ohr.

Alle kleinen Kinder hielten ihre Mütter für schön, das war Anita klar. Aber wollte Sylvie sie wirklich nur dabeihaben, um sie vorzuzeigen? Wie eine Art Trophäe? Wahrscheinlich wollte sie vor allem beweisen, daß ihrer Mutter genügend an ihr lag, um hier mit dabeizusein. So wie die Bewohner von Altenheimen, die von ihren Kindern besucht werden wollen, damit sie gegenüber den anderen Alten etwas zum Angeben haben. Frank war ganz anders, er kümmerte sich einfach nicht darum, was andere Leute dachten. Er wollte sie einfach ganz für sich alleine haben.

»Ich habe alles für dich saubergemacht.« Lily saß auf dem Bett, während ihre Großmutter den Koffer auspackte und ihre Sachen in die Schublade legte. »Ich freue mich so, daß du da bist.«

Evelyn Reynolds sah sich im Zimmer um. »Du hast hier einiges verändert. Überall Bilder von gutaussehenden Jungs.« Sie lächelte ihre Enkelin an. »Ehe du es merkst, wirst du die ersten Herzen brechen.«

Lily lächelte und blickte auf ihren Schoß hinunter. »Das glaub ich nicht«, widersprach sie.

»Kaum eine glaubt das«, erklärte Evelyn. »Deine Mutter war als Teenager sehr schüchtern. Aber dann riefen schon bald die ersten Jungs an, und sie konnte sie sich aussuchen – und hatte genügend Auswahl.«

»Und dann hat sie sich Dad ausgesucht«, stellte Lily fest.

Zwar bemerkte Lily aus den Augenwinkeln, wie ihre Grandma die Lippen ein wenig zusammenkniff, doch dann drehte diese sich zu ihr um und meinte: »Gott sei Dank, denn sonst gäbe es dich nicht«, beugte sich zu ihr hinunter und gab ihr einen Kuß.

Lily umarmte sie. Ihre Großmutter hatte sehr weiche Haut, duftete nach Rosen und hatte hübsche graue Haare, die ebenfalls ganz fein und duftig waren.

»Wenn ich das richtig verstanden habe, essen wir morgen bei euren Nachbarn zu Abend«, sagte Evelyn. »Sind sie nett?«

Lily rümpfte die Nase. »Die Lady ist ziemlich komisch. Dauernd ist sie hier bei uns, mischt sich in alles ein und macht sauber und so Zeug.«

»Tatsächlich?«

»Ich denke, das ist schon in Ordnung«, beschwichtigte Lily, die spürte, daß ihre Großmutter das nicht richtig fand. »Für Mom ist es ja auch angenehmer, heimzukommen und ein sauberes Haus vorzufinden. Dad hat mit seiner Arbeit und so wirklich viel zu tun gehabt. Es ist fast, als hätten wir eine Haushälterin.«

»Kriegt sie denn Geld von deiner Mutter?«

»Nein. Sie macht es einfach so. Auf jeden Fall ist sie meistens nicht mehr da, wenn ich von der Schule nach Hause komme.« Einerseits wollte Lily ihrer Großmutter alles erzählen, andererseits jedoch nicht den Eindruck erwecken, sie seien eine verrückte Familie, die irgendeine durchgedrehte Tussi hereinließ und ihr erlaubte, den Laden zu übernehmen. »Manchmal kümmert sie sich sogar um die Wäsche. Ich weiß das, weil ich mir einmal eins von Dads Taschentüchern ausleihen wollte und dabei gesehen habe, daß die Socken in seiner Schublade zu so bescheuerten kleinen Bällchen zusammengerollt waren. Mom stülpt sie einfach übereinander, genau wie du, und Dad stopft sie immer nur in die Schublade, ohne sie zu sortieren.«

Evelyn, die gerade ihr Nachthemd zusammengefaltet hatte, legte eine Pause ein und zog die Augenbrauen hoch.

»Und oft kocht sie zwei Abendessen. Eines für die eigene Familie und eines für uns, das sie uns dann rüberbringt.«

»Vielleicht ist sie ja nur besonders nett und glaubt, euer Vater komme nicht allein zurecht«, kommentierte Evelyn und faltete weiter ihre Wäsche zusammen.

»Sie tut so nett, aber irgendwie macht mich das mißtrauisch«, meinte Lily. »Dad behauptet, ich sei einfach zynisch.«

»Du bist bestimmt nicht zynisch«, nahm Evelyn sie in Schutz. Ihre Oma widersprach ihrem Vater gerne, das hatte Lily schon gemerkt, aber sie freute sich über das Kompliment. »Du bist ein vernünftiges Mädchen, Lily. Das war mir schon immer klar. Das hast du von mir. Deine Mutter ist manchmal nicht zynisch genug.« Sie schnalzte mit der Zunge. »Ich muß herausfinden, was mit dieser Sue los ist.«

»Oh, ich möchte aber nicht, daß du Mom aufregst«, bat Lily. »Ich glaube, sie wäre noch viel geschaffter, wenn im Haus wieder so eine Unordnung wäre wie früher.« Lily war sich nicht sicher, ob es gut gewesen war, sich zu beklagen. Sie hatte so eine Ahnung, als hätte sie da etwas in Gang gesetzt. Ihre Grandma liebte sie über alles. Sie hatte das Gefühl, diese Liebe könnte möglicherweise auf eine Art zum

Ausdruck kommen, die Probleme mit sich brächte. »Mach lieber keine große Geschichte daraus, ja? Versprochen?«

»Schon gut, Schätzchen«, beruhigte ihre Großmutter sie mit einem liebevollen Lächeln. »Erzähl mir von der Schule. Erzähl mir was über deine neue beste Freundin, von der du mir geschrieben hast.«

Wenn sie in Gegenwart ihrer Mutter erklärte, zu krank für einen Besuch bei den Heffernans zu sein, würde David, so überlegte Anita, ihr keine Szene machen oder ihr nicht vorwerfen, sie simuliere bloß. Seit zwei Tagen hatte sie ihren Auftritt vorbereitet; immer wieder hatte sie über unbestimmte Muskelschmerzen und ein allgemeines Schwächegefühl geklagt und war wie die Leute in den Werbespots für Schmerzmittel gelegentlich zusammengezuckt und hatte zwei Finger an die Schläfe gepreßt.

An diesem Morgen hatte sie eine kurzzeitige Erholung inszeniert und ihrer Mutter die Bluse überreicht, die sie ihr zum Muttertag gekauft hatte. Danach hatte sie sich auf dem Sofa zurückgelehnt und die Zeitung gelesen, während die Mädchen ein üppiges Frühstück mit frischen Waffeln vorbereiteten und dabei die Küche auf den Kopf stellten. Beim Frühstück bewunderte sie dann die Karten, die die beiden ihr zu Ehren fabriziert hatten. Die von Lily bestand aus einer Collage von Models, die sie aus *Vogue* und *Elle* ausgeschnitten und mit der Inschrift versehen hatte: »Ich hab dich lieb, Mom. Du bist die Allerbeste. Ich wünsche dir einen ganz, ganz tollen Tag. XOXOXO. Diese Karte gilt als Gutschein für einen freien Samstagnachmittag. (Ich nehme Sylvie im Bus mit und gehe mit ihr ins Kino!) Alles Liebe, Lily.«

Sylvie hatte eine Zeichnung, auf der ein lächelndes Gesicht mit einer Art Heiligenschein darum herum zu sehen war, das vermutlich Anita darstellen sollte, auf grüne Pappe geklebt. Darunter stand: »Du bist ein Engel, Mom. Ich hab dich lieb lieb lieb lieb lieb. Hast du mich auch lieb? In Liebe, Sylvie.«

»Aber natürlich hab ich dich lieb, mein Schatz«, erklärte Anita und packte sie spielerisch. »Wie kannst du so was überhaupt fragen?« Sie küßte Sylvie auf den Hals und blies darauf, wie sie es immer getan hatte, als Sylvie noch ein Baby gewesen war. Kichernd krümmte und wand sich die Kleine.

David las gerade Zeitung, und ihre Mutter saß zwischen den Mädchen und zeigte ihnen, wie man Kreuzstiche machte, als Anita nachmittags ins Wohnzimmer kam, um zu verkünden, daß sie sich nicht wohl fühle. »Wenn es mir nicht bald besser geht, kann ich nicht mitkommen, fürchte ich. Vermutlich habe ich mir den Bazillus eingefangen, der zur Zeit im Büro wütet.«

»Du siehst aber recht gesund aus«, behauptete ihre Mutter in spitzem Ton und musterte sie über die Halbbrille hinweg, die sie bei Handarbeiten trug. »Komm, laß mich deine Stirn fühlen.« Pflichtschuldig präsentierte Anita ihrer Mutter die Stirn.

»Keine erhöhte Temperatur«, verkündete Evelyn.

»Es geht mir nicht darum, die Schule zu schwänzen oder so, Mutter«, erklärte Anita mit einem tapferen kleinen Lächeln. »Es geht mir wirklich nicht gut. Ich brauche nur etwas Ruhe.« Sie wandte sich zu David, der anscheinend nur halb zugehört hatte. »Du wirst mich bei ihnen entschuldigen müssen«, fügte sie hinzu. »Am besten lege ich mich gleich hin.«

»Du kommst nicht mit?« fragte er.

»Können wir dir irgend etwas bringen, meine Liebe?« erkundigte sich ihre Mutter. »Tee oder so was?«

Ehe sie antworten konnte, stellte David fest: »Ich bin sicher, nach einem kleinen Nickerchen geht es wieder. Wir müssen erst in einer Stunde dort antanzen.«

»Ich komme nicht mit«, erwiderte Anita entschieden.

Eine Stunde später, ehe alle aufbrachen, um durch die Hecke zu marschieren, kam David zu ihr herauf. »Ich wünschte wirklich, du würdest mitkommen«, erklärte er in weinerlichem Ton. »Sue wird schrecklich enttäuscht sein.«

»Ich schaff es einfach nicht«, meinte Anita schwach und ließ sich auf die Kissen zurücksinken. »Amüsiert euch gut und sagt ihnen, es tut mir wirklich leid.«

»Na schön. Übrigens ist die Präsentation bei den Conways verschoben worden. Sie machen Ferien oder so. Bis später dann.«

Natürlich steckte da mehr dahinter, das war Anita klar. Das merkte sie an dem verkniffenen, feigen Ausdruck, den sein Gesicht immer dann annahm, wenn er log. Und auch, weil er genau zu der Zeit damit herausgerückt war, in der ihre Mutter zu Besuch war. So konnte sie ihn nicht damit nerven, sich gefälligst um einen anderen Auftrag zu bemühen, oder ihn mit Fragen löchern, was wirklich schiefgegangen war, oder ihn sarkastisch darauf hinweisen, daß die Installateurarbeiten, die sie aufgrund seiner Behauptung, sie binnen kurzem bezahlen zu können, mit ihrer Visakarte beglichen hatten, jetzt mit achtzehn Prozent pro Monat zu Buche schlugen. Aber das war ihr egal. Sie war viel zu erleichtert, daß ihr der Besuch bei Sue samt ihrer Familie erspart geblieben war.

Kaum waren alle verschwunden, nutzte sie die paradiesische Stille im Haus, um nach dem Telefon neben dem Bett zu greifen und Frank anzurufen. »Sie sind weg«, teilte sie ihm mit. »Ich bin ganz allein. Es ist wundervoll.«

An der Haustür der Heffernans erklärte David, Anita sei krank und bedaure sehr, nicht kommen zu können.

»Krank? Wie schade!« rief Sue mit dem für sie charakteristischen Stirnrunzeln, das ihr Mitgefühl und ihre Betroffenheit zum Ausdruck bringen sollte. »Es ist doch hoffentlich nicht der Magen oder so?«

»Nein«, beruhigte David sie. »Scheint eine Art Grippe zu sein. Sie hat Muskelschmerzen.«

Sue trat einen Schritt zurück. Voller Überraschung begutachtete David ihren Aufzug. Sie trug etwas, das ihm wie ein Tänzerinnentrikot vorkam, ein eng anliegendes Top aus elastischem Stoff, das ihren Busen samt den Konturen ihrer Brustwarzen betonte, und dazu einen wallenden Rock aus geblümtem Chiffon, der einem großen, um die Hüften gebundenen Schal ähnelte. Normalerweise hatte sie Jeans und darüber diese merkwürdigen Kittelschürzen an oder aber lange Trägerkleider aus Baumwolle, die an Umstandskleider erinnerten, dazu dicke Wollsocken und schicke, aber vernünftige Schuhe.

In der Vergangenheit hatte David, wie es seine Gewohnheit war, sich vorzustellen versucht, wie Sue unter ihren Kittelschürzen und Hängekleidern wohl aussah, doch jetzt merkte er, er hatte völlig falsch gelegen. In diesem Aufzug war deutlich zu sehen, sie hatte sehr wohl eine Taille, und ihre üppige Figur ähnelte einer Sanduhr. Wenn sich der Abend also ein wenig in die Länge zog, konnte er zumindest seine

Augen diskret auf Sue herumwandern lassen. War ihr eigentlich klar, was für einen Eindruck sie machte? Er bezweifelte es.

Er stellte Evelyn vor, die meinte: »Es ist wirklich reizend von Ihnen, uns einzuladen. Die arme Anita ist überarbeitet, glaube ich.« Überrascht starrte Evelyn Sues beeindruckenden Busen an, dann führte Sue alle ins Wohnzimmer. »Meine Tochter investiert eine Menge Zeit in ihren Job«, fuhr Evelyn fort. »Sie beklagt sich nie, aber ich weiß, wie anstrengend er ist.«

Schon wieder so eine Spitze gegen mich, dachte David. Genausogut hätte sie ein Schild mit einem auf David weisenden Pfeil vor sich her tragen können, auf dem stand: »Dieser Penner sollte sich einen Job suchen, damit er meine Tochter ernähren kann.«

Roger hatte sich in ein schrilles grün-rosa Hemd aus indischer Baumwolle, wie es die Gaudiburschen im Country Club bevorzugten, und eine marineblaue Docker-Hose geworfen, den besten Freund des etwas rundlichen Mannes in mittleren Jahren. Über einem großen Kupfertablett voller Flaschen schüttelte er einen Becher mit Eiswürfeln und drehte sich mit einem Nicken um, als seine Frau ihm Evelyn vorstellte. Für David hatte er einen kräftigen Händedruck übrig. »Haben Sie irgend etwas von dem Spiel heute mitgekriegt?« fragte er, während Evelyn bemerkte: »Das Zimmer ist wirklich hübsch. So gemütlich.«

David nahm die Einzelheiten in sich auf – den warmen Orangeton der Holzfußböden, die zarten Baumwollvorhänge, den mit Glasschalen dekorierten Kaminsims, das große Sofa voller bestickter Kissen. Als sie die Einrichtung das erste Mal gesehen hatten, waren er und Anita, wie er sich jetzt erinnerte, der Ansicht gewesen, das ganze Haus ähnle ein wenig zu sehr den Bildern in einschlägigen Illustrierten. Jetzt hingegen kam er zu dem Schluß, es sei mehr als nur geschmackvoll schick. Es spiegelte die traditionsbewußte Persönlichkeit Sues wider und bewies, wie wichtig sie ihr Heim nahm. Ein durch und durch weiblicher Raum, dachte David. Anita vergeudete, wenn sie Möbel kaufen wollte, eine Menge Zeit damit herauszufinden, was gerade in Mode und in war; dadurch hatte sie jegliche Beziehung zu dieser Art altmodischer, schlichter Heimeligkeit verloren.

Nur ein großer Strauß langstieliger Rosen, zu knallig und zu glänzend im Vergleich mit den Pastelltönen des Raumes, störte die Harmonie ein wenig. Jemand hatte sie unbeholfen in eine große Kristallvase gesteckt. »Die hat Roger mir geschenkt«, erklärte Sue, die Davids Blick aufgefangen hatte. »Zum Muttertag.«

»Wundervoll«, meinte Evelyn und dachte bestimmt, wie schade es doch sei, ihre Tochter mit einem solchen Trottel verheiratet zu wissen, der ihr nie Blumen schenkte. Doch Anita war schließlich nicht seine Mutter.

»Ja, sie sind einfach hinreißend«, bestätigte Sue. David hatte den Eindruck, sie versuche nur, höflich zu sein. Die kompakten, ovalen roten Rosenknospen paßten überhaupt nicht zu Sue. Für sie wären eher weiße oder blaßgelbe, groß aufgeplusterte Rosen angebracht gewesen. Und außerdem, was war das für ein Ehemann, der seiner Frau zum Muttertag Blumen überreichte? Einer, der sie nicht als Liebespartnerin, sondern als Mutter seiner Kinder betrachtete. So einer war das.

Roger gab jedem etwas zu trinken, während Sue Mandeln mit einer Art Karamelglasur und etwas Weißes, das in Weinblätter gewickelt war, herumreichte. Lily saß mit einem Coke neben ihrer Großmutter auf dem Sofa. Die Erwachsenen hatten Sylvie ermuntert, mit den Jungen unten zu spielen, doch sie hatte es vorgezogen, auf der anderen Seite von Evelyn Platz zu nehmen und sich an sie zu kuscheln. Aus dem Souterrain waren die Geräusche von Videospielen zu hören.

Während Sue und Evelyn sich höflich unterhielten, saß Roger, nachdem er Getränke an die Gäste verteilt hatte, mit vergnügtem Gesicht da, nippte an seinem Bourbon und schien keinen mehr zur Kenntnis zu nehmen. David musterte ihn eingehend. Roger schien etwa in seinem Alter zu sein, wirkte jedoch, als gehöre er einer anderen Generation an. Seine spärlichen dunklen Haare hatte er in einem lächerlichen Versuch, eine kahle Stelle zu verdecken, quer über den Kopf gekämmt; sie glänzten, als habe er sie mit der Sorte Haaröl behandelt, die Davids Vater benutzt hatte; alles an ihm strahlte jene autoritäre Selbstgefälligkeit aus, die David mit Vorgesetzten und Polizisten in Verbindung brachte.

»Ich hatte geglaubt, es würde schwer für die Jungen, mit dem Schulwechsel und all dem«, hörte er Sue sagen, »aber sie sind prima damit fertiggeworden. Und wir freuen uns sehr, so nette Nachbarn zu haben, nicht wahr, Roger?«

Roger lächelte sie an. Offensichtlich hatte er kein Wort von dem mitbekommen, was sie gesagt hatte; die Erwähnung seines Namens hatte lediglich einen Reflex in ihm ausgelöst, wie bei einem Hund. Sein Blick wanderte zu David hinüber. »Sie mußten die Installation drüben erneuern, wie ich gehört habe«, stellte er kichernd fest. Was war eigentlich so komisch an Abflußrohren? »Diese alten Häuser sind eine Last, stimmt's?«

»Die meisten Leute mögen sie wegen ihres Charmes«, entgegnete David.

Wieder lachte Roger bellend. »Sue hat ihr Herz an dieses Haus verloren. Sie hat immer gesagt, sie wolle ein Haus im alten Stil.« Er zuckte die Schultern. »Ich habe die Verkäufer auf eine Menge Verbesserungen verpflichtet. Neue Installationen und elektrische Leitungen. Außerdem habe ich darauf bestanden, daß sie die Umstellung der alten Ölheizung auf Gas bezahlen. Haben Sie Gas- oder Ölheizung?«

»Gas«, erklärte David und fragte sich, was das Roger anging.

Auf der anderen Seite des Raumes kam ein wenig Unruhe auf, als Matt und Chris auftauchten. Sie trugen beide die gleichen gebügelten Khakihosen und dunkelgrünen Pullover mit rundem Kragen. Nachdem man sie Evelyn vorgestellt hatte, setzten sie sich, eine Limonade in der Hand, höflich mit auf das Sofa. Roger warf einen kurzen Blick zu seinen Söhnen und faßte dann seine Unterhaltung mit David zusammen: »Sue hat also das alte Haus bekommen, das sie sich gewünscht hat. Aber ich habe dafür gesorgt, daß es auch praktisch ist.« Vertraulich beugte er sich zu David hinüber. »Für unser altes Haus in Milwaukee habe ich wie ein Straßenräuber abkassiert, und meine Firma hat mir eine gewaltige Umzugsbeihilfe genehmigt. Das hat gereicht, um die alte Hütte hier ein ganzes Stück aufzuwerten. Es war eine regelrechte Brandfalle und eine leichte Beute für Einbrecher, wenn Sie mich fragen.« Er schüttelte den Kopf. »Windige Beschläge an allen Fenstern. Ich habe sie alle auswechseln lassen, und dann haben wir ein komplettes Sicherheitssytem installiert. Danach haben wir noch den alten Sicherungskasten durch automatische Sicherungen ersetzt. Wie sind denn Ihre elektrischen Einrichtungen ausgelegt?«

»Da muß ich passen«, behauptete David achselzuckend. Dabei wußte er genau, in welch erbärmlichem Zustand die elektrischen Leitungen sich befanden. Die Sicherungen sprangen ständig von selbst heraus und zwangen sie, sich ins Souterrain hinunterzutasten, um sie wieder einzuschalten. Anita nörgelte deswegen dauernd an ihm herum.

»Ich nehme an, Leute im Versicherungsgeschäft denken mehr über derlei Dinge nach«, sagte David. »Was alles schiefgehen kann, meine ich. Darüber mache ich mir nicht so viele Gedanken. Ich mag einfach Häuser mit einem Sinn für Tradition, mit klaren Linien und schnörkellos.«

Der Kerl war ein ausgesprochener Banause! Seine Vorstellung von einem Haus beschränkte sich auf die praktischen Aspekte, während seine Frau sich abmühte, es gemütlich und bequem und einladend zu gestalten. An Roger waren vermutlich all ihre Bemühungen vergeudet.

Zuvor hatte dieser Idiot auch noch die Unterhaltung der beiden Damen abgewürgt und seine Frau völlig ignoriert, als sie geschickt versucht hatte, ihn in das Gespräch einzubeziehen. Jetzt mußten sie über elektrische Leitungen und Wasserrohre reden, bloß weil sie beide Männer waren.

Sue brachte ein Tablett mit einer Art von weißem Käse, über den kleine blaue und gelbe Blütenblätter gestreut waren. Mit geschlossenen Beinen beugte sie sich aus den Hüften vornüber und gestattete David einen langen, betörenden Blick auf ihre Brüste, die von einem elastischen Büstenhalter gebändigt wurden und über den Ausschnitt des Trikots quollen, als wollten sie ihm entkommen. David nahm sich einen Cracker. »Umwerfend, wie Sie angezogen sind, Sue«, platzte er heraus und wurde sich im selben Augenblick bewußt, wie ungeschickt dieser Versuch, seine Erregung zu verbergen, war.

»Oh, vielen Dank«, erwiderte sie sanft. Offensichtlich hatte sie keine Ahnung, wie aufreizend sie wirkte.

»Sie bildet sich ein, diese Aufmachung sehe künstlerisch aus«, merkte Roger rüpelhaft an. Herrgott noch mal, sah der denn nicht, wie die Brustwarzen seiner Frau sich abzeichneten? Sue schien die Beleidigung gar nicht zur Kenntnis zu nehmen. Vielleicht war sie seine bissigen Bemerkungen bereits so gewöhnt, daß sie dagegen unempfindlich geworden war.

Als Sue mit schwingendem Rock, der die köstlichen, von der schmalen Taille ausgehenden Rundungen ihrer Hüften betonte, wieder in den weiblich dominierten Bereich des Zimmers ging, wandte Roger sich erneut David zu. »Tut mir leid, daß Ihre Frau krank ist«, verkündete er mit einem sonderbaren Grinsen. »Ich hab mir schon gedacht, daß sie nicht mitkommt.«

Wovon redet dieser Kerl überhaupt? dachte David. Wie kam der auf die Idee, Anita habe vorgehabt, nicht zu kommen? Der Kerl merkte wahrscheinlich nicht einmal, welchen Unsinn er daherquatschte. David beschloß, sich in das Gespräch der Frauen einzuschalten und Roger zu ignorieren.

»Sie können bei Ihren Kindern zu Hause bleiben. Das finde ich wundervoll«, sagte Evelyn mit ihrer klaren Stimme zu Sue. »Als meine Tochter frisch verheiratet war, hat David natürlich gearbeitet. Anita ist bei den Kindern zu Hause geblieben, als sie noch klein waren.«

Sue erhob sich. »Ich muß auf einen Sprung in die Küche und das Hühnchen glasieren«, erklärte sie. »Sylvie, ich fürchte, du könntest dich dabei bekleckern. Willst nicht du mir helfen, Lily?«

Lily machte ein finsteres Gesicht und schwieg.

»Ich helfe Ihnen«, verkündete David. Wenn sie jetzt den Raum verließen, konnte seine Schwiegermutter Sue nicht länger von seinen Mängeln berichten. Außerdem konnte Roger dann einmal sehen, wie sich ein hilfsbereiter Kerl benahm, der Format hatte. Zu seiner Freude machte Roger einen überraschten Eindruck, als David Sue in die Küche folgte.

»Anita tut mir leid«, erklärte Sue, während sie die Herdtür aufklappte und hineinschaute. Sie fuhrwerkte mit einem Backpinsel und einer mit einer gelblichen Flüssigkeit gefüllten Glasschüssel herum.

Durch das Küchenfenster schaute David zu dem Zimmer hinüber, in dem Anita lag. Die teilweise geöffneten Jalousien ließen ihre Umrisse erkennen. Sie schien zu telefonieren.

»Wenn es nichts mit dem Magen ist, sollten wir ihr zumindest einen Teller mit Essen rüberbringen«, fuhr Sue fort.

»Oh, ich denke, mit ihr ist alles in Ordnung.« David wandte sich vom Fenster ab. »Soll ich weitermachen?« Er nahm den Backpinsel, während Sue eine große kupferne Form auf eine Anrichtplatte stürzte. Eine zitternde rötliche Gallertmasse quoll heraus.

»Roger hat mir gerade erzählt, er hätte sich schon gedacht, daß Anita nicht mitkommt«, sagte er. »Was hat er damit gemeint?«

»Oh, nichts«, erwiderte Sue eilig. Sie wirkte ernst und erschrocken.

»Was ist los?« wollte David wissen. Hatte Sue Anitas Abneigung gegen sie gespürt?

Mit tanzenden Brüsten kam Sue hinter ihrem Aspik hervor. Sie stellte sich neben ihn und flüsterte: »Vielleicht sollte ich Ihnen das gar nicht sagen, aber als ich Roger von der Einladung für Sie und Ihre Familie erzählt habe, hat er gemeint, Anita werde sich nie und nimmer hier blicken lassen, weil sie wisse, daß er sie in der Stadt beim Mittagessen mit einem Mann gesehen hat.«

»Na und?« fragte David. »Sie ist Geschäftsfrau. Unter ihren Freunden und Bekannten sind auch Männer. Ich verstehe nicht, was ...«

Sue schien einen Augenblick zu zögern. »Roger sagt, der Mann habe sie geküßt. Für ihn war klar, daß sie eine Affäre mit dem Kerl hat.« Sue blickte zur Seite. »Das ist schrecklich. Es tut mir so leid.«

David drehte sich wieder zu seinem Schlafzimmerfenster um.

»Ich bin sicher, es handelt sich da um ein Mißverständnis«, meinte er sanft. »Anita macht mit einer Menge Leute aus der Modeszene Geschäfte. Die sind alle ein bißchen überschwenglich und geben gern Küßchen. Wie Schauspieler auch. Das hat nichts zu bedeuten.« Er sah wieder zu Sue, die ihn aufmerksam beobachtete, und lächelte sie an.

»Ich bin sicher, Sie haben recht«, meinte sie und drückte seinen Arm. »Ich habe mir auch gedacht, daß er sich bestimmt geirrt hat.« Sie machte einen beschämten und abwesenden Eindruck, als sie begann, die Aspikmasse mit einer Art geäderter Blätter zu garnieren. »Ich kann mir einfach nicht vorstellen, wie eine Frau, die mit Ihnen verheiratet ist, sich je eine Affäre wünschen könnte«, erklärte sie.

»Wir telefonieren schon seit fast einer Stunde, ist dir das eigentlich klar?« fragte Anita und kuschelte sich tiefer in die Kissen. »Seit meiner Zeit als Teenager habe ich so was nicht mehr gemacht.«

Genüßlich hatte sie sich in der Mitte des Bettes ausgebreitet, anstatt sich auf ihrer Seite kleinzumachen, um David möglichst nicht zu berühren. Sie bedauerte, daß Frank sie nicht in ihrem hübschen weißen Spitzennachthemd bewundern konnte.

Sie hatte es als ungeheuer erholsam empfunden, daß sie mit keinem Wort David oder ihre Ehe erwähnt hatten. Statt dessen hatten sie darüber geplaudert, wie sie als Kinder gewesen waren, welche Länder sie gerne besuchen würden und wie sehr sie einander liebten. Ab und zu hatten sie nur fröhlich ins Telefon geschnurrt. »Deine Stimme ist einfach sexy«, hatte sie erklärt. »Wenn ich sie nur höre, ist mir, als wäre ein Teil von dir bei mir. Ich finde das sehr viel schöner als eine öde Konversation mit diesen langweiligen Nachbarn.«

Anita hörte Stufen knarzen, hielt erschrocken den Atem an und lauschte angestrengt. Alles blieb ruhig.

»Was ist?« fragte Frank beunruhigt.

»Nichts«, kicherte sie. »Ich habe geglaubt, ich hätte ein Geräusch von unten gehört. Das sind nur meine Schuldgefühle, schätze ich.«

»Ich sollte bei dir sein und auf dich aufpassen, Anita. Achte auf merkwürdige Geräusche. Ich glaube, um dich hat sich nie jemand wirklich gekümmert. Ich meine, du bist selber sehr gut dazu in der Lage, das ist mir klar, nur hast du auch so etwas Zerbrechliches und Verletzliches an dir...«

»Oh, Frank«, unterbrach sie ihn, »ich liebe dich so sehr!«

Von der Schlafzimmertür war ein diskretes, aber hartnäckiges Klopfen zu vernehmen. Anita stieß einen leisen Schrei aus und zog instinktiv das Laken hoch, um ihr Dekolleté zu bedecken. Wer konnte das sein? David würde niemals klopfen. Die Kinder stürmten immer einfach herein, und ihre Mutter blaffte normalerweise: »Anita?« und stieß dann sofort die Tür auf.

Die Tür öffnete sich, und da stand Sue; sie hielt einen Teller in der Hand hielt und lächelte. »Ich bringe Ihnen etwas von unserem Muttertagsessen«, erklärte sie und kam zum Bett herüber. »Wir lassen es uns gutgehen, und Sie sind ganz allein hier, da habe ich Mitleid mit Ihnen bekommen. Das ist Hühnchen auf polynesische Art mit Ingwer- und Papayaglasur, und dazu eine Art Sommersalat mit Tomatensülze nach eigenem Rezept, auf Gemüsebasis, mit pürierten Karotten, Petersilie und Koriander. Ich hoffe, es schmeckt Ihnen.«

Anita kam sich vor wie in einem jener Restaurants, in denen die Kellner die Ingredienzien eines jeden Gerichts herunterrasseln, und dieser Eindruck verstärkte sich noch, als Sue sagte: »Also dann, guten Appetit!«

Anita hatte das Gefühl, sich in nichts aufzulösen. Dann nahm sie allmählich Franks Stimme wieder wahr, die angstvoll und leise aus dem Hörer in ihrer Hand drang. Sie nahm ihn und erläuterte knapp: »Gerade ist meine Nachbarin aufgetaucht. Ich rufe dich wieder an«, ehe sie die Verbindung mit einem Daumendruck unterbrach. »Sie haben mich erschreckt«, sagte sie zu Sue.

»Oje, das tut mir aber leid«, säuselte Sue. »Ich gehe hier dauernd aus und ein. Dabei habe ich mir wohl angewöhnt, einfach hereinzuplatzen. Und ich wollte Sie auch nicht aus dem Bett scheuchen, wo Sie doch krank sind.« Sie breitete die Finger über ihr Gesicht und sah Anita auf die gleiche Weise an wie damals, als sie ihr Vorhaltungen wegen des Loches in der Hecke gemacht hatten.

»Schon gut«, murmelte Anita.

»Haben Sie Fieber?« erkundigte Sue sich besorgt.

Anita hatte die erschreckende Vision, wie Sue auf der Bettkante saß und ihr beim Essen zusah. »Oh, mir geht es bestimmt bald wieder besser«, erklärte sie. »Bitte kümmern Sie sich nicht weiter um mich.«

»Ich wollte Sie nicht belästigen«, entgegnete Sue und wirkte noch ein wenig reuiger und zerknirschter.

»Nein, nein«, korrigierte Anita. »Ich habe nur gesagt, Sie brauchen sich nicht weiter um mich zu kümmern. Ihre Familie vermißt Sie wahrscheinlich schon.«

»Stimmt. Sie warten auf mich«, bestätigte Sue. »Ihre Familie übrigens auch. Ein gelungener Abend für uns alle.«

»Tut mir leid, daß ich nicht mit dabeisein kann«, schwindelte Anita, die plötzlich eine Anwandlung verspürte, aus dem Bett zu springen und Sue eigenhändig aus dem Haus zu werfen.

Sue lächelte erleichtert, als sei ihr verziehen worden. »Alles Gute zum Muttertag, Anita«, sagte sie.

KAPITEL NEUN

Am nächsten Morgen schlich Anita sich leise nach unten, um ihre Mutter und die Mädchen nicht zu wecken. Sie mußten sich erst in einer Stunde für die Schule fertigmachen, und sie hoffte, sich aus dem Haus stehlen zu können, ohne einem von ihnen über den Weg zu laufen.

Doch zu ihrer Überraschung war ihre Mutter bereits aufgestanden. In ihrem gelben Steppbademantel saß sie am Küchentisch, trank Kaffee und sah zum Haus der Heffernans hinüber.

»Mom! Wieso bist du schon auf?« fragte Anita. Ihr war ganz und gar nicht danach zumute, mit jemandem, egal wem, zu reden. Vielleicht nicht einmal mit Frank.

»Ich konnte nicht schlafen«, erklärte ihre Mutter. »Ich mache mir solche Sorgen um dich.«

»Oh, mir geht es schon viel besser«, erwiderte Anita und wandte den Blick von der besorgten Miene ihrer Mutter ab.

»Hat David eine Affäre mit dieser Sue?« fragte ihre Mutter unverblümt.

»David?« sagte Anita überrascht. »Natürlich nicht. Wie kommst du überhaupt darauf?«

»Ich habe euren Streit gestern abend gehört. Gott sei Dank hat Lily schon geschlafen.«

»Bitte, Mom«, sagte Anita und setzte sich ihr gegenüber an den Tisch. »Das Ganze ist einfach zu peinlich.«

»Eigentlich habe ich mir gedacht, du hättest ihn deswegen zur Rede gestellt«, fuhr ihre Mutter fort und kniff die Augen zusammen. »Ich glaube, es hat noch nicht richtig angefangen, aber da bahnt sich etwas an. Und jetzt ist der richtige Zeitpunkt, etwas dagegen zu unternehmen. Noch bevor es so richtig losgeht. Man muß diese Frau rechtzeitig bremsen.«

»Also wirklich, Mom, du dramatisierst das Ganze, findest du nicht?« Anita versuchte, nicht zu lächeln. Die Vorstellung, David und Sue könnten – es war einfach absurd.

»Irgend etwas stimmt nicht mit der. Dessen bin ich mir sicher«, erklärte ihre Mutter in sehr ernstem Ton.

»Sue ist ein bißchen sonderbar«, räumte Anita ein. »Ich muß zugeben, als sie gestern abend mit einem Teller voll Essen ins Haus gekommen ist, hat sie mir einen ganz schönen Schrecken eingejagt. Aber sie scheint es gut zu meinen.«

»Anita, du bist manchmal ungeheuer leichtgläubig«, stellte ihre Mutter in dem entschiedenen Tonfall fest, der Anita jedesmal erschreckte. »Den ganzen Abend über hat sie David angestarrt und ihren Mann überhaupt nicht mehr beachtet. Der wiederum schien rein zufällig gar nicht zu bemerken – oder vielleicht war es ihm auch egal –, was für ein hautenges Top sie anhatte, das nichts der Phantasie überließ. Und wie Lily mir erzählt hat, schmeißt sie praktisch für euch den Haushalt!«

»Na schön, aber was soll ich deiner Meinung nach tun?« fragte Anita. »David klarmachen, daß sie nicht mehr rüberkommen darf?«

»Wieso nicht? Mir gefällt die Art nicht, wie sie sich hier reingedrängt und an die Kinder rangemacht hat. Sylvie scheint schon ganz unter ihrer Fuchtel zu stehen. Und ich bin mir ziemlich sicher, sie ist auf deinen Mann scharf. Auf derlei fallen Männer immer rein, und er ist den ganzen Tag zu Hause und hat nichts Besseres zu tun.«

»Ich kann nicht einfach hierbleiben und ihn im Auge behalten«, protestierte Anita. »Ich muß arbeiten gehen, sonst verhungern wir alle.«

Ihre Mutter richtete sich ein wenig auf und bedachte Anita mit einem aufmerksamen, erfreuten Lächeln. Zum ersten Mal hatte Anita zumindest einen Hinweis darauf fallenlassen, daß sie sich in ihrer Rolle als Alleinversorgerin der Familie nicht sonderlich wohl fühlte.

»Ein Grund mehr für dich, die Bedingungen zu diktieren«, entgegnete ihre Mutter.

»Das habe ich letzte Nacht versucht«, räumte Anita ein. »Deswegen haben wir uns gestritten – ich habe ihm erklärt, ich wolle sie nicht mehr so oft bei uns sehen. Das hat mich wirklich auf die Palme gebracht, wie sie da so einfach hereinspaziert ist.«

»Und was hat er dazu gesagt?« fragte ihre Mutter neugierig.

»Ach, das ist alles so erbärmlich«, begann Anita mit einem Seufzer.

Auch ihre Mutter seufzte. »Wenn ich nicht in Denver wohnen würde, wäre das alles viel leichter. Ich könnte dich tagein, tagaus sehen, und dann wüßte ich, was mit dir los ist. Diese Besuche bei dir sind für uns beide schwierig. Letztendlich frage ich dann immer alles auf einmal. Ich mache mir solche Sorgen und ertrage es einfach nicht, wenn ich nicht weiß, wie es dir geht.« Ihre Stimme klang leise und ein wenig verängstigt. »Entschuldige, Schätzchen. Nur – ich habe wirklich das Gefühl, irgend etwas ist hier nicht in Ordnung. Ich spüre die Spannung, die bei euch herrscht.«

»Hochspannung«, berichtigte Anita und blickte auf die Hand ihrer Mutter, als diese sich vorbeugte und ihre Hand mit gespreizten Fingern auf den Tisch legte, als flehe sie um das Vertrauen ihrer Tochter. So wird meine Hand eines Tages auch aussehen, dachte Anita und starrte auf die hervortretenden Venen und die kleinen braunen Altersflecken. Sie legte ihre Hand auf die ihrer Mutter. »Ich hab dich lieb, Mom. Versuch, dir keine Sorgen mehr zu machen.«

»Ich wünschte, ich hätte mehr Vertrauen zu David«, erklärte ihre Mutter. »In all den Jahren bist du eine Heilige gewesen, doch, eine wahre Heilige. Du beklagst dich nie über ihn. Die meisten Frauen hätten …«

Anita fing an zu weinen.

»Schätzchen!« Ihre Mutter stand auf, kam um den Tisch herum und umarmte sie. Anita drehte sich im Stuhl um, sank an die weiche Brust der Mutter und ließ ihren Tränen freien Lauf. Ihre Mutter tätschelte ihr den Rücken. »Oh, Anita, was ist los?«

Anita hob ihren Kopf vom Busen ihrer Mutter. »Ich bin keine Heilige«, schluchzte sie, »ich habe mich in einen anderen Mann verliebt. Ich kann es nicht ändern. Ich halte es mit David nicht mehr aus und weiß nicht, was ich machen soll.«

Ihre Mutter packte Anita an den Schultern, schob sie ein Stück von sich und hielt sie fest, um das Gesicht ihrer Tochter prüfend zu mustern.

»Ist er auch verheiratet?« fragte sie.

Anita, überrascht, daß ausgerechnet dies die erste Sorge ihrer Mutter war, schüttelte stumm den Kopf und schniefte.

»Gut.«

»Mom! Du bist nicht schockiert?«

»Ist er ein anständiger Mensch?«

Anita nickte. »Ich glaube schon. Ja, ist er. Ich weiß, er ist ein guter Mensch.«

»Oh, Schatz!« Ihre Mutter umarmte sie erneut. »Du tust mir ja so leid. Es muß die Hölle für dich sein, oder? Hast du vor, David zu verlassen?«

»Ich kann mir das einfach nicht vorstellen. Es kommt mir so radikal vor.«

Evelyn fing an, Anita sachte hin und her zu wiegen. »Weiß David Bescheid?«

»Ich hatte geglaubt, er wüßte nichts davon«, erklärte Anita. »Doch gestern abend, als ich mich wegen Sue beschwert habe, ist er auf mich losgegangen. Er hat gefragt, ob da ein anderer sei.« Anita erwähnte nicht die rote Druckstelle, auf die David gezeigt und die Franks Finger auf ihrer Schulter hinterlassen hatte, als er sie auf dem Höhepunkt umklammerte. »Das sieht eindeutig wie ein Daumenabdruck aus, Anita«, hatte er süffisant festgestellt. »Und der stammt nicht von mir, da bin ich mir sicher.«

»Sag mir, wenn ich dir irgendwie helfen kann«, erklärte ihre Mutter. »Soll ich vielleicht die Mädchen zu mir nehmen, während du versuchst, aus all dem herauszufinden?«

»Ich habe keine Ahnung, wie ich aus irgend etwas herausfinden könnte«, erwiderte Anita.

Evelyn biß sich auf die Unterlippe. »Vielleicht sollte ich den Flug morgen umbuchen und länger bleiben. Ich fände es schrecklich, dich in einer solchen Situation allein zu lassen.«

Aber ich bin doch nicht allein, dachte Anita. Ich habe ja Frank.

»Bist du nicht schockiert, Mom? Ich schon.« Die Gelassenheit, mit der ihre Mutter den Ehebruch ihrer Tochter aufgenommen hatte, hatte sie fast umgehauen.

»Ich wundere mich eher, warum es nicht früher passiert ist. Du bist so zauberhaft und attraktiv. Und du hast David jahrelang mitgeschleppt. Das mußte deine Achtung vor ihm zwangsläufig untergraben.«

»Aber die Kinder...« begann Anita.

»Ach ja, die Kinder«, meinte ihre Mutter. »Darauf läuft es immer hinaus. Wenn die Kinder nicht wären, wäre alles so einfach, nicht wahr?« Sie zuckte die Schultern. »Ein Zettel am Kühlschrank, und du wärst weg, stimmt's?«

»Es tut mir leid, dich mit all dem zu belasten«, entschuldigte sich Anita.

»Wieso denn? Mir geht es jetzt viel besser. Natürlich mache ich mir Sorgen um dich, aber schlimmer war es, nicht zu wissen, was eigentlich los ist. Ich kann einiges verkraften. Aber so völlig ahnungslos zu sein, das ist eine ganz andere Sache.«

»Oh, Mom!« seufzte Anita und umarmte ihre Mutter erneut. »Ich liebe dich.«

»Dieser andere Typ«, fuhr ihre Mutter eindringlich fort, »wovon lebt er?«

»Er ist Rechtsanwalt.«

Anitas Mutter wirkte mit einen Mal ein wenig beunruhigt. »Ist er in einer guten Kanzlei?«

»Mo-om«, mahnte Anita und mußte wider Willen lächeln.

»Also, ist er das?«

»Er ist Teilhaber einer der besten Kanzleien in der Stadt.«

»Gut! Ein Pflichtverteidiger ohne einen Pfennig Geld in der Tasche oder so, das hätte mir gar nicht gefallen. Heutzutage laufen viel zu viele Rechtsanwälte herum. Und viele von ihnen nagen am Hungertuch.«

Anita war verblüfft. Mom scherte sich nicht um Recht oder Unrecht. Sie machte sich ausschließlich um ihr Kind Sorgen. Sie wünschte sich nur jemanden, der sich um ihr Kind kümmerte, wie sie es einst getan hatte. Und wie sie es noch immer versuchte, was ihr aber wohl nicht mehr allzulang möglich wäre.

Genau das gleiche empfand sie, was Lily und Sylvie betraf. Sie wollte sicherstellen, daß sie gut aufgehoben waren und jemand hatten, der sie beschützte. Selbst wenn dies darauf hinauslief, sie vor der verrückten Leidenschaft ihrer Mutter für Frank und deren möglichen Folgen für sie zu schützen.

Später, als Anita aus dem Haus war, wachten die Mädchen auf und kamen nach unten. Evelyn bereitete französischen Toast für sie zu. David war noch nicht aus dem Schlafzimmer aufgetaucht. Als Lily losgetrottet war, um ihren Bus nicht zu verpassen, und Evelyn gerade die Geschirrspülmaschine einräumte, erschien Sue an der Hintertür; in der Hand hielt sie ein Glas Mayonnaise.

Evelyn öffnete die Tür. »Nochmals vielen Dank für gestern abend«, meinte sie ohne sonderliche Begeisterung.

»Es war wundervoll, nicht wahr?« erklärte Sue. »Ist Sylvie schon fertig?«

»Fertig wofür?«

Sylvie stand vom Tisch auf und kam zur Tür getrippelt. »Sue bringt mich immer zur Schule«, verkündete sie.

»Aber mein Täubchen«, sagte Evelyn, »Ich hatte gehofft, ich könnte das heute übernehmen. Das ist wirklich sehr liebenswürdig von Mrs. Heffernan, aber wir sollten uns nicht aufdrängen.«

»Aber das ist hat doch nichts mit Aufdringlichkeit zu tun«, meinte Sue steif. »Sie verstehen das nicht.«

»Jedenfalls, vielen Dank«, sagte Evelyn in einem Ton, der das Thema unmißverständlich für erledigt erklärte. Zur Sicherheit fügte sie noch hinzu: »Und ich hol sie auch wieder ab, falls David es irgendwie nicht schafft.« Dann wandte sie sich zu Sylvie. »Geh schon und hol deine Hausaufgaben und die ganzen Sachen, Liebes.«

»Mach ich, Grandma.« Sylvie trippelte in gewohnt fröhlicher Weise davon. Offensichtlich hatte sie von dem Kampf, den die beiden erwachsenen Frauen ihretwegen ausgefochten hatten, überhaupt nichts mitbekommen.

»Wo ist David?« fragte Sue.

»Der schläft noch«, erwiderte Evelyn kurz angebunden.

»Ich krieg das Ding da nicht auf«, erklärte Sue und hielt das Glas hoch. »Ich dachte, David könnte mir helfen.«

»Warum fragen Sie nicht Ihren Mann?« erkundigte sich Evelyn spitz.

»Der ist in der Arbeit.Tut mir leid, daß ich Sie damit belästige.«

»Lassen Sie mich mal versuchen«, bat Evelyn. Sie griff nach dem Glas und drehte kräftig am Deckel. »Fühlt sich an, als hätte jemand das Ding da mit einer Rohrzange zugedreht«, meinte sie und gab Sue das Glas zurück.

»Könnten Sie David bitten, später kurz rüberzukommen und es für mich aufzumachen?« fragte Sue und reckte ihr Gesicht ein wenig herausfordernd in die Höhe.

»Ich werd es ihm ausrichten«, beschied Evelyn sie.

»Vielleicht könnten Sie nach der Schule auch Sylvie rüberschicken«, fügte Sue hinzu.

»Die Mädchen sind heute den ganzen Tag beschäftigt«, erwiderte Evelyn. Sie wandte sich wieder dem Geschirr zu und machte damit klar, für sie war das Gespräch beendet.

»Bei dem Geschirrspüler gibt es einen Trick«, setzte Sue erneut an. »Darf ich es Ihnen zeigen? Beim zweiten Spülgang öffnet sich der Deckel des Waschmittelbehälters nicht, wenn Sie die kleine Verriegelung da nicht in die richtige Stellung bringen.«

»Wo?« fragte Evelyn, beugte sich vor und spähte in die Spülmaschine.

»Hier«, erklärte Sue. Sie stellte das Glas mit der Mayonnaise ab, ergriff Evelyns Hand und dirigierte sie zum Besteckbehälter hinunter. »Sie müssen ihn auf einer Seite ein bißchen anheben, wenn Sie ihn zumachen. Das Scharnier ist ziemlich ausgeleiert.«

In dem Augenblick machte Evelyn eine seltsam einschneidende Erfahrung. Als sie nach unten schaute, sah sie, wie ihre Hand von der Spitze eines Schälmessers gestoppt wurde. Mit einem Schmerzensschrei zog sie sie zurück. Über dem Daumengelenk wurde ein tiefer Schnitt sichtbar, aus dem ein Schwall Blut schoß.

»O nein«, rief Sue und trat einen Schritt zurück. »Ein scharfes Messer sollte man nie mit der Klinge nach oben da hineinstellen. Das habe ich David soundso oft gesagt, aber er vergißt es immer wieder.« Sie warf selber einen Blick in die Maschine und schnalzte mit der Zunge.

Evelyn ging zum Wasserhahn und ließ kaltes Wasser über die Wunde laufen. Sie fühlte sich plötzlich sehr schwach und zwang sich, nicht ohnmächtig zu werden. In rostrosa Kreisen rann das Wasser in die Öffnung des Abfallschluckers.

»Tut es weh?« erkundigte sich Sue. »Ich hole Ihnen ein Küchentuch.«

»Verschwinden Sie einfach, ja?« donnerte Evelyn. »Ich komme schon allein zurecht. Sie haben wirklich genug vollbracht.«

»Sie glauben doch nicht etwa, ich hätte das absichtlich getan?« fragte Sue mit sich weitenden Augen.

Evelyn drehte sich zu ihr um und musterte sie. Ehe Sue davon gesprochen hatte, war ihr dieser Gedanke nicht gekommen, aber jetzt fragte sie sich doch.

Sue schluckte. Mit bedrücktem Blick ging sie rückwärts zur Tür hinaus und erklärte: »Es tut mir leid.«

Mit einem ungeheuren Gefühl der Erleichterung machte Evelyn sich auf die Suche nach Küchentüchern. Sie ließ sich schwer in einen Stuhl fallen, preßte das zerknüllte Papier auf den Schnitt und beobachtete, wie es sich rasch rot färbte.

Wenigstens habe ich diese Sue dazu gebracht zu verschwinden, dachte Evelyn mit grimmiger Zufriedenheit. Bei solchen Leuten muß man Stärke zeigen. Wenn man denen den kleinen Finger gibt, nehmen sie gleich die ganze Hand.

David tauchte erst eine volle Stunde, nachdem Evelyn Sylvie bereits wieder von der Schule abgeholt hatte, auf. Er war unrasiert und trug Jeans, ein Sweatshirt und seine Schlafzimmerpantoffeln. In der Küche erwartete ihn eine ungnädige Evelyn, die einen dicken Verband aus Gaze und weißem Klebeband um den Daumen gewickelt hatte.

»Ich glaube, die Frau spinnt«, schloß sie, nachdem sie ihre Geschichte erzählt hatte. »Sie hat ganz eindeutig meine Hand auf das Messer gedrückt, weil ich ihr Sylvie nicht anvertrauen wollte und weil sie weiß, daß ich sie durchschaut habe.«

»Ach komm, Evelyn«, sagte David verdrießlich. »Ich glaube einfach nicht, daß sie das absichtlich getan hat.«

Er schaute zu dem Glas mit Mayonnaise. »Ist das das Glas, das sie hiergelassen hat?«

»Richtig. Sie hat es gründlich und fest zugedreht, damit sie eine Ausrede hat, rüberzukommen und dich zu belästigen.«

David seufzte. »Ich geh mal rüber und seh zu, ob ich das klären kann.«

David ging über den Rasen und durch die Hecke. Fürchterlich. Genau wie er vermutet hatte, war es seiner Schwiegermutter gelungen, sich mit Sue anzulegen. Er würde Sue erklären, die alte Hexe sei senil und Sue solle sich besser fernhalten, bis sie morgen nach Denver zurückflöge und alles wieder normal sei.

Oder zumindest so normal, wie es sein konnte, wenn man sich fragte, ob die eigene Frau einen betrog. Letzte Nacht, als er die Druckstelle auf Anitas Schulter bemerkt hatte, war er bereit gewesen, es zu glauben. Doch bei Licht betrachtet, schien es kaum wahrscheinlich. Anita hatte gar keine Zeit, sich mit einem anderen einzulassen – oder doch? Schon allein die Vorstellung, sie brächte derlei fertig, war empörend.

Im Grunde genommen hoffte er, falls Anita tatsächlich ein Verhältnis mit irgend so einem Kerl hätte, würde sich das wieder geben, und zwar ohne daß er überhaupt etwas davon zu wissen bräuchte. Vor allem dürfte Sue nicht erfahren, daß ihr Mann recht gehabt hatte. Das wäre zu demütigend gewesen.

Sue erwartete ihn in der Küche.

»Geht es Ihrer Schwiegermutter wieder beser?« erkundigte sie sich kleinlaut und reuig.

»Natürlich«, erwiderte David. »Aber sie ist ein bißchen dünnhäutig, müssen Sie wissen. Wie Anita. Vielleicht sollten Sie heute besser wegbleiben. Morgen reist sie wieder ab.«

»Selbstverständlich«, meinte Sue. »Ich fühle mich schrecklich, aber ich habe wirklich nichts von dem Messer geahnt. Ich wollte ihr nur zeigen...«

»Sie sollten sich nichts daraus machen«, erklärte David und tätschelte ihr die Schulter.

Sie verstummte lächelnd. »Es freut mich, daß Ihnen gefallen hat, wie ich gestern abend angezogen war«, bemerkte sie. »Roger hat gemeint, ich sähe wie ein Beatnik aus.«

»Es war wirklich beeindruckend«, versicherte David. »Sehr schlicht.« Schließlich konnte er nicht gut sagen: »Ganz bestimmt hat es Ihre Brüste hervorragend zur Geltung gebracht.«

Er zog eine Grimasse, als er versuchte, den Deckel des Glases zu drehen; endlich schnappte er auf. »Da haben Sie Ihre Mayonnaise!«

»Wow! Danke!« In völlig anderem Ton fügte sie ernst hinzu: »David, ich wollte mit Ihnen über gestern abend reden. Es tut mir leid, daß ich Ihnen erzählt habe, was Roger in dem Restaurant gesehen hat. Ich habe mir deswegen ziemliche Vorwürfe gemacht. Es würde mir nie einfallen, mich zwischen Eheleute zu stellen. Es tut mir wirklich leid.«

»Hey, das ist schon in Ordnung.«

»Sie sind einfach ein Freund für mich.«

»Hören Sie, Sue, ich weiß das zu schätzen.« Flüchtig legte er einen Arm um ihre Schulter. »Zwischen Anita und mir muß einiges geklärt werden. Wir haben uns überlegt, ob wir vielleicht zu einer Eheberatung gehen«, log er. Probleme an Profis weiterzureichen ließ sie irgendwie gleich weniger schmutzig und gemein erscheinen. »Ich lasse von mir hören.«

Er ging zur Tür, und Sue winkte ihm mit einer freundlichen kleinen Handbewegung nach. Als er wieder in seine Küche trat, teilte er Evelyn mit, er habe sich ebenfalls den Vierundzwanzig-Stunden-Bazillus eingefangen, den Anita gehabt hatte, und gedenke, den Tag im Bett zu verbringen. Sollte doch sie sich heute um alles kümmern. Sie schien ganz gerne die Verantwortung zu übernehmen.

Logischerweise, sagte sich Anita, hatte sie die Erkältung von diesem Carlos mit seiner Tröpfelnase aufgeschnappt, aber nachdem sie am Muttertag gelogen und so getan hatte, als wäre sie krank, hatte sie jetzt das Gefühl, dies sei die gerechte Strafe dafür. Die ersten Vorboten hatte sie zwei Tage danach gespürt, als sie ihre Mutter zum Flughafen gebracht hatte und zurückgefahren war – ein Jucken in der Nase und Schmerzen im Hals, die eher noch schlimmer zu werden versprachen.

Ehe sie zur Arbeit ging, nahm sie zwei Aspirin und versuchte sich einzureden, die ganze Sache werde einfach wieder verschwinden, doch gegen elf fühlte sie sich fiebrig und durchwühlte den Büroschrank nach einer großen Packung Tempo. Was sie brauchte, zu diesem Schluß kam sie, war eine Art Kältepille, dic ihre Nebenhohlen trockenlegte und ihre Temperatur senkte. In der Mittagspause würde sie sich welche besorgen. Auf diese Weise könnte sie durchhalten.

Pam Gates, ihre Chefin, kam ins Büro, warf einen Blick auf Anita, die sich geräuschvoll in ein Tempo schneuzte, trat einen Schritt zurück und erklärte: »Sie sind krank. Gehen Sie nach Hause!«

»Nein, wenn ich ein paar Contac oder Rhinomed oder so was einnehme, schaffe ich es schon«, widersprach Anita.

»Vergessen Sie's«, befahl Pam. »Ich will mir nichts einfangen.« Sie stürmte aus dem Büro. Der Auftrag, der sie ursprünglich zu Anita geführt hatte, war offenbar vergessen.

Pams hypochondrische Ängste waren legendär. Sie ergötzte nicht nur regelmäßig alle mit den widerwärtigen Details ihrer eigenen Symptome, die gewöhnlich ihren Verdauungsapparat betrafen, sondern hatte außerdem panische Angst, sich von irgend jemandem irgend etwas einzufangen.

Jeder in der Abteilung hatte bereits die Erfahrung gemacht, mit ein paar kleinen Hustenanfällen schaffte man es, einen Tag freizubekommen. Man brauchte nur tapfer zu behaupten, daß man sich ein wenig schlapp fühle, aber trotzdem durchzuhalten gedenke. »Gehen Sie nach Hause!« pflegte Pam dann zu kommandieren, während sie aus der Reichweite der Keime sprang, worauf der Drückeberger mit schwacher, widerstrebender Stimme antwortete: »Vielleicht haben Sie recht, Pam«, und auf dem Weg zur Tür noch ein paarmal trocken hustete.

Da war nur eine Schwierigkeit: Anita wollte nicht nach Hause. Als sie das letzte Mal krank gewesen war, hatte sie mit Fieber im Bett gelegen und sich mitanhören müssen, wie David mit den Mädchen unten herumzankte. Ständig hatte sie das Gefühl gehabt, aufstehen und als Schiedsrichterin fungieren zu müssen. Nur während der Zeit, in der die Mädchen in der Schule waren, war es erträglich gewesen.

Jetzt allerdings, angesichts der Spannungen zwischen David und ihr, erfüllte die Aussicht, mit David allein zu Hause zu sein, sie mit schierer Angst. Was war, wenn er die Gelegenheit nutzte, sie wegen Frank auszuquetschen? Sie wäre zu schwach, um weiter zu leugnen. Irgendwie war sie sich nicht einmal mehr sicher, ob sie das überhaupt noch wollte. Sie stellte sich vor, wie sie sich hinunterschleppte, um sich eine Tasse Tee zu machen, und er sie in der Küche mit neuen Anschuldigungen in die Enge trieb, bis sie in Tränen ausbrach.

Außerdem konnte sie nicht mit Frank telefonieren, wenn sie zu Hause war, und sich auch nicht, wie geplant, nach der Arbeit mit ihm treffen.

Widerstrebend nahm sie das Telefon und rief Frank an; sie spürte das mittlerweile gewohnte Flattern in der Magengrube, das sie immer überfiel, wenn sie zu Lorna, seiner Sekretärin, durchgestellt wurde. Lorna klang immer vollkommen geschäftsmäßig. Anita malte sich jedoch aus, wie sie sich in der ganzen Firma über ihre häufigen Anrufe ausließ.

»Anscheinend bin ich erkältet«, teilte sie ihm mit, als er sich meldete.

»Meine arme Anita«, bedauerte er sie, und seine Zärtlichkeit ließ ihr Herz schmelzen. »Was hast du denn für Symptome?«

»Kratziger Hals, Fieber. Und meine Nase läuft und läuft. Pam will mich nach Hause schicken. Oh, Frank, ich hatte solche Sehnsucht danach, dich zu sehen. Es tut mir leid.« Sie merkte selber, wie verängstigt sie klang.

»Du hast überhaupt keinen Grund, dich zu entschuldigen. Du kannst doch nichts dafür«, erklärte er. »Aber du wirst mir fehlen.«

»Ist es nicht schrecklich?« entgegnete sie. »Da habe ich nur eine kleine Erkältung erwischt und kann mich deshalb nicht mit dir treffen, und gleich kommt es mir wie eine Riesentragödie vor. Das hätte ich mir vorher nie träumen lassen.«

»Hast du irgend etwas dagegen eingenommen?«

»Nur ein paar Aspirin. Wenn Pam nicht darauf bestanden hätte, mich nach Hause zu schicken, würde ich ein paar Contac oder so schlucken und durchhalten, dann könnten wir uns heute abend treffen.«

»Nimm bloß nicht dieses Zeug«, warnte er sie. »Es überdeckt nur die Symptome. Du brauchst Ruhe. Wahrscheinlich kommt es von all dem Streß, den du durchgemacht hast.«

»Ich weiß nicht. Ich habe geglaubt, es sei die Strafe dafür, weil ich am Muttertag gelogen und behauptet habe, krank zu sein – und jetzt bin ich es wirklich. Ach, Frank, ich will nicht heimgehen und im Bett liegen, wenn niemand außer David da ist. Dann würde ich mich nur noch elender fühlen.«

»Geh einfach nicht nach Hause. Ich hol dich ab und nehm dich mit zu mir, dann kann ich mich den ganzen Nachmittag um dich kümmern. Ich habe nur noch einen einzigen Termin, und den kann ich absagen.«

»Oh, Frank. Das kann ich nicht von dir verlangen. Außerdem sehe ich im Moment ganz furchtbar aus«, wandte sie ein. »Meine Augen sind ganz verschwollen und rot, und ich arbeite mich mit erstaunlicher Geschwindigkeit durch eine Großpackung Tempo. Es ist besser, wenn du mich nicht in diesem Zustand siehst.«

»Du bist immer schön«, behauptete er. »Außerdem habe ich dich noch nie mit einer Erkältung gesehen. Schließlich möchte ich dich kennenlernen, wie du zu verschiedenen Zeiten bist. Sowohl krank als auch gesund. Warte in der Ladezone eures Geschäfts, die zur Seite der Pine Street hin liegt. In fünf Minuten bin ich da.«

Unten auf der Straße zitterte sie in ihrem dünnen Sommerkleid, spürte die wirkungslose Sonne auf ihren Armen und schaute ängstlich in die Richtung, aus der sein Auto kommen mußte. Als er da war, glitt sie dankbar auf den Beifahrersitz und ließ den Kopf auf seine Schulter sinken. »Ich habe ein wenig übertrieben«, erklärte sie. »Es ist bloß eine Erkältung.«

»Ich kümmere mich um dich«, entgegnete er und legte eine Hand auf ihre Stirn. »Ja, du hast eindeutig Fieber.« Er küßte sie sacht auf den Mund, und sie sagte ängstlich: »Du wirst dich noch bei mir anstecken.«

»Das ist mir egal«, erklärte er.

In seiner Wohnung führte er sie an der Hand zu seinem Bett und forderte sie auf, sich hinzulegen. Dann zog er sie aus und brachte ihr eines seiner T-Shirts, groß, weich und hellgrau, und zog es ihr über den Kopf.

»Das hätten wir geschafft«, verkündete er, setzte sich auf die Bettkante und lächelte auf sie hinunter, als sei er sehr zufrieden mit dem Ergebnis seiner Arbeit. Er streichelte ihre Brust durch das T-Shirt, dann küßte er sie auf die Stirn und erhob sich. »Der nette Dr. Shaw macht dir jetzt einen schönen heißen Grog und steckt dich dann ins Bettchen.«

»Oh, mein Liebling, du bist so gut zu mir«, flüsterte sie. »Ich sehe bestimmt miserabel aus, oder?«

»Ich finde, du warst nie anbetungswürdiger als gerade jetzt, wo du mein T-Shirt anhast und dich in mein Taschentuch schneuzt.«

»Ach, Frank«, erwiderte sie. »Ich darf mich nicht daran gewöhnen, von dir umsorgt zu werden. Ich verdiene das überhaupt nicht. Das kommt alles nur von den Lügen, die ich allen Leuten erzähle.« Sie ließ sich auf das Kissen zurückfallen und begann zu weinen.

»Schlaf ein bißchen«, empfahl er. »Was du brauchst, ist Ruhe.« Er strich ihr über die Stirn, und sie lag schwach und mit Schuldgefühlen da und fürchtete sich vor dem Zeitpunkt am Abend, an dem sie sich von diesem warmen, friedlichen Ort losreißen und nach Hause zurückkehren mußte.

In dieser Nacht erwachte Anita ganz plötzlich mit einem Gefühl der Angst. Sie sah auf die Uhr. Viertel nach vier. Sie grapschte nach den Tempotüchern und schneuzte sich so leise wie möglich, um David nicht zu wecken.

Schon seit einiger Zeit wachte Anita regelmäßig gegen vier auf, und selbst die Erschöpfung, die die Erkältung mit sich brachte, hatte sie nicht davor bewahrt. Es kam ihr fast so vor, als laufe da eine Art biologischer Vorgang ab. Tagsüber konnte sie ihre Ängste verdrängen, aber mitten in der Nacht, wenn sie nicht auf der Hut war, kamen sie wieder und quälten sie.

Es hatte tatsächlich den Anschein, als wecke Angst sie, und sie brauchte jedesmal eine Weile, um sich darüber klarzuwerden, was ihr eigentlich einen solchen Schrecken einjagte. Dann wich die Furcht einem Gefühl der Hoffnungslosigkeit, und ihre Gedanken begannen sich zu überschlagen.

Wieder und wieder stellte sie sich vor, wie ihr David ihren Ehebruch vorhielt, obwohl er sie seit dem Muttertag, als er sie nach dem rötlichen Mal auf ihrer Schulter gefragt hatte, nicht mehr darauf angesprochen hatte. In ihrer Vorstellung gab sie alles zu. Manchmal ging es gut aus, und er schien sie zu verstehen. Andere Male wurde er wütend und schrie, und die Mädchen bekamen alles mit.

Auch Frank stellte sie sich vor, wie er sie bat, David zu verlassen, und damit drohte, Schluß zu machen, wenn sie es nicht tat. Oder, in einer anderen Version, wie er ihr erklärte, er sei auch damit zufrieden, sie nur teilweise zu besitzen, weil er verstehen könne, daß sie ihre Familie zusammenhalten wolle. Manchmal stellte sie sich sogar vor, Frank treffe sich mit einer anderen – einer alleinstehenden, ungebundenen, jüngeren Frau. Diese Vorstellung traf sie körperlich, mitten in die Eingeweide, und vor Eifersucht und Zorn krümmte sie sich dann wie in Krämpfen.

Ab und zu malte sie sich aus, sie könnte David dazu bewegen auszuziehen. Aber wo sollte er hin? Sie konnte es sich nicht leisten, ihn zu unterstützen, nicht einmal in einem billigen Apartment. Außerdem wäre ihr das allzu erbärmlich vorgekommen. Und wer würde sich tagsüber um die Kinder kümmern? Lily war alt genug, allein zu Hause zu bleiben, aber Sylvie noch nicht.

Auch eine Flucht in Franks Wohnung stellte sie sich vor. Aber das ging auch nicht, wegen der Mädchen. Für die war dort nicht genügend Platz.

Ihre schlimmsten Phantasien betrafen die Mädchen. Sie suchte nach Möglichkeiten, ihnen zu erklären, was sie für Frank empfand, aber ihr war klar, wie unmöglich das war. Etwas so Entlegenes wie leidenschaftliche Liebe hatten sie noch nicht erlebt. Kinder kannten nur die Art Liebe, die Sicherheit und Fürsorge für sie bedeutete und ihnen bewies, daß sie geliebt wurden. In ihren Augen würde die Liebe, die sie für Frank empfand, all dies gefährden. Anita hatte selbst nicht gewußt, wie stark ihre Gefühle sein konnten. Nie und nimmer hätte sie es geglaubt, wenn jemand ihr dies vorhergesagt hätte, nicht einmal, als sie sich bereits auf diese Beziehung eingelassen hatte. Und die Mädchen würden es niemals verstehen können. Sie würden ihr nicht verzeihen, mit Sicherheit nicht in den nächsten Jahren, vielleicht sogar ihr Leben lang nicht.

Vielleicht sollte sie sich Schlaftabletten besorgen. Doch sie hatte Angst, irgendwie dafür bezahlen zu müssen, falls sie es tat. Denn diese schlaflosen Zwischenspiele, so schrecklich sie auch waren, stellten möglicherweise den sichersten Weg für sie dar, ihre Panik auszuleben. Auf diese Weise konnte sie jede Nacht eine Stunde oder so damit zubringen, sich all die Möglichkeiten durch den Kopf gehen zu lassen und in ihrer Einsamkeit die Qualen gegeneinander abzuwägen, ohne die Mädchen zu beunruhigen oder sich David gegenüber etwas anmerken zu lassen.

Auch von Frank wollte sie nicht so gesehen werden. Sie war schockiert, einen solchen Aufruhr durchleben und dann doch wieder so völlig glücklich und ruhig sein zu können, wenn sie mit ihm zusammen war. Sie wünschte, er wäre jetzt da, damit sie ihn berühren könnte. Sie stellte sich vor, wie er allein in seiner Wohnung war – seiner sauberen, aufgeräumten, gemütlichen Wohnung – und friedlich schlief. Sie hatte ihn nie wirklich schlafen sehen, sondern immer nur gelöst, erschöpft und selig, nachdem sie sich geliebt hatten.

Plötzlich hörte sie einen Schrei. Er war aus Sylvies Zimmer gekommen. Anita sprang aus dem Bett und rannte den Flur hinunter.

Sylvie lag schlafend auf dem Rücken. Sie rollte den Kopf hin und her, ihr Gesicht war verkrampft. »Nein, nein!« schrie sie.

Anita strich ihr über die Stirn und küßte sie dann. »Wach auf, Schätzchen«, flüsterte sie. »Du hast einen Alptraum!«

Sylvie warf sich noch ein paarmal herum und redete im Schlaf, doch Anita konnte die Worte nicht verstehen. Das Kind zitterte eindeutig vor Angst.

Anita schüttelte sie und sagte ein wenig lauter: »Wach auf, Sylvie. Ist ja schon gut. Ist ja alles gut.«

Sylvie schlug die Augen auf. »Unheimlich. Es ist so unheimlich. Vampire. Die saugen dir das Blut aus.« Ihre Augen wirkten glasig, als schliefe sie noch. »Du mußt sie hereinbitten.«

»Hier sind überhaupt keine Vampire, Liebling«, beruhigte Anita sie. »Und wenn da welche wären, würden wir sie nicht zu uns einladen.«

»Du weißt doch vorher nicht, daß sie böse sind«, erklärte Sylvie. Sie sah jetzt nicht mehr so merkwürdig aus, war aber immer noch im Halbschlaf. »Sie kommen dir nett vor.«

Anita zog sie hoch, legte die Arme um sie und fing an, sie hin und her zu wiegen. »Ist ja gut«, murmelte sie, drückte den warmen kleinen Körper an sich und tätschelte ihr den Rücken. »Ich bin ja da.«

Sylvie versuchte, sich aus Anitas Armen zu winden. »Ich fürchte mich so«, sagte sie. »Ich will zu Sue. Sue!«

Als Anita Sylvie schließlich wieder im Bett hatte, war es bereits nach fünf. Sie lag neben ihr auf der Decke des schmalen Bettes und wartete, bis der Atem ihrer Tochter zeigte, sie hatte sich beruhigt und schlief. Dann ging sie über den Flur zurück in ihr Schlafzimmer, baute sich neben David auf und schüttelte ihn grob.

Als er aufwachte und verwirrt zu ihr aufsah, stand sie über ihm und erklärte mit fester, ruhiger Stimme: »Sue muß verschwinden. Sie wird nicht mehr hierherkommen. Wenn du Sylvie nicht zur Schule bringen willst, werde ich das tun. Aber ich wünsche, daß Sue für immer aus unserem Leben verschwindet. Hast du das kapiert?«

Verängstigt sah David sie an. Dann warf er einen Blick auf die grünen Ziffern der Uhr. »Mein Gott«, stöhnte er. »Es ist zwölf nach fünf.

Was, zum Teufel, ist los mit dir?«

»Sylvie hatte einen Alptraum. Ich war bei ihr.« Ärgerlich griff Anita nach der Tempo-Packung, fischte ein Taschentuch heraus und putzte sich heftig die Nase. »Sie hat nach Sue verlangt.«

»Und um mir das zu erzählen, weckst du mich?«

»Ich bin ihre Mutter, nicht Sue«, stellte Anita klar.

»Selbstverständlich bist du das. Sie war vielleicht gerade im Halbschlaf und ein wenig durcheinander, das ist alles. Wie dem auch sei, laß uns morgen früh darüber reden.«

»Da gibt es nichts zu bereden«, erklärte Anita. »Schaff sie uns vom Hals.«

Was, wenn [illegible]

[illegible]

[illegible]

sich [illegible] die [illegible]

[illegible]

[illegible]

[illegible]

[illegible]

[illegible]

[illegible]

[illegible]

KAPITEL ZEHN

David forderte Sue auf, am Küchentisch Platz zu nehmen, als sie am nächsten Tag mit dem Essen herüberkam, das sie gerade hergerichtet hatte – Schwarzbrot mit Erdnußbutter und mit Zimt bestäubte Nektarinenschnitze.

»Es fällt mir nicht leicht, Ihnen das zu sagen«, begann er, »aber solange meine Ehe so wacklig ist, wäre es, glaube ich, besser, wenn Sie weniger hier wären. Anita ist ziemlich überreizt, und aus irgendeinem Grund scheint Sie sich über Ihre Anwesenheit hier zu ärgern.«

Gekränkt sah Sue ihn an. Sie legte eine Hand seitlich ans Gesicht und runzelte die Brauen auf genau die Weise, die David mittlerweile so rührend fand. »O nein!« rief sie aus. »Warum in aller Welt empfindet sie das so? Ich versuche doch nur zu helfen.«

»Wer weiß?« entgegnete David und stieß einen theatralischen Seufzer aus. »Vielleicht fühlt sie sich von Ihnen bedroht. Irgendwie ist sie zur Zeit überdreht, und sie weiß, wie innerlich gefestigt und wie wunderbar als Mutter Sie sind. Das verstärkt ihren Mangel an Selbstwertgefühl.«

»Ich verstehe das einfach nicht«, jammerte Sue. »Ich habe doch versucht, nett zu ihr zu sein.«

»Sie sind immer nett«, erklärte David. »Aber wir machen gerade eine ziemlich schwere Zeit durch …«

»Haben Sie ihr denn erzählt, was ich über den Kerl im Restaurant gesagt habe?« fragte Sue eindringlich. »Falls sie glaubt, ich hätte Ihnen davon erzählt, wäre das vielleicht ein Grund …«

Bereitwillig griff David diesen Gedanken auf. »Das muß es sein. Wie auch immer, es ist wohl besser, wenn ich eine Zeitlang Sylvie zur Schule bringe.« Er überlegte, ob er ihr anbieten sollte, auch Matt und Chris mitzunehmen. Eigentlich schien es nur fair zu sein, doch er hatte absolut keine Lust dazu. In Wirklichkeit wollte er ja auch Sylvie nicht hinbringen. Morgens war David nie besonders in Form. Es war wirklich sehr unvernünftig von Anita, sich da so hineinzusteigern, wo er doch seine Anstrengungen gerade jetzt verstärken und vielleicht mit dem Anwerben neuer Klienten beginnen mußte.

»Sie sollten sich gegen sie durchsetzen«, meinte Sue und setzte eine störrische Miene auf. »Meiner Meinung nach ist sie keineswegs in einer Position, in der sie Ihnen Vorschriften machen könnte, wer Sylvie zur Schule bringt. Schließlich und endlich haben doch Sie hier das Sagen.«

»Ja, nun, ich glaube, das ist ein Teil des Problems. Letzte Nacht hatte Sylvie einen Alptraum. Als Anita zu ihr gegangen ist, hat Sylvie nach Ihnen gerufen.«

Sues Gesicht blühte zu einem strahlenden Lächeln auf. »Wirklich?« fragte sie.

»Wie auch immer, wir sollten das eine Weile auf Eis legen, einverstanden?« Aus irgendeinem Grund hatte ihr Lächeln ihn einen Augenblick lang verunsichert.

»Einverstanden«, erklärte Sue.

»Danke. Sie sind sehr verständnisvoll.« Er war wirklich erleichtert. Möglicherweise hatte Anita ja recht, auch wenn er ihr gegenüber das nie zugeben würde. Sue war in der Tat ziemlich oft hier bei ihnen gewesen.

»Ich nehme an, ich kann weiterhin herkommen und ein bißchen aufräumen, wenn die Mädchen in der Schule sind. Und verschwinden, ehe sie nach Hause kommen. Anita wird es nicht einmal merken, daß ich hier gewesen bin.« Sue kicherte und wirkte dabei ein ganz klein wenig kokett. Vor allem war David erleichtert, daß sie das Ganze so gelassen aufnahm. »Aber die Mädchen werden mir fehlen. Besonders Sylvie. Und ich werde ihr auch fehlen.« Seine Erleichterung war voreilig gewesen, denn ihre Augen schienen sich zu verschleiern.

David hoffte inständig, sie werde nicht zu weinen anfangen. Schon in jungen Jahren hatte er den Eindruck gewonnen, der Umgang mit gekränkten Frauen sei ein tückisches Unterfangen.

»Es tut mit leid, Sue«, erklärte er.

In ihren Augen glitzerten Tränen, als sie ihn wieder ansah. »Warum geben Sie denn so schnell auf? Sie müssen sich gegen sie durchsetzen! Seien Sie doch nicht so schwach.« In ihrer Stimme schwang ein schriller Ton mit, den er nie zuvor gehört hatte, und das Wort »schwach« hatte ihn wie ein Messerstich getroffen. Wie konnte sie es wagen, ihn als Schwächling zu bezeichnen?

»Sie müssen schon entschuldigen, Sue, aber ich versuche, meine Ehe zu retten. Vielleicht ist hier alles ein wenig aus den Fugen. Vielleicht verbringen Sie wirklich zuviel Zeit bei uns, und vielleicht ist es wirklich seltsam, daß Sie unser Haus sauberhalten und für uns kochen. Schließlich müssen Sie ja auch für Ihre eigene Familie sorgen.«

»Aber, David, ich fühle mich auch Ihrer Familie verbunden.« Sie ergriff seine Hände. »Dieses Haus hat förmlich nach mir geschrien«, erklärte sie mit ziemlich mutloser, leiser Stimme. »Es war wirklich Schicksal, glaube ich, daß ich genau zu diesem Zeitpunkt hier eingezogen bin. Gerade jetzt, wo Anita Sie im Stich läßt und, was ich nicht hoffe, Sie vielleicht sogar betrügt, tauche ich auf. Um mich um Sie und die Mädchen zu kümmern. Ich glaube, es ist alles vorherbestimmt.«

Plötzlich spürte David das panische Verlangen, sie aus dem Haus und durch die Hecke zurück über die Grundstücksgrenze zu drängen. Er zitterte ein wenig, als er ein Stück von ihr wegrückte und erklärte: »Ich glaube, die Dinge sind ein bißchen außer Kontrolle geraten, Sue. Vielleicht sind Sie dabei, sich gefühlsmäßig allzusehr zu engagieren.«

»Aber die Mädchen brauchen mich doch, David, und ich habe sie sehr gern.«

Das Telefon läutete. Dankbar für die Ablenkung, stand er auf und wollte drangehen, doch Sue erhob sich und stellte sich ihm in den Weg. »Das kann der Anrufbeantworter übernehmen«, meinte sie. »Das hier ist wichtiger. Was meinen Sie mit ›gefühlsmäßig zu sehr engagieren‹? Ist das denn so schrecklich?« Ihre Stimme wurde weicher. »Gefühle sind wichtig. Mit Roger kann ich nicht über alles sprechen. Ich finde es wunderbar, mich Ihnen gegenüber öffnen zu können. Sie sind so einfühlsam. Und Sie haben wirklich Verständnis für mich, das spüre ich.«

Das Telefon hörte auf zu klingeln. »Im Augenblick fällt es mir schwer, mit derlei Problemen zurechtzukommen«, erwiderte er und schob den Teller und das Glas von sich weg.

Sie nahm beides. »Ich weiß«, erklärte sie ruhig, während sie das Geschirr zum Spülbecken trug. Ihre sittsame, frischgebügelte weiße Bluse, die sie in eine Khakihose gestopft hatte, betonte beim Gehen ihre wiegenden Hüften. Sue ließ Wasser über das Geschirr laufen und stellte es dann in die Geschirrspülmaschine. »Aber wenn Sie den Conway's-Auftrag kriegen, David, dann sieht das ganz anders aus. Dann werden Sie sich gegen Anita durchsetzen können, oder nicht?« Sie drehte sich um und sah ihm in die Augen. »Bis dahin kann ich Ihre Gefühle verstehen. Ich möchte nichts unternehmen, was es Ihnen schwerer macht.«

»Ich danke Ihnen, Sue«, erklärte er feierlich. »Sie sind sehr verständnisvoll.« Seine Panik ließ nach. Ihr kleiner Ausbruch war vorüber, und jetzt klang sie wieder wie die praktische und vernünftige Sue. Jede Frau hatte ab und zu einen Gefühlsausbruch. Sie konnten nicht anders, vor allem dann nicht, wenn sie jemanden auf eine Weise anhimmelten, wie Sue es seinem Gefühl nach bei ihm tat. Sie starrte ihn mit rückhaltlos offenem und verletzlichem Blick an. Plötzlich überfiel ihn der Gedanke, er könnte sie auf der Stelle vögeln, wenn er wollte, da ging er jede Wette ein.

Möglicherweise würde sie das beruhigen. Über das Sexualleben der Heffernans hatte David sich gelegentlich schon Gedanken gemacht. Auf ihn machte Roger kaum den Eindruck eines leidenschaftlichen Liebhabers. Wenn er sich Sue so ansah, wie sie da an der Anrichte lehnte und wie ein kleines Mädchen den Kopf ein wenig schief legte, und dazu diesen fraulichen Körper mit den schweren Brüsten, die ausladenden, geschwungenen Hüften und den offenen, einladenden Blick, kam er zu dem Schluß, Sue war vermutlich eine äußerst leidenschaftliche Frau und großartig im Bett. Im Grunde, das wurde ihm jetzt klar, ahnte er das schon seit geraumer Zeit.

Na schön, dachte er in plötzlich aufflammender Erregung, warum, zum Teufel, nicht? Klar, sie konnte ihn zurückweisen, sich nach Hause flüchten und nie mehr zurückkommen. Dann könnte er Anita erklären, er habe dafür gesorgt, daß sie nicht mehr von ihr belästigt würden. Damit wäre die ganze Angelegenheit auf ziemlich elegante Weise erledigt.

Andererseits würde sie vielleicht darauf eingehen. Dann könnte er sein Gesicht in den weichen Brüsten vergraben, in sie eindringen und ihr geben, was sie wirklich brauchte, worauf sie wirklich Wert legte. Schließlich kriegte es Anita vielleicht auch besorgt. Warum sollte er sich also zurückhalten?

Er schob den Küchenstuhl zurück und ging auf sie zu. Schon so lange hatte er keinen Annäherungsversuch mehr gemacht, daß er völlig vergessen hatte, wie aufregend das alles war – das Risiko, zurückgewiesen zu werden, und das erregende Gefühl der Eroberung. Sollte er es wirklich tun? Auf sie zuzugehen erregte ihn ungeheuer. Sollte er ihren Mund küssen? Oder nur ihr Haar berühren und ihr tief in die Augen schauen? Vielleicht sollte er sich einfühlsam und freundschaftlich nähern und abwarten, ob sich ein Hauch von Erotik einstellte.

Sie stand da und beobachtete, wie er auf sie zu kam. Er hatte keine Ahnung, was sie dachte.

Er legte die Hände auf ihre Schultern und sagte mit sanfter Stimme: »Sue.«

Sie rührte sich nicht, blickte nur mit leicht geöffnetem Mund starr zu ihm auf. »Ach, David«, sagte sie.

»Sie haben mir so viel bedeutet«, erklärte er, senkte den Kopf und berührte dabei ihre Stirn mit den Lippen.

Sie schlang ihm die Arme um den Hals und zog sein Gesicht zu sich heran. Er spürte ihre Lippen auf den seinen, spürte ihre Zunge in seinem Mund, eine fette Zunge, dachte er, die nach Erdnußbutter schmeckte. Er spürte, wie ihr Knie an seinem Bein hochglitt und der unvertraute Körper sich warm, fleischig und füllig an ihn preßte, ohne fühlbare Strukturen oder Knochen darin.

Mit einem Ruck riß er sich los; ihr Ungestüm erschreckte ihn. »Entschuldigen Sie«, begann er. »Ich weiß auch nicht, was plötzlich in mich gefahren ist.«

»Schon gut«, erwiderte sie. »Ich verstehe das. Männer haben Bedürfnisse. Frauen auch. Und wenn sie nicht gestillt werden ...« Verlegen strich sie sich über die Haare.

Nach einer langen Pause erklärte sie mit leiser, trauriger Stimme: »Als Teenager habe ich ein ungeheuer behütetes Leben geführt. Ich war noch ganz schön jung, als ich geheiratet habe. Der einzige Mann, mit dem ich je geschlafen habe, ist Roger. Ich weiß nicht, wie es bei anderen ist. Aber mit Ihnen, da bin ich sicher, mit einem einfühlsamen und behutsamen Menschen wie Ihnen wäre es ganz anders.« Dann brach sie in Tränen aus und fügte hinzu: »Ich komme mir wie eine Närrin vor.« Sie verbarg ihr Gesicht in den Händen.

»Ach Sue«, sagte er. Er zog ihr die Hände vom Gesicht. »Sie sind so lieb.« Dann küßte er sie sehr sanft auf den Mund und auf die von ihren Tränen salzigen Wangen und zum Schluß auf die kleine Stupsnase. Diesmal klammerte sie sich nicht an ihn. Sie schniefte ein wenig und kicherte. Dann fing sie an, ihm ebensolche kleine, hingehauchte Küsse zu geben.

Als er ihre geschlossenen Augen küßte, seufzte sie selig auf. Sie lehnte den Kopf an seine Schulter, und er spürte, wie ihr ganzer Körper sich entspannte.

Während alle aus Davids Bekanntenkreis in den wilden Tagen seiner Jugend, als die sexuelle Revolution gewütet hatte, alles gevögelt hatten, was in Reichweite war, hatte die arme Sue sich für Roger, diesen Waschlappen, aufgespart. Praktisch war sie noch Jungfrau. Doch sie war erwachsen und reif und aufgeweckt genug, um zu merken, daß ihr etwas abging. Es wäre also fast so etwas wie eine gute Tat, wenn man ihr zeigte, wie es mit einem Mann sein konnte, der wußte, was er tat. Sex mit ihm wäre, wie ein Showmaster dies ausdrücken würde, ein wunderbares Abschiedsgeschenk, ein bittersüßes Andenken, das sie auf ewig in Ehren halten konnte, wenn sie als der altmodische gute Kamerad, der sie war, weiterhin für Roger und die Jungen sorgte.

Er streichelte ihren Rücken und küßte sie auf den Scheitel. Die Frage war nur, wo es stattfinden sollte. Nicht in seinem Bett. Zum einen, weil es nicht gemacht war, und außerdem kam es ihr möglicherweise geschmacklos vor, das Ehebett in Beschlag zu nehmen. Die Betten der Kinder kamen nicht in Frage. Deren Zimmer waren ein einziges Chaos. Und möglicherweise mußte er hinterher die Laken auswaschen oder so. Im Souterrain stand eine Bettcouch, die die Mädchen bei Nachthemdpartys auszogen, aber das Aufklappen war eine schreckliche Angelegenheit. Außerdem quietschte sie, und als er zuletzt einen Blick darauf geworfen hatte, war sie voller Popcorn gewesen. In jedem Fall aber würde es einen zu kaltblütigen und wohlüberlegten Eindruck machen, gar nicht zu reden von der lächerlich ernüchternden Wirkung, wenn er den Kampf mit dem Ding aufnahm und Sue einfach da stehen ließ.

Also blieb mangels anderer Möglichkeiten nur das Sofa im Wohnzimmer. Aus der Küche konnte er sie einigermaßen beiläufig dorthin führen. Er brauchte nur noch dafür zu sorgen, daß die Vorhänge zugezogen waren, damit sie nicht vom Briefträger überrascht wurden.

Als das Telefon erneut klingelte, schmusten sie gerade wie zwei heiße, verschwitzte Teenager auf der Couch. Er wollte sich aus ihrer Umarmung winden, doch sie zog ihn mit der Armbeuge nach unten. »Jetzt nicht!« meinte sie, ehe sie ihm ihre fette Zunge wieder in den Mund steckte und nach unten griff, um durch die Jeans nach seinem Schwanz zu tasten, der allmählich steif wurde. Es kam ihm so vor, als prüfe sie ihn auf die gleiche Weise, wie sie nachsah, ob die Lammkeule im Herd schon gar war. Offenbar äußerst zufrieden mit dem Ergebnis, gab sie ein leises, kehliges Stöhnen von sich und tätschelte ihn so mütterlich, daß er um seine werdende Erektion fürchtete.

Das durfte nicht passieren. Verzweifelt griff er unter ihre Bluse, schob sie hoch und stieß auf einen Spitzenbüstenhalter aus weißer Baumwolle. Durch den steifen Stoff packte er ihre Brüste. Sofort wölbte sie sich ihm, die Hände hinter dem Rücken, entgegen und konzentrierte sich darauf, eine seinem Eindruck nach endlose Reihe von Häkchen zu lösen, ehe sie sich wieder auf die Sofakissen zurückfallen ließ.

Er zog die Träger von ihren Schultern – starken Schwimmerinnenschultern, wie er jetzt feststellte, und ihre großen weichen Brüste mit kleinen rötlichen Brustwarzen drängten heraus. Er bedeckte jede mit einer Hand und vergrub sein Gesicht zwischen ihnen.

Plötzlich räusperte sie sich. »Mach dir keine Sorgen, daß ich schwanger werden könnte«, erklärte sie.

Daran hatte David keine Gedanken verschwendet, doch jetzt geriet er plötzlich in Panik.

»Aber vielleicht hast du ja sogar eine Vasektomie oder so was machen lassen«, fuhr sie fort. »Roger hat so einen Eingriff vornehmen lassen«, erläuterte sie und streichelte sein Gesicht.

»Ich nicht«, erwiderte er erschrocken. »Vielleicht …«

Sie fing an zu kichern. »Mach dir keine Sorgen. Kein Problem. Bei mir kann überhaupt nichts passieren.« Erneut lachte sie, und ihre schmalen Augen bekamen etwas unglaublich Katzenhaftes. Sie reckte sich ihm entgegen und küßte ihn. Er sah die feinen blonden Flaumhärchen auf ihrem Gesicht, roch ihre Haut. Sie ließ eine Hand hinter seinen Rücken gleiten und zog seinen Hintern zu sich hinunter.

Während er sein Gesicht an ihrem rieb, wunderte er sich immer noch, wie sie es geschafft hatte, ihn zu foppen und ihm einen solchen Schrecken einzujagen. Doch als sie ihre plumpe Zunge in sein Ohr senkte, vergaß er alles andere.

Anita kam spät aus der Mittagspause zurück und bemühte sich, den Blicken der Empfangsdame auszuweichen, als sie ihre telefonischen Nachrichten entgegennahm. »O verdammt«, entfuhr es ihr. Eine stammte von der Krankenschwester in Sylvies Schule. Augenblicklich rief Anita zurück.

Offenbar hatte Sylvie erhöhte Temperatur. »Zur Zeit geht eine Frühjahrsgrippe um«, erklärte die Krankenschwester munter.

»Jemand kommt vorbei und holt sie ab«, kündigte Anita an. Sofort rief sie zu Hause an, erreichte aber nur den Anrufbeantworter. Wo, zum Teufel, steckte David? Am Nachmittag stand eine wichtige Sitzung bevor, und sie haßte es, erklären zu müssen, Probleme mit einem ihrer Kinder zu haben. Zwar würden alle auf verständnisvoll tun, doch die Kinderlosen würden insgeheim grinsen, das wußte sie, vor allem Pam, auf deren Schreibtisch eine Unmenge Silberrahmen mit Schnappschüssen von ihren Katzen stand.

Mit einem Taxi fuhr sie zur Schule und bat den Fahrer zu warten, während sie hineinging und Sylvie holte, die verschwitzt, mit hochroten Backen und fiebernd auf einem kleinen Feldbett im Zimmer der Krankenschwester lag. Die Schwester erklärte Anita, Sylvie brauche nur Ruhe, Flüssigkeit und etwas, das das Fieber senkte.

Auf dem Rücksitz des Taxis lehnte Sylvie sich an ihre Mutter, schniefte und klammerte sich wie früher als Baby an sie. Anita strich ihr das Haar zurück und küßte ihr heißes Gesichtchen. »Wir bringen dich jetzt nach Hause, ziehen dir den Schlafanzug an und stecken dich gleich ins Bett«, erklärte sie. Sylvie lächelte und sagte nur: »Mommy«, und plötzlich wurde Anita klar, wie dumm es war, sich wegen der blöden Sitzung Sorgen zu machen.

David fragte sich, wie lange er noch liegenbleiben mußte, ehe er aufstehen und sich die Jeans wieder anziehen durfte, um die beiden Anrufe abzuhören. Zu seiner Bestürzung machte Sue keinerlei Anstalten, sich aufzurappeln. Sie lag mit einem Arm hinter dem Kopf auf dem Rücken, die Augen geschlossen, einen leichten Schweißfilm auf dem Gesicht, die feuchten Lippen ein wenig geöffnet. Ihre Bluse war wie auf einem klassischen Gemälde über ihre Brust drapiert. Die weiße Unterwäsche und die Khakihose lagen irgendwo in der Versenkung zwischen dem Sofa und dem Couchtisch.

Unglaublich nackt sah sie aus. Vielleicht lag das an ihrer schneeweißen Haut oder an der schieren fleischigen Masse ihres Körpers, der so ganz anders war als der kompakte von Anita. Vielleicht war es aber auch, weil sie immer noch ihre flauschigen weißen Socken trug oder weil sie wie hingegossen im Wohnzimmer lag.

Er beugte sich über sie und küßte ihre Stirn auf eher freundschaftliche Weise. Herrje, hoffentlich schlief ihm die jetzt nicht ein. Sie öffnete die schmalen Augen. »Ach, David«, hauchte sie. »Es war wunderschön.«

»Junge, Junge, und ob es das war«, bestätigte er und hoffte, sie würde aufstehen, sich anziehen und nach Hause verschwinden. Um mit gutem Beispiel voranzugehen, schlüpfte er in seine Jeans; sein Hemd hatte er während ihrer Vereinigung anbehalten. »Einfach sagenhaft.«

Sue veränderte ihre Stellung auf dem Sofa; sie hob das eine Knie ein wenig an und rieb eine glänzende Wade genüßlich an der anderen.

»Ich koch uns Kaffee«, kündigte er fröhlich an. »Glaubst du nicht, du solltest dich lieber anziehen?«

»Hm«, brummte sie verträumt. Er wußte, sie erwartete von ihm, stundenlang bei ihr liegen zu bleiben, ihren Kopf in seinen Armen zu wiegen und ihr ins Ohr zu flüstern, wie großartig es gewesen war. Verdammt.

David stürmte in die Küche und füllte Wasser in die Kaffeemaschine; zu diesem Manöver konnte er sich nur beglückwünschen. Kaffee zu kochen schien eine angemessen aufmerksame Geste danach zu sein, und außerdem würde der Kaffee sie wieder wach machen. Einfach nur zum Telefon zu rennen und die Nachrichten abzuhören hätte ein wenig gefühllos erscheinen können. Körperlich fühlte er sich wohl, zufrieden und immer noch erregt, doch psychisch kam er sich überrumpelt vor und verspürte leichte Panik. Es war alles so schnell gegangen. Vielleicht war es ja doch eine ziemliche Dummheit gewesen. Gott, wie er sich wünschte, sie würde verschwinden.

Während er zum Telefon ging, blickte er durch die Türöffnung zu ihr hinüber. Sie hatte sich aufgesetzt und tastetete um ihre Füße herum nach ihren Anziehsachen. Gut.

Auf dem Band waren zwei Anrufe. Der erste stammte von der Schulkrankenschwester, die ihm mitteilte, Sylvie habe eine Temperatur von 38,3, und es wäre wohl besser, sie abzuholen. Die Schwester beendete ihre Nachricht mit dem Hinweis: »Ich rufe auch noch bei Ihrer Arbeitsstelle an.«

Der zweite Anruf war von einer gereizten Anita gekommen. »Wo steckst du? Die Schulkrankenschwester hat angerufen. Jetzt muß ich ein Taxi nehmen und Sylvie von der Schule abholen und verpasse so unsere wöchentliche Verkaufskonferenz.«

Davids Herz begann zu hämmern. »Beeil dich«, fuhr er Sue an. »Anita ist auf dem Weg hierher. Sylvie ist krank, und sie bringt sie nach Hause.«

Sue saß in ihren vernünftigen Unterhosen auf dem Sofa und bugsierte ihre Brüste in den Büstenhalter zurück. »Ihr Gesicht hat sich heute morgen ziemlich warm angefühlt. Wir werden uns um sie kümmern.« Sie beugte sich vor und hakte die Verschlüsse wieder zu.

»Du darfst nicht mehr hier sein, wenn sie zurückkommen!« drängte David. Herrgott noch mal, wenn Anita jetzt hereinkäme! Hatte Sue nicht gehört, was er in der Küche gesagt hatte, als sie vor, wie es ihm schien, unendlich langer Zeit die Brote mit Erdnußbutter gegessen hatten? Anita wollte sie keinesfalls mehr hier haben! Er kniete sich vor dem Couchtisch hin und tastete nach ihren Schuhen, während sie sich in die Bluse zwängte und in die Khakihose schlüpfte.

»Tut mir wirklich leid«, behauptete er, »ich wollte es bestimmt nicht so abrupt beenden.« Ungeduldig wartete er, bis sie alle Knöpfe und Reißverschlüsse geschafft hatte, dann überreichte er ihr einen ihrer Schuhe.

»Ist schon gut, David«, sagte sie verträumt und streckte langsam ihre Hand aus, um den Schuh zu nehmen. »Das ist ja erst das erste Mal.«

»Mach bitte schnell!« drängte er und erinnerte sich plötzlich an all die anderen Versuche, den Mädchen in ihre Schuhe zu helfen, wenn sie zu spät dran waren.

Draußen hörte er ein Auto vorfahren. Er ging zum Fenster und sah hinaus. Es war das Taxi, doch zum Glück brauchte Anita normalerweise ewig, um auszurechnen, wieviel Trinkgeld sie dem Fahrer geben mußte. Wahrscheinlich schaffte er es gerade noch rechtzeitig, Sue durch die Hintertür hinauszubugsieren.

Anita machte sich nicht die Mühe, die fünfzehn Prozent auf den Penny genau auszurechnen und dann wie sonst auf den nächsten Vierteldollar aufzurunden. Sie wollte Sylvie schnell ins Bett stecken und warm einpacken. Dem Fahrer gab sie einen Zehner und einen Fünfer und erklärte: »Der Rest ist für Sie.«

»Ich hab schon Angst gehabt, du kämst nicht, Mommy«, sagte Sylvie matt, als Anita auf der Veranda den Türknauf drehte, an die Tür klopfte und dann ungeduldig nach ihrem Schlüsseletui kramte.

»War doch klar, daß ich komme, Liebes«, erwiderte sie. »Ich bin immer für dich da. Besonders wenn du krank bist.«

Sie schloß die Tür auf. Da sie seine Schritte nicht gehört hatte, war sie überrascht, daß David direkt hinter der Tür stand und einen ziemlich verschreckten Eindruck machte. »Ich habe deine Nachricht abgehört«, erklärte er.

»Nichts weiter Schlimmes«, beschwichtigte sie. »Nur die blöde Erkältung, die ich auch habe, hat die Krankenschwester gemeint.«

In dem Augenblick hörte Anita ein Geräusch aus dem Wohnzimmer. Ein Räuspern. Sie warf einen Blick hinein. Sue saß auf dem Sofa und schnürte einen ihrer Wildlederhalbschuhe zu. Der andere lag unter dem Couchtisch. Anita starrte sie an.

»Wie geht es Sylvie?« fragte Sue und angelte sich in aller Ruhe den anderen Schuh. »Hat sie Fieber?« Ihr Gesicht war gerötet und ihre sonst so gepflegte Frisur zerwühlt. David drückte sich in ihrer Nähe herum.

Anita zog Sylvie an sich und preßte ihr Gesicht in ihren Rock. »Wir gehen nach oben, Liebes«, sagte sie zittrig und scheuchte Sylvie zur Treppe.

»Meine Jungs hatten das auch«, rief Sue ihr nach. »Es geht überall um.«

Oben half Anita Sylvie beim Ausziehen und suchte dann ihren Lieblingsschlafanzug mit dem Bild eines neckischen Ponys mit langen Wimpern hervor. Zu ihrer Überraschung waren alle Nachthemden und Schlafanzüge sauber gefaltet in der Kommode gestapelt und nicht wie sonst einfach so in die Schublade gestopft. Zweifelsohne Sues Werk. Sylvie saß auf der Bettkante und streckte automatisch ihre kleinen blassen Ärmchen in die Höhe, als ihre Mutter ihr die Ärmel über die Fäuste zog; dann kuschelte sie sich dankbar unter die Decke. Anita ging ins Bad und holte ein Grippemittel für Kinder. Von unten war zu hören, wie sich die Hintertür schloß.

Nachdem sie Sylvie in ihr Bettchen gepackt, ihr über die Stirn gestrichen und einen Kuß darauf gedrückt hatte, stopfte sie die Decke fest und ging dann langsam nach unten.

David saß im Wohnzimmer und trank eine Tasse Kaffee. »Willst du auch eine?« fragte er und hielt seine Tasse hoch.

»Nein«, erwiderte sie abweisend. »Hör zu, David. Ich muß über vieles nachdenken. Ich möchte, daß du verstehst, wie weh das alles tut.«

»Worüber mußt du nachdenken?« erkundigte er sich.

»Ob es überhaupt noch einen Sinn hat zusammenzubleiben«, erklärte sie.

»Du bist vermutlich sauer wegen Sue«, meinte er. »Ich habe es ihr gesagt. Wie du es von mir verlangt hast. Ich habe ihr klargemacht, sie sei hier nicht mehr willkommen. Wir hatten das Gespräch gerade beendet.«

»Ja, ja«, höhnte Anita. »Sehr schön. Und dann hast du ihr nur noch die Füße massiert.«

»Mein Gott, Anita. Weil sie die Füße auf den Couchtisch legen wollte, hat sie sich die Schuhe ausgezogen.«

Anita wollte ihm schon sagen, ihre Mutter habe sie gewarnt, doch dann würde David wieder die rote Druckstelle auf ihrer Schulter aufs Tapet bringen.

»Ich habe ihr sehr höflich klargemacht, daß sie zu oft hier bei uns gewesen ist. Ich glaube, sie hat es begriffen«, erklärte David. Er klang jetzt ein klein wenig zuversichtlicher. »Hör mal, Schatz, vielleicht wäre ja eine Eheberatung kein schlechter Einfall. Das ist doch von deiner Krankenversicherung gedeckt, oder nicht? Wir sind in letzter Zeit beide ziemlich unter Druck gestanden.« Strahlend lächelte er sie an.

Erleichtert sank David in sich zusammen, als beide Frauen weg waren und er endlich allein war. Anita konnte ihm nichts beweisen, redete er sich ein. Sie hatte nur gesehen, wie Sue sich den Schuh zuband. Wenn er nur frech abstritt, daß irgend etwas vorgefallen war, konnte sie überhaupt nichts machen.

Entspann dich, ermahnte er sich selber, als erneut Panik in ihm aufstieg. Anita war zu traditionsverbunden, sie würde ihre Familie nicht kaputtmachen. Sie hatte immer betont, wie sehr sie die dauernden Umzüge als Tochter eines Offiziers gehaßt hatte, und versichert, alles nur Erdenkliche tun zu wollen, um den Mädchen ein dauerhaftes Umfeld zu verschaffen.

Außerdem liebte sie ihn! Anfangs hatte sie für ihn geschwärmt. Gut, in letzter Zeit hatte sie anscheinend den Glauben an seine Fähigkeit, seinen Beruf erfolgreich auszuüben, verloren, aber das würde sich alles wieder einrenken, sobald er erst einmal wieder aktiv wurde.

David wollte seine Ehe retten. Ein Leben ohne Anita konnte er sich einfach nicht vorstellen. Würde sie hierbleiben und ihn hinauswerfen? Wo sollte er dann wohnen? Und, was noch wichtiger war, wovon sollte er dann leben?

Plötzlich regte sich Empörung in ihm. Wie konnte sie es wagen, ihn hinauszuwerfen, wo doch er sich um die Kinder kümmerte? Wenn Anita verrückt spielen wollte, war es an ihr auszuziehen. Er würde hierbleiben. Und sie müßte sie alle drei unterstützen. Darauf würde er bestehen. Die Mädchen würde sie bestimmt nicht im Stich lassen, dachte er mit Befriedigung. Alles würde wieder in Ordnung kommen. Allerdings sollte er sich wohl doch von Sue distanzieren. Darüber würde er mit ihr reden müssen. Sie würde es sicher verstehen. Aber nicht jetzt sofort. Später, wenn sie Gelegenheit gehabt hatte, sich zu beruhigen. Das arme Ding, verheiratet mit diesem Idioten Roger! Natürlich hatte die sexuelle Begegnung mit einem sensibleren und leidenschaftlicheren Mann sie umgehauen. Er würde ihr ein paar Tage zugestehen müssen, in denen sie wieder auf den Boden der Tatsachen zurückkommen konnte.

Am nächsten Morgen rief Sue ihn an. Sie klang lieb und schüchtern. »Hör mal«, setzte sie an, »wegen gestern …«

»Derlei passiert eben gelegentlich«, fiel David ihr ins Wort. »Ich glaube, wir sollten uns davon nicht aus der Bahn werfen lassen. Wir sollten uns selbst vergeben und unser Leben weiterleben.«

»Du hast recht«, entgegnete Sue. »Wir konnten nichts dafür. Es hat uns einfach überkommen.«

David war erleichtert, wie sie es aufnahm. Er hatte eine große theatralische Liebeserklärung oder etwas Derartiges befürchtet. Er räusperte sich und brachte die andere Angelegenheit zur Sprache, die ihm Sorgen machte. »Du kannst dich doch erinnern, als du mich gefragt hast, ob ich eine Vasektomie hätte vornehmen lassen? Und gemeint hast, Roger habe das bei sich machen lassen.«

»Ja, David«, erklärte sie.

»Gut, und dann hast du gesagt, bei dir sei es völlig ›sicher‹. Was genau hast du damit gemeint? Den Zeitpunkt ...« Sue nahm bestimmt keine Verhütungsmittel, wenn ihr Mann nur mit Platzpatronen schoß. Aber den Zyklen der Frau traute David nicht. Lily hatten sie gewollt, er hatte eingewilligt, doch Sylvie war wirklich eine Riesenüberraschung gewesen. Danach hatte er deswegen einen solchen Wirbel veranstaltet, daß Anita schließlich gleich nach Sylvies Geburt einer Eileiterdurchtrennung zugestimmt hatte. Er hatte sich immer gefragt, wie zufällig diese Schwangerschaft wirklich gewesen war, und er stellte sich vor, Anita habe sich dem Eingriff deshalb so bereitwillig unterzogen, weil sie ihn als Buße für ihren Betrug ansah.

Sue lachte. »Du kennst doch Roger«, meinte sie. »Die Absicherung in Person. Er ist losmarschiert und hat sich der Vasektomie unterzogen, obwohl meine Eileiter durchtrennt sind. Hosenträger plus Gürtel, kann man da nur sagen.«

»Dann ist es ja gut«, erwiderte David einfühlsam. »Ich fände es schrecklich, wenn du das durchmachen ... leiden...« Er verstummte. Herrgott noch mal, er war wohl nicht ganz bei Trost. Ausgerechnet jetzt, wo er die Angelegenheit mit Anita bereinigen wollte, wäre das eine bescheuerte Bemerkung gewesen.

»Hör zu, Sue, im Augenblick stehen die Dinge bei uns ziemlich auf der Kippe. Wahrscheinlich gehen Anita und ich zu einer Eheberatung. Das alles nimmt mich ziemlich mit. Sie hat sogar angedeutet, sie wolle sich von mir trennen. Also, was ich sagen will, Sue, ich brauche wohl einige Zeit, um ...«

»Oh, David, damit hatte ich nicht gerechnet. Ich möchte nicht, daß irgend jemand leiden muß!«

»Nein, natürlich nicht«, erwiderte David.

»Und schon gar nicht die Kinder«, ergänzte Sue.

»Nein, nein«, stimmte David zu.

»Roger ahnt nichts. Nächstes Wochenende kommen ein paar Leute von seiner Firma zu uns zum Grillen. Ich habe mir gedacht, wenn du auch kommen könntest, würde das natürlicher wirken. Und vielleicht würde es auch Anita beruhigen.«

»Das halte ich für keine besonders gute Idee«, meinte David.

»Ich könnte doch rüberkommen, und dann bereden wir das in aller Ruhe«, schlug sie vor und klang sehr lieb und vernünftig.

»Nein! Schon deswegen nicht, weil Sylvie noch immer krank zu Hause ist.«

»Ich kann ihr doch Suppe vorbeibringen.«

»Nein! Ich habe Anita versprochen, dich für eine Weile nicht zu sehen. Sylvie würde es ihr erzählen.«

»Also, ich verstehe nicht, weshalb wir nicht Freunde bleiben können, so wie zuvor.«

»Nein! Laß mir bitte ein wenig Luft.« Er suchte nach einer Möglichkeit, sie zum Rückzug zu bewegen, ohne sie zu verletzen. »Ich bitte dich nur deshalb darum, weil ich soviel Achtung vor dir habe«, erklärte er feierlich. »Gib mir Zeit, wieder zu mir zu kommen. Dann können wir wie gute Freunde über alles reden.«

»Ja, David«, erklärte sie. »Ich werde warten.«

»Das schönste Geschenk, das du mir im Augenblick machen kannst, ist, wenn du mir einen gewissen Freiraum zugestehst, damit ich mit all dem klarkommen kann«, bekräftigte er. »Hör zu, ich muß Schluß machen. Sylvie braucht mich.«

Er hängte ein und starrte das Telefon etwa eine Minute lang an; er befürchtete, es könnte erneut klingeln. Dann begann er, unruhig in der Küche herumzuwandern. Er fühlte sich in die Enge getrieben und belagert, wurde das Gefühl nicht los, alles sei grauenhaft falsch gelaufen, und noch dazu viel zu schnell gegangen.

»Gestern nacht war es besonders schlimm.« Anita telefonierte von außerhalb ihres Büros mit ihrer Mutter, von dem Münztelefon vor der Damentoilette im achten Stock aus, weil sie dort einigermaßen ungestört war. Sie konnte nicht wie bei ihren Gesprächen mit Frank in ihr Bürotelefon flüstern, da ihre Mutter ein wenig schwerhörig war. »Ich habe es nicht einmal über mich gebracht, mit ihm zu reden. Ich bin früh zu Bett gegangen, und als er ins Bett kam, habe ich mich schlafend gestellt. Oh, Mom, ich komme mir im eigenen Haus wie in einem Gefängnis vor.«

»Anita!« sagte ihre Mutter.

»Er hat davon gesprochen, zu einer Eheberatung zu gehen, aber ich ertrage die Vorstellung nicht, über irgend etwas von alldem zu sprechen. Ich fände es demütigend.«

»Triffst du dich noch mit dem Anwalt?« fragte ihre Mutter eifrig.

»Ja. Ach, Mom, ich glaube, ich liebe ihn wirklich. Ich soll ihn dieses Wochenende nach San Francisco begleiten. Gott, wie gerne würde ich mitkommen. Ein paar Tage weg von hier, dann sähen die Dinge vielleicht gleich ganz anders aus.«

»Warum machst du's nicht?« fragte Evelyn.

»Ich kann doch nicht übers Wochenende mit einem anderen Mann verreisen! Was würden die Mädchen von mir denken?« Sie konnte sich nur noch wundern über ihre Mutter.

»Sag ihnen einfach, du besuchst mich«, erklärte Evelyn. »Ich spiel dein Alibi.«

»Das würdest du tun, Mom?«

»Na klar«, erwiderte ihre Mutter. »Ich will nur, daß du glücklich bist.«

Aus Dankbarkeit beschloß Anita, etwas zu tun, das sie immer vermieden hatte – nämlich einzuräumen, ihre Mutter könnte recht haben. »Mom, weißt du was? Ich glaube, du hattest recht mit David und Sue«, erklärte sie. »Ich glaube, sie haben möglicherweise doch etwas miteinander.«

»Ich hab es gewußt!« triumphierte Evelyn. »Um Himmels willen, Anita, am Anfang wollte ich dir nicht davon abraten, ihn zu heiraten, weil es mich ja nichts anging und du sowieso nicht auf mich gehört hättest. Und jetzt sollte ich dir eigentlich nicht vorschlagen, ihn zu verlassen, aber ich sehe keinen Grund, weshalb du dich mit ihm abfinden solltest.«

»Das ist nicht so einfach, Mom. Da sind einmal die Kinder. Und außerdem kann er doch nirgends hin. Er hat ja nicht einmal einen Job.«

Obwohl Sue versprochen hatte, nicht anzurufen oder herüberzukommen, war David immer noch beunruhigt. Frauen konnten sehr schnell zu klammern anfangen, wenn man sie gevögelt hat; daran erinnerte er sich noch aus seiner Junggesellenzeit. Um im Fall eines Anrufs oder Kurzbesuchs ganz sicher aus ihrer Reichweite zu sein, ging David ein paar Häuserzeilen weit ins Café der Honey-Bee-Bäckerei und zog sich eine *New York Times* aus dem Zeitungsautomaten vor der Tür. Sylvie, der es schon besser ging und die sich zufrieden Zeichentrickfilme ansah, hatte er erklärt, er werde bald zurück sein.

Wie üblich war das Honey Bee voll junger Mütter mit Babys in Kinderwagen, Leuten beiderlei Geschlechts, die wie Studenten aussahen, und Männern mittleren Alters, meist ohne Begleitung, die an Tischen mit rotkarierten Tischtüchern Zeitung lasen oder winzige Computer bearbeiteten, während sie Zimtrollen verzehrten und Espresso tranken.

David war einige Zeit nicht mehr hier gewesen. Um ehrlich zu sein, er hatte den Laden gemieden, nachdem die *Seattle Times* in einer Kolumne das Honey Bee als Treffpunkt für Drückeberger mittleren Alters geschildert hatte, in dem vor allem anspruchslose Hausmänner herumlungerten, die wegen der hier beschäftigten jungen Frauen kamen. David hatte den Artikel ziemlich fies gefunden. Gerade weil es sich um Leute handelte, die sich gegen den allgemeinen Konkurrenzkampf entschieden hatten, gab es keinen Grund, sich über sie lustig zu machen und ihnen ihre Männlichkeit abzusprechen. Zumindest hockten sie nicht den ganzen Nachmittag in verräucherten Bars rum.

Er setzte sich an einen Ecktisch, schob das Schild »Selbstbedienung« zur Seite, das er reichlich seltsam fand, weil er neben der Registrierkasse auch einen großen Topf für Trinkgelder entdeckte, und machte es sich mit seinem doppelten Milchkaffee und dazu einem Mandelcroissant gemütlich.

Er versuchte die Zeitung zu lesen, konnte sich jedoch nicht konzentrieren. Wenn wenigstens aus der Conway's-Kampagne etwas würde. Wenn wenigstens das so liefe, wie es sollte, dann würde ihn Anita bestimmt wieder achten. Sie würden zusammen zu einer Eheberatung gehen und alles wieder ins rechte Lot bringen. Gott sei Dank schien zumindest Sue, zumindest bis jetzt, einzusehen, daß das, was auf der Couch passiert war, nur eine von diesen Geschichten war. Sie war lieb und verletzlich, und er hatte angefangen, sie zu mögen, aber verheiratet war er mit Anita. Sie hatten sich gemeinsam im Leben eingerichtet, und sie hatten Kinder.

Alles würde sich wieder einrenken. Mußte sich einrenken. Wenn nicht alles wieder so würde, wie es gewesen war, was sollte dann aus ihm werden? Was, wenn es Anita gelänge, ihn rauszuwerfen und er in einem billigen Apartment landete, mit einem Job in einem 7-Eleven-Laden oder so? Das war eine bittere, doch durchaus realistische Möglichkeit. All die rührseligen Geschichten, die man über Frauen mittleren Alters las, die von herzlosen Ehemännern vor die Tür gesetzt wurden und dann in irgendeinem heruntergekommenen Wohnwagencamp voller Ganoven mit ihren Dobermännern landeten – genau das konnte ihm auch passieren. Und weil er ein Mann war, würde niemand auch nur das geringste Mitleid mit ihm empfinden, stellte er erbittert fest.

David hatte allmählich das Gefühl, jeder könne das Kainsmal des Verlierers sehen, das er mit sich herumtrug, und was immer er versuchte, egal wie sehr er sich bemühte, wäre zum Scheitern verurteilt. Er war zu einem erbarmungswürdigen Typen geworden, ohne genau zu wissen, weshalb. Es war so ungerecht. Und jetzt wurde Anita aufsässig und feindselig. Vielleicht stieß sie die Aura des Versagens ab, die ihn umgab, als sonderten seine Poren eine giftige Substanz ab, die ihn wie eine Wolke einhüllte.

Plötzlich schreckte eine bekannte Stimme David auf. »Hi, David! In letzter Zeit hab ich dich hier gar nicht mehr gesehen.« Ed Margolin, der ein Stück weiter die Straße hinauf wohnte. Für die Zeitungsstory über das Honey Bee hatten sie sogar ein Interview mit ihm gemacht, jedoch taktvoll klargestellt, er sei keiner von den Drückebergern in den Vierzigern, die hier Stammgäste und hinter den jungen Frauen am Tresen her waren. Ed Margolin war früher Elektroingenieur gewesen; das war in dem Artikel auch erwähnt worden. Er hatte einen graumelierten Bart, trug ein T-Shirt mit der Aufschrift ›AIDS 10-km-Lauf‹, ausgebleichte Nylonshorts und Gummilatschen und hatte sich einen Cappuccino und ein Klemmbrett mitgebracht.

»Setz dich«, forderte David ihn auf. Ed war ein Langweiler und faselte mit Vorliebe von seinen Entdeckungen im Internet, doch im Augenblick sehnte David sich verzweifelt nach Ablenkung. »Hey, Ed, ich hab gelesen, was über dich in der Zeitung gestanden hat.«

Ed setzte sich und lachte glucksend. »Na ja, ich schätze, das waren meine fünfzehn Minuten Berühmtheit. Wo hast denn du die ganze Zeit gesteckt?«

David zuckte die Schultern. »Och, ich habe ziemlich geschuftet. Hab eine große Werbekampagne zusammengestellt. Und du?«

»Nun, interessanterweise hat Laura nach dem Erscheinen des Artikels beschlossen, sich auch den Drückebergern anzuschließen.« Laura war Eds Frau und als Anwältin bei der Telefongesellschaft angestellt. Lily spielte ab und zu Babysitter für ihre beiden Kinder.

»Ach ja?«

»Ja. Sie hat bei der Telefongesellschaft gekündigt, und wir haben ihre Abfindung dazu verwendet, die Hypothek zu tilgen. Unsere Ausgaben haben wir fast auf Null reduziert. Laura hat jetzt eine Teilzeitstelle in einem Gemeindecollege und bildet dort Rechtshelfer aus.«

»Tatsächlich?«

»Wir engagieren uns auch in der Bewegung für das einfache Leben. Schon davon gehört?«

»Eine Art Rebellion gegen die Konsumgesellschaft, stimmt's?«

»Absolut.« Ed löste ein hellgelbes Flugblatt von seinem Klemmbrett und reichte es David. »Bei uns gibt es Studiengruppen, die Tips für eine Senkung der Unkosten und die Vermeidung von Streßfaktoren und Zwängen des modernen Lebens sammeln. Großartig. Wir bauen unser eigenes Gemüse an, Laura hat sogar gelernt, es einzumachen, wie ihre Großmutter. Wir kaufen uns Klamotten aus zweiter Hand und haben alle Kreditkarten zerschnipselt. Eine sagenhafte Sache. Weißt du, die Menschheit hat eigentlich immer einfach gelebt, doch die meisten haben vergessen, wie das geht. Jetzt werden all diese Fertigkeiten wiederbelebt, und das ist eine riesige Herausforderung. Außerdem glauben wir, dadurch den Kindern bessere Wertvorstellungen zu vermitteln.«

David unterbrach die kleine Rede Eds, die ziemlich einstudiert klang. »Wie reagieren denn die Kinder darauf?«

Ed zuckte die Schultern. »Sie mosern und jammern schon ziemlich, aber sie werden sich auch noch daran gewöhnen. Wenn sie sich nicht anpassen, schmeißen wir den Fernseher raus. Das Kabelprogramm haben wir schon abgeschafft. Fernsehen ist eine der größten Quellen der Unzufriedenheit bei uns, wenn du mich fragst.«

Ed beugte sich vertraulich zu David. »Weißt du, was das beste daran ist, daß Laura den Ganztagsjob hingeschmissen hat? Wenn die Kinder in der Schule sind, können wir wie die Karnickel vögeln.«

Ed lehnte sich zurück, kippte seinen Cappuccino und stand dann auf. Ehe er ging, drückte er Davids Schulter in einer brüderlichen Geste; vermutlich trollte er sich jetzt nach Hause, um wie wild mit Laura zu bumsen.

Ed hatte David ein wenig Hoffnung gemacht. Vielleicht war es ja möglich, wieder glücklich zu werden. Essen im Kreis der Familie. Alle vier um den Eßtisch versammelt. Dann würde alles schon viel normaler und weniger bedrohlich erscheinen. Als er ging, kaufte David einen halben Laib von dem dunklen, festen, gesund aussehenden Brot, das es im Honey Bee gab. Im Lebensmittelladen besorgte er dann noch etwas fürs Abendessen, was letztlich auf Maiskolben und Schweinekoteletts hinauslief, ein Gericht, wie es seine Mutter immer zubereitet hatte.

In David blitzte ein Bild aus seiner Kindheit auf, wenn seine Familie beim Abendessen saß. Ihm wurde bewußt, daß seine Eltern wahrscheinlich auch nicht immer glücklich gewesen waren. Er konnte sich an Zeiten erinnern, in denen seine Mutter den Mund zu einem Strich zusammengekniffen hatte, während der Vater in seine Garagenwerkstatt gestürmt war und wütend auf etwas Selbstgebasteltem herumgehämmert hatte. Doch trotz dieser schlimmen Zeiten hatten Davids Eltern durchgehalten und so getan, als sei alles in Ordnung, und letztlich hatte sich doch alles wieder eingerenkt. Wenn er und Anita einfach weitermachten, als sei alles, wie es sein sollte, würde sich die ganze Angelegenheit vielleicht von selbst erledigen.

Als er wieder nach Hause kam, trieb Sylvie sich im Schlafanzug in der Küche herum und warf einen Blick in den Kühlschrank. Offenbar war sie auf der Suche nach etwas zu naschen.

»Ich finde, dir geht es wieder gut genug, da kannst du ruhig mit uns zu Abend essen und dir dazu ein Kleid und Hausschuhe anziehen«, erklärte David. Er rieb die Schweinekoteletts mit einer fertigen Grillgewürzsauce ein und verstaute sie im Kühlschrank, damit er sie sofort in den Grill schieben konnte, wenn Anita durch die Tür kam. Er wollte, daß sie heute alle vier gemeinsam aßen, dann würde Anita ganz von selbst begreifen, worum es ging. Sie konnte nicht einfach eine Familie zerstören.

Später, als er den Tisch deckte, hörte er Anitas Absätze auf den Stufen klappern. Sie kam in die Küche und starrte ihn wortlos an. Mein Gott, sie sah schrecklich aus. Ihr Gesicht wirkte traurig und erschöpft, und sie kam ihm kleiner und kompakter vor als je, so als würde sie sich zusammenziehen oder von einem Schwarzen Loch aufgesogen.

»Hi!« begrüßte er sie und versuchte, so freundlich und normal wie möglich zu klingen. »Paßt es dir, wenn wir in einer Viertelstunde oder so essen? Wie ist es denn heute so gelaufen?«

Lily kam herein. »Hi, Mom«, sagte sie und gab ihrer Mutter einen Kuß. David merkte, den Kindern zuliebe fing Anita sofort an, ihnen etwas vorzuspielen. Warum konnte sie das nicht auch für ihn tun? »Na ja, ganz gut, würde ich sagen«, meinte sie mit freundlicher, entspannter Stimme, strich sich die Haare aus dem Gesicht und lächelte sogar ein wenig. »Immer derselbe Trott.«

»Wann gibt es Essen?« fragte Lily.

»In zirka fünfzehn Minuten«, erwiderte David und stellte den Brenner unter dem Wasser für den Mais an. »Magst du ein Glas Wein, Anita?«

»Ich hol mir selber eines«, erklärte sie und stöckelte zum Kühlschrank.

»Heute ist mir Ed Margolin über den Weg gelaufen«, erzählte David. »War ein interessantes Gespräch.«

»Tatsächlich?« Anita hörte sich abgeschlafft und desinteressiert an.

»Ja. Er und Laura haben sich dieser Bewegung für das einfache Leben angeschlossen. Sie hat jetzt einen Teilzeitjob, und er ist den ganzen Tag zu Hause; sie leben von praktisch nichts, weil sie ihre Ausgaben so weit heruntergeschraubt haben. Offenbar geht es ihnen unwahrscheinlich gut.«

»Wie schön für sie«, entgegnete Anita.

»Sie haben alle ihre Kreditkarten zerschnipselt, tragen Secondhand-Kleidung und bauen ihr eigenes Gemüse an«, fügte David begeistert hinzu.

Lily schnalzte mit der Zunge. »Als ich letztes Mal beim Babysitten dort war, habe ich im Kühlschrank nichts Anständiges zu essen gefunden«, berichtete sie. »Nur so 'ne echt fade Bohnensuppe, die ich den Kindern aufwärmen sollte. Nicht mal ein Coke oder so. Das Kabelfernsehen haben sie auch abgestellt, und weit und breit war keine Illustrierte zu sehen, um ein bißchen drin rumzublättern.«

Sie verzog sich aus der Küche; David blickte unruhig zu Anita, um zu sehen, ob sich jetzt, wo das Kind weg war, ihr Gesichtsausdruck ändern und verhärten würde. Doch er konnte es nicht beurteilen, denn sie wandte ihm den Rücken zu, starrte in den hinteren Garten hinaus und nippte an ihrem Wein.

»Ed veranstaltet so eine Art Seminar. Da erklären sie, was das Sich-Einschränken eigentlich bedeutet, und ich hab mir gedacht, vielleicht könnten wir uns dafür anmelden«, fuhr er fort. »Das Info hab ich an die Kühlschranktür geklebt.«

Anita drehte sich um, zog das gelbe Info unter dem Magneten am Kühlschrank hervor und überflog es. Er bemühte sich, möglichst beiläufig weiterzusprechen: »Sie sind sehr glücklich. Ed hat erzählt, am hellichten Tag schlafen sie miteinander, wenn die Kinder aus dem Haus sind. Irgendwie hat mich das sehr berührt.« Eds zufriedenes Grinsen hatte ihn in der Tat ungeheuer beeindruckt. Bestimmt erinnerte Anita sich daran, wie leidenschaftlich sie sich einst geliebt hatten. Verträumt dachte David an ganze Sonntage im Bett zurück, ehe die Kinder auf die Welt gekommen waren; Sonntage, an denen sie gevögelt und die Sonntagszeitung gelesen und danach erneut gevögelt hatten.

Anita fuhr herum und sah ihn entsetzt und wütend an. »Was! Du schlägst vor, ich soll teilzeitarbeiten, und wir leben dann von Bohnen und rennen in Kleidern von der Heilsarmee rum?«

»Nein, nein«, beschwichtigte er sie nervös. Mit einer solchen Reaktion hatte er nicht gerechnet. »Mir ist klar, wie wichtig dein Beruf für dich ist. Ich hatte mir nur überlegt, ob wir uns nicht vielleicht auf die falschen Dinge konzentriert haben. Vielleicht haben wir uns zu sehr in diesen Konkurrenzkampf reinziehen lassen, und deshalb hast du angefangen, mir meine Arbeit zu verübeln.«

»Was für eine Arbeit denn?« fragte Anita. »Was die Conway's-Geschichte betrifft, warst du nie ehrlich zu mir. Mir ist aufgefallen, in letzter Zeit haben wir nichts mehr davon gehört!«

»Ich finde, wenn ich zu Hause bleibe, hat das auch eine spirituelle Dimension, die du nicht ganz begriffen hast«, erklärte David verzweifelt.

»Ach du meine Güte!« höhnte Anita. »Spirituelle Dimension! Ich vermute, du hältst Ed Margolin für den Heiligen Franz von Assisi, der ausgerechnet hier in unserem Viertel ein frommes Leben führt. Ed Margolin ist nichts weiter als ein fauler Drückeberger. Er findet es großartig, eine Rechtfertigung dafür gefunden zu haben, daß er den ganzen Tag im Honey Bee herumhängt, während seine Frau sich abschuftet. Und jetzt hat er sie auch noch nach Hause geholt, wo sie sich den ganzen Tag damit abplagen kann, Gemüse einzumachen, während er diese bescheuerten Seminare veranstaltet.« Sie warf das Info auf die Anrichte. »Wunderbar. Vielleicht sind sie sogar glücklich. Vielleicht funktioniert es bei denen, aber erzähl du mir nicht, du hättest jahrelang nichts getan, weil du auf der Suche nach spirituellen Werten warst.« Sie knallte ihr Weinglas auf die Anrichte.

»Anita!«

Sie senkte die Stimme und flüsterte vernehmlich: »Und was Sex am Nachmittag angeht, so habt ihr beide, du und Sue, das kleine Programm schon wunderschön in Schwung gebracht, wie mir scheint.« Sie zeigte auf den Brotlaib, den er vorhin gekauft hatte. »Wer hat den gebacken? Sue?«

»Nein! Der stammt aus der Bäckerei des Honey Bee! Reiß dich zusammen, Anita. Deine Unterstellungen wegen Sue finde ich wirklich zum Kotzen. Alles hat seine Grenzen.«

»Mir geht es genauso«, erwiderte Anita. »Schon allein die Vorstellung, ich sollte meine Ansprüche herunterschrauben, um mich deinem lausigen Niveau anzugleichen, nur weil Ed Margolin es geschafft hat, seiner Frau mit dieser Scheiße eine Gehirnwäsche zu verpassen! Wir haben zwei Kinder, die aufs College sollen! Wir müssen das Haus abbezahlen!«

»Mein Gott, du schmetterst alles gleich ab!« erklärte David und warf den Mais ins kochende Wasser, machte jedoch sogleich einen Satz nach hinten, weil das heiße Wasser aufspritzte. »Ich hab mir doch nur überlegt, es wäre vielleicht ganz gut für uns, wenn wir die Dinge auch einmal von einer anderen Seite her angehen. Das könnte auch den Kindern ganz gut tun. Ich meine, willst du sie wirklich als wehrloses Opfer all der Leute aufwachsen lassen, die ihnen nur Scheiß verkaufen wollen, den sie nicht brauchen?«

»Mir war gar nicht klar, was für ein unglaublicher Heuchler du bist, David! Was glaubst du eigentlich, wie ich unseren Lebensunterhalt verdiene? Ich bringe die Leute dazu, sich den Scheiß zu kaufen, den sie nicht brauchen. Und wenn du je einen Werbeauftrag wie den von Conway's bekämst, würdest du genau das gleiche tun.«

»Na ja, ich schlage ja nicht vor, wir sollten irgendwo aufs Land ziehen. Ich meine ja bloß, vielleicht haben einige unserer Probleme etwas mit diesem Komsumver ...«

»Um Himmels willen! Das ist doch nicht zu fassen! Das ist doch das erbärmlichste, selbstgerechteste – das ist ein neuer Tiefpunkt, das kann ich dir nur sagen! Und für wie blöd hältst du mich eigentlich? Bildest du dir wirklich ein, ich würde bei den Margolins im Wohnzimmer rumhocken und über das Einwecken von Gemüse plaudern? Ein gemütliches, einfaches Leben mit solchen Haushaltstätigkeiten ist ein Luxus, den ich mir nicht leisten kann. Du bist nicht irgendein Produkt, das man durch geschickte Werbung wieder auf den Markt bringen kann, David. Du interessierst dich nicht für ein einfaches Leben – du schämst dich letzten Endes nur, weil du hier nicht besonders viel beiträgst. Weder finanziell noch sonstwie. Du suchst nur nach einem modischen Alibi.«

»Du findest, ich sollte mir einen Ganztagsjob suchen, nehme ich an«, fuhr David sie an. »Und die Kinder soll ich wohl sich selbst überlassen?«

Sie schlug sich mit geschlossener Faust an die Stirn, so wie es Kinder taten, wenn sie »Oh, Mann!« sagten, um eine Dummheit zu kommentieren. »Einen Job! Eine ganz neue Idee! Du weißt anscheinend nicht, wie erschreckend es ist, daß wir nur ein Einkommen haben? Wenn es Pam einfällt, einen schlechten Tag zu haben, kann ich von heute auf morgen bei Lawson's rausfliegen!«

»Gut, aber warten wir doch mal ab, was aus dem Conway's-Auftrag wird«, wandte er nervös ein. »Dann können wir alles noch mal neu überdenken. Wenn du findest, es könnte etwas in unserer Beziehung ändern …«

»Dafür könnte es schon zu spät sein«, erklärte sie leise, mit kalter Stimme.

»Ich könnte vermutlich immer noch einen Job finden«, entgegnete er. »Keine Sorge.«

»Nein«, widersprach sie. »Ich wollte damit sagen, es könnte für uns zu spät sein. Ich weiß nicht, ob ich dir gegenüber jemals wieder das gleiche empfinden kann wie früher. Ich fürchte, es ist einfach zu spät.«

»Wir brauchen jemand, der uns berät«, meinte David. »Eheberatung. Dann sieht alles gleich ganz anders aus.«

»Das bringe ich nicht fertig«, erwiderte Anita. Ihr ganzer Ärger schien auf einmal von ihr abgefallen, sie sackte in sich zusammen und verbarg ihr Gesicht in den Händen. »Ich muß nachdenken. Ich brauche ein wenig Abstand. Ich werde das Wochenende bei meiner Mutter verbringen. Den Kindern sagen wir, sie sei krank oder so. Nichts Schlimmes, sie braucht mich nur als Hilfe, weil ihr Rücken Schwierigkeiten macht.«

»Du fliegst übers Wochenende einfach nach Denver?«

»Richtig.«

»Wunderbar. Wenn du deinen Problemen davonlaufen willst, dann geh nur. Ich nehme an, du hast vor zurückzukommen?« Er war wütend auf sie. Ausgerechnet jetzt, wo er einige Vorschläge aufgetischt hatte, wie ihre Ehe zu retten sei, machte sie sich über ihn lustig, und dann kündigte sie auch noch an, sie wolle sich übers Wochenende absetzen.

»Um Himmels willen, ja! Natürlich komme ich zurück. Ich will nur für ein paar Tage Abstand gewinnen. Ist das so schlimm?« In Anitas Stimme schwang jetzt das erbarmungswürdige Zittern des hilflosen Opfers mit, und das ärgerte ihn noch mehr.

»Und seit wann ist deine Mutter eine Zuflucht für dich, wenn es schwierig wird? Sie wird dir das ganze Wochenende über aufzählen, was ihr an mir alles nicht paßt. Das ist ein totaler Rückzieher, Anita. Du solltest mit mir zu einer Beratungsstelle gehen und nicht zu deiner Mutter rennen.«

»Bitte, hack nicht so auf mir herum«, bat Anita matt.

Zum ersten Mal hatte David den Eindruck, sie entglitte ihm. Er ging auf sie zu und versuchte, sie zu umarmen. »Anita«, setzte er an, »wie konnte es nur so weit kommen? Ich halte das nicht aus. Du scheinst mich zu hassen.«

Anitas Arme zuckten wie bei einem verängstigten kleinen Tier, als sie ihn abschüttelte und in Tränen ausbrach. »Ich hasse das alles!« rief sie aus. »Ich habe das nicht gewollt.« Dann stieß sie ihn zur Seite, polterte aus der Küche und die Treppe hinauf.

Die beiden Mädchen kamen genau rechtzeitig aus dem Spielzimmer im Souterrain, um ihr Hinaufstapfen und die Schluchzer zu hören.

»Was ist denn mit Mom los?« fragte Lily besorgt.

»Sie macht sich Sorgen wegen Grandma«, erklärte David gelassen, obwohl er wegen der Art, wie Anita ihn abgeschüttelt hatte, vor Wut zitterte. »Sie hat Probleme mit dem Rücken. Mom fährt dieses Wochenende hin und hilft ihr.« Er konnte sich nicht daran erinnern, daß sich Anita ihm je entwunden hatte, als ekle sie sich vor ihm. Zum ersten Mal im Leben konnte er voll und ganz verstehen, warum Männer ihre Frauen oder Geliebten an die Wand schleuderten oder die Treppe hinunterstießen.

Am nächsten Morgen packte Anita verstohlen ihre Sachen zusammen; David schlief noch. Ganz unten im Koffer, unter den Jeans und T-Shirts, die als Kleidung angemessen wären, wenn sie bei ihrer Mutter Trübsal blies, versteckte sie ein aufreizendes pfirsichfarbenes Satinnachthemd und etwas, um in San Francisco groß auszugehen: eine schwarze Seidenhose und dazu einen elfenbeinfarbenen Seidenpullover.

Lily saß aufrecht im Bett und sah mitleiderregend zerzaust und schläfrig aus, als Anita in ihr Zimmer schlich, um ihr einen Abschiedskuß zu geben. »Ich mache mir Sorgen wegen Grandma. Vielleicht sollte ich mitkommen«, erklärte sie.

»Och, das wird schon wieder. Ich will nur dafür sorgen, daß sie es bequem hat.«

Lily rieb sich die Augen und blinzelte angestrengt. »Rufst du mich an und berichtest mir, wie es ihr geht?«

»Selbstverständlich, Schatz. Aber vielleicht ist es besser, wenn du mich nicht dort anrufst. Könnte ja sein, daß ich ihr gerade in die Badewanne helfe oder so. Es ist wirklich nichts Schlimmes. Mit dem Rücken haben alte Leute dauernd Probleme, und ich möchte nur, daß sie nicht das Gefühl hat, so allein zu sein.«

»Verheimlichst du mir was?« Lily wirkte jetzt wach und schien plötzlich Angst zu haben.

»Natürlich nicht«, log Anita. Sie hatte nicht den Mut, Lily zu fragen, was sie ihrer Meinung nach verschwieg.

»Hast du gestern abend so geweint, weil Grandma in Wahrheit viel kränker ist, als du erzählt hast? Muß sie vielleicht sterben oder so? Lügst du, wenn du sagst, es sei nur ihr Rücken?«

»Aber nein!« Anita legte ihrer Tochter einen Arm um die Schulter. »Das mußt du mir glauben.«

»Ich glaube dir«, erwiderte Lily erleichtert. »Ich glaube, du würdest nicht lügen.«

Sylvie war schon auf und spielte auf dem Boden mit Stofftieren. Anita fühlte die Stirn ihrer Tochter. »Gut. Dir geht es entschieden besser. Am Wochenende fühlst du dich bestimmt wieder wohl, aber du solltest noch ein wenig langsam machen, einverstanden?«

»Einverstanden.«

»Daddy wird sich um dich kümmern«, meinte Anita und umarmte sie.

»Und vielleicht auch Sue«, fügte Sylvie fröhlich hinzu. Als sie merkte, wie Anita sich unwillkürlich versteifte, ergänzte sie: »Nur weil du nicht da bist.«

»Wir brauchen Sue nicht zu belästigen, finde ich«, entgegnete Anita brüsk und tätschelte ihrer Tochter ein paarmal den Rücken. »Also, mein Schatz, ich ruf dich von Grandma aus an, okay?«

»Okay, Mom.« Sylvie wandte sich wieder ihren Stofftieren zu.

Anita trug ihren Koffer nach unten; unterwegs begegnete sie David, der im Bademantel und mit der Zeitung in der Hand von der Haustür zurückkam.

»Du gehst schon?« fragte er überrascht. »Soll ich dich nicht zum Flughafen fahren?«

»Nein, der Flug geht so früh, da habe ich den Transferservice bestellt.« Anita sah auf die Uhr. »Ich glaube, ich gehe besser und warte draußen.«

»Wann kommst du zurück?«

»Sonntagabend. Ich ruf die Mädchen an.«

»Mir gefällt das überhaupt nicht«, erklärte David.

»Ich brauche nur etwas Zeit zum Nachdenken«, erwiderte Anita. »Ich muß einfach mal raus hier.« Sie schenkte ihm ein schiefes kleines, verständnisheischendes Lächeln. »Und eins mußt du mir versprechen, David. Halte Sue von hier fern, während ich weg bin. Halt sie von den Mädchen fern. Das ist mir sehr wichtig.«

David runzelte die Stirn. »Geht in Ordnung. Außerdem habe ich dir das bereits versprochen, obwohl du dich ein wenig zu sehr in die Sache reinsteigerst, finde ich. Ich mach mir wirklich Sorgen um dich. Und um uns.«

Anita seufzte; von der Straße hörten sie ein zaghaftes Hupen. Sie nahm ihren Koffer und ging nach unten; auf der Straße wartete bereits der blau-gelbe Kombi vom Transferservice.

Sie schaut sich nicht mal um und winkt, dachte David erbittert. Er nahm die Zeitung mit ins Schlafzimmer hinauf und kroch wieder unter die Decke. Gerade wollte er die Werbebeilage, die herausgerutscht war, beiseite legen, als er merkte, sie stammte vom Conway's Home and Garden Center. Wie kamen die ausgerechnet auf die Sonntagszeitung, die die niedrigste Leserzahl pro Woche hatte?

Und dann die ganze Aufmachung! Während andere Handelsketten glänzenden Vierfarbendruck verwendeten, hatten die Conways sich für schwarz-weißen Zeitungsdruck mit ein paar roten Einsprengseln entschieden. Als Überschrift hatte ihnen ein einfallsloses »Endspurt im Sommerschlußverkauf« genügt. Die ganze Seite war in langweilige Rechtecke mit freigestellten Bildern der einzelnen Posten und deren Preis aufgeteilt, dazu eine Zeile Text in so winzigen Buchstaben, daß keiner sich die Mühe machen würde, ihn zu lesen. »Motorrasenmäher, $ 170. Starker 32-ccm-Zweitaktmotor für einen Rasen wie aus dem Bilderbuch.« »Grundierungs- und Deckfarbe, $ 18,49 die Gallone. Schmutzabweisend und schimmelbeständig, ein äußerst haltbarer und eleganter Anstrich.«

Angewidert warf er das Ding in die Ecke. Diese Leute sollten auf allen vieren zu ihm gekrochen kommen und ihn anflehen, ihre abgetakelten kleinen Klitschen mit auszeichnungswürdiger Werbung auf die Höhe der Zeit zu bringen! Statt dessen schubsten sie ihn herum. Am Montag, so beschloß er, würde er Sandy anrufen und sie bitten, ihm für seine Präsentation einen definitiven Termin zu nennen. Sie hatten doch bestimmt nicht die Absicht, noch lange mit dieser beschissenen Art von Werbung weiterzumachen!

Obwohl er allein war, fühlte er sich gedemütigt. Er blätterte weiter zu den Stellengesuchen. Nachdem er sie kurz überflogen hatte, verspürte er ein merkwürdiges Gefühl in der Magengegend und warf auch diese Seite angewidert beiseite. Jetzt hatte er auch keine Lust mehr, den Rest der Zeitung zu lesen. Das alles war so deprimierend.

Er war gerade wieder eingeschlafen, als Sylvie ins Zimmer stürmte. Sie war vollständig angezogen und widerlich aufgedreht. In gewisser Hinsicht war es leichter, wenn sie krank war.

»Stell dir vor! Ich war hinten im Garten und habe Sue getroffen. Sie gibt eine Party, und wir sind eingeladen. Ich habe ihr erzählt, daß Mom zu Grandma mußte, und sie hat gemeint, dann könnten wir ja heute abend bei ihr essen. Es ist eine Grillparty, und ich darf ihr dabei helfen, den Hof zu schmücken.«

Er hatte Sue unmißverständlich klargemacht, daß er Roger auf der Party, die dieser für seine Kollegen gab, nicht gegenübertreten wollte. Außerdem hatte er Anita versprochen, Sue fernzuhalten. Was sollte er jetzt machen?

Doch das hatte ja nicht er veranlaßt. Sue würde nicht zu ihnen kommen. Sie hatte sie zu sich eingeladen. Wenn sie zu ihr hinübergingen, konnte Anita eigentlich nicht das Gefühl haben, jemand sei bei ihr eingedrungen. Und außerdem, dachte David, nach dem, was mit Sue vor zwei Tagen auf dem Wohnzimmersofa gelaufen war, würde das Verhältnis zwischen ihnen sich wahrscheinlich am ehesten wieder normalisieren, wenn er sich den Heffernans inmitten einer solchen Ansammlung von Gästen stellte.

In jedem Fall sah David keinerlei Möglichkeit, wie er die Einladung ausschlagen sollte. Sicher, er konnte sich eine Ausrede einfallen lassen, aber wenn sie eine andere Verpflichtung vorschöben, müßten er und die Mädchen hier zu Hause hocken, während von drüben wirrer Partylärm durch die Hecke drang.

In der Annahme, sie würden ganz bestimmt auf Sues Party gehen, war Sylvie unterdessen schon losgerannt.

Später, nachdem er aufgestanden war, kündigte Lily an, sie werde nicht zu Sues Grillparty mitkommen, weil sie vorhabe, mit Amy einkaufen zu gehen und sie anschließend mit nach Hause zu bringen, um sich ein Video anzusehen; die Nacht würde Amy bei ihnen verbringen. Sylvie verschwand schon früh auf die andere Seite der Hecke, um Sue bei den Vorbereitungen zu dem Grillfest zu helfen.

David war dankbar, die Kinder loszusein. Nachdem Anita ihn allein gelassen hatte, »um über all das nachzudenken«, fühlte er sich benommen und ramponiert, wie ein Vogel, der mit dem Kopf vor an an eine Fensterscheibe geprallt und geschwächt in ein Beet gefallen ist.

Er war spät aufgestanden und verbrachte dann einige Zeit damit, biertrinkend durch das Haus zu wandern; er fühlte sich ängstlich und unglücklich. Je länger sich der Tag hinzog, desto mehr fürchtete er sich vor dem Grillfest. Zum einen, weil es draußen höllisch heiß war. Zum andern war er leicht angetrunken und fühlte sich zu träge, um auf gesellig zu machen.

Doch am späten Nachmittag drangen die Geräusche fröhlicher Partygäste zu ihm in die Küche. David war das Bier ausgegangen, und obwohl es ihm wie eine enorme Anstrengung vorkam, sich frisches zu besorgen, gefiel ihm der Gedanke, einen leichten Schwips zur Dämpfung seiner Angst aufrechtzuerhalten. Außerdem bekam er allmählich Hunger, denn seit dem Frühstück hatte er nichts gegessen. Er stellte sich vor, was Sue alles an köstlichen Speisen vorbereitet hatte.

Als er durch die Öffnung in der Hecke ging, spürte er, wie einen Augenblick lang so etwas wie Angst in ihm aufflackerte. Würde Sue damit umgehen können? Was, wenn sie sich von ihren Gefühlen mitreißen ließ und Roger Verdacht schöpfte?

Wie gewohnt, hatte sie ihre häuslichen Zauberkräfte walten lassen. Der Garten war wie verwandelt. Von den Bäumen hingen japanische Laternen. Töpfe mit Farnen und weißen Blumen in den Ecken der sonnigen, ziegelgepflasterten Terrasse ließen alles kühl erscheinen, und man hatte ein grün-weiß gestreiftes Sonnensegel aufgebaut, das einen Teil der Rasenfläche überschattete.

Etliche Leute standen schon herum, nippten an Aperitifs, tranken Bier oder Wein und große fruchtige Drinks, die mit Blumen dekoriert waren. Sylvie tobte mit Matt und Chris umher, die für diesen Anlaß mit passenden Hawaii-Hemden herausgeputzt worden waren. Zu seiner ungeheuren Erleichterung begrüßte Sue ihn mit einem strahlenden gutnachbarlichen Lächeln, winkte ihm zu und rief: »Hi, David. Freut mich, daß Sie kommen konnten!«

David ging zu der Gruppe hinüber, mit der sie gerade plauderte. »Das ist unser Nachbar, David Jamison«, stellte sie ihn vor. Er nickte höflich und schüttelte Hände, als sie ihn mit einem Paar in den Fünfzigern bekannt machte, das er alles andere als sympathisch fand. Marnie hatte ziemlich fettigen orangefarbenen Lippenstift aufgelegt, und ihr lila Trägertop enthüllte zuviel von ihren übertrieben gebräunten Schultern und der Brust. Al hatte ein reichlich verwüstetes Gesicht und weiße Koteletten, die nicht so recht zu seinem jugendlich rötlichen Toupet paßten.

Sylvie kam angerannt. »Daddy!« rief sie erfreut.

»Hi, Schätzchen«, erwiderte er und zerzauste ihr Haar.

Marnie blickte auf Sylvie hinunter, die jetzt ihre Arme um Davids

Taille legte. »Aber Sue, ich habe geglaubt, das sei dein Töchterchen!« sagte sie mit einer von jahrelangem Rauchen und harten Drinks angerauhten Stimme.

Al knuffte seine Frau und dröhnte: »Das sollten wir Roger lieber nicht sagen!« Sue brachte es tatsächlich fertig, den blöden Witz mit lustigem Augenrollen zu kommentieren, und David wurde bewußt, wie gelassen sie mit allem fertig wurde.

Erleichtert warf er einen Blick zu Roger hinüber, der an einem Grillrost herumfummelte. In seinem zu kleinen T-Shirt und den Shorts stellte er wabbelige bleiche Arme und Beine zur Schau. Irgendwie tat cr David leid, aber gleichzeitig verstärkte dies seine Selbstgefälligkeit. Der armselige Trottel würde nie erfahren, daß ein anderer seine Frau gevögelt hatte.

»Sylvie ist nicht meine Tochter, sie ist eine Nachbarin, aber eine ganz besondere Nachbarin«, erklärte Sue und strahlte zu dem Kind hinunter, das sich immer noch an David klammerte und nun den Kopf hob, um Sue anzulächeln. »Ich habe nur zwei Jungen, deswegen ist sie eine wahre Freude für mich.« David sah zu Matt und Chris hinüber, die am Rand der Rasenfläche miteinander rauften. Ihre Gesichter waren wutverzerrt, und sie strampelten wie wild mit den Beinen.

»Was für ein niedliches Ding. Sie hat ganz toll mitgeholfen«, fuhr Marnie fort. »Hat Tabletts rausgetragen und herumgereicht. Wirklich süß.«

»Und außerdem hat sie mir dabei geholfen, einen Großteil des Essens vorzubereiten«, warf Sue ein; voller Stolz sah Sylvie zu ihr auf. »Sylvie, sag deinem Daddy, er soll etwas von den Vorspeisen à la Hawaii probieren, die wir gemacht haben.«

Sue sah sehr hübsch aus, fand David. Sie hatte ein leichtes Strandkleid an, das die Spitzen ihrer Brüste betonte, und mehr Make-up aufgelegt als sonst. Das Pink ihrer Lippen schien leuchtender zu schimmern, und ihre Wimpern wirkten kräftiger.

»Die Laternen habe ich auch aufgehängt«, erklärte Sylvie auf- und abhüpfend, »und außerdem die coolen Riesenkerzen in den Boden gesteckt und lauter so Sachen.«

»Komm, wir gehen ans Büfett und suchen uns was von dem Essen aus, das du gemacht hast«, meinte David und nahm sie an der Hand.

Er fand es an der Zeit, sich abzusetzen. In seinem ein wenig angesäuselten Zustand konnte er die lüsternen Blicke auf seine Gastgeberin möglicherweise nicht verheimlichen. Obwohl er nicht sicher wußte, ob es jemals wieder vorkommen würde, verspürte er angesichts der Tatsache, daß er sie gehabt hatte, eine Art von zufriedenem Besitzerstolz.

»Ist das alles hier nicht wunderschön?« fragte Sylvie und führte ihn an der Hand zu einem langen Tisch, der von Platten voller Delikatessen, umrahmt von großen grünen Blättern, überquoll. »Schau, Sue hat sogar Blumen auf die Tische gelegt.« Tatsächlich waren blasse, orchideenähnliche Blüten kunstvoll zwischen die Platten verstreut; wie im raffiniert dekorierten Schaufenster eines Delikatessenladens, dachte David. »Ich wünschte, wir würden auch mal so eine coole Party veranstalten«, fügte Sylvie wehmütig hinzu.

David gab eine ausweichende Antwort, nahm sich einen Teller und füllte ihn mit leckeren Häppchen, die auf dünne Bambusstäbchen gespießt waren, ehe er sich nach der Abteilung Alkohol umsah. In zwei großen gläsernen Bowlenschüsseln präsentierte sich ein flamingofarbenes Gebräu. In jeder schwamm ein kleines Schiffchen aus einer aufgeschnittenen Ananas mit Maraschinokirschen und Papayas, jedes mit einem Papiersegel versehen. Eines davon trug die Aufschrift: »Mit Schuß«, das andere: »Ohne Schuß.«

Zum Glück gab es auch Wein und Bier. David angelte sich eine Flasche Heineken aus einem Eiskübel und öffnete sie. Er lächelte einer Menge Leute zu und dachte dabei, daß er keinerlei Interesse verspürte, irgendeinen von ihnen näher kennenzulernen. Schließlich gehörten die ja alle zu Rogers Firma. David wußte wenig vom Leben in Betrieben, ging jedoch davon aus, die meisten Leute dort so seien wie Marge und Al, langweilige und ziemlich geschmacklose Banausen.

Drüben beim Grill schmierte Sue irgendein Zeug aus einer Plastikflasche auf Rogers bleiche Arme und Beine und klärte die Umstehenden auf: »Er braucht mindestens Faktor dreißig, sonst verbrutzelt er, und seine Haut schält sich ab.« Zielstrebig arbeitete sie sich zu seinem Nacken vor. Mit gehorsam ausgestreckten Armen stand Roger da wie ein großes Baby .

Al, unter dessen Toupet es ihm, so vermutete David, unerträglich heiß war, beobachtete die Prozedur und machte Sue schöne Augen.

»Was meinst du, ich bin auch schrecklich empfindlich. Roger, es macht dir doch hoffentlich nichts aus, wenn sie etwas von dem Sonnenschutzöl auf mir verteilt, oder?«

Roger ließ ein kurzes, unangenehmes Lachen hören, und Sue meinte schelmisch: »Oh, Jungs, ihr seid mir aber welche«, worauf sie mit theatralischer Geste einen Klecks von dem Zeug auf Rogers kahle Stelle schmierte und dafür großes Gelächter erntete.

Plötzlich hörte David hinter sich das Geräusch von splitterndem Glas, dazu das leicht angetrunkene Lachen einer Frau. Wirklich traurig, dachte er – eine so großartig aufgezogene Party für derart flegelhafte Gäste. An diesen Roger war Sue wirklich verschwendet.

Sie eilte an ihm vorbei in Richtung des gesplitterten Glases, mit der Plastikflasche in der Hand. Es handelte sich um Sonnenschutzcreme für Kinder, wie er feststellte, und das schien ja in gewisser Weise auch angemessen zu sein. Roger war kein Liebhaber für sie, sondern nur ein weiteres Kind, um das sie sich kümmern mußte.

Wehmütig lächelte er Sue zu, doch sie war schon an ihm vorbeigelaufen und versicherte irgend jemandem, ein zerbrochenes Glas sei keine Tragödie. »Lassen Sie es einfach da liegen«, erklärte sie. »Ich hole einen Besen.«

Nach einem weiteren Zug aus der Flasche kam David zu dem Schluß, daß er froh war, rübergekommen zu sein. Er hatte bei einer attraktiven Frau landen können, und die Auffrischung der Erinnerung daran hatte seinem Ego gewaltigen Auftrieb gegeben. Das Bier in ihm ging eine glückliche Verbindung mit seinem neuerwachten Selbstbewußtsein ein und ließ ihn innerlich strahlen. Vielleicht war die Sache mit Sue letzten Endes doch kein so großer Fehler gewesen. Im Augenblick trug sie eine Kehrichtschaufel mit Glasscherben über die Treppe des Vorbaus hinauf und beruhigte die Frau, die das Glas zerbrochen hatte. »Ich kaufe sie im Dutzend bei Costco«, erklärte sie ihr. Wirklich eine erstaunliche Frau; sie kümmerte sich um alles und jeden und schien sich dennoch auf ihrer eigenen Party hervorragend zu amüsieren.

Kurze Zeit später kam Sue lächelnd wieder aus dem Haus. Sie trug ein Holzbrett voll roher Steaks, und David fühlte sich noch ein wenig glücklicher. Diese netten kleinen Vorspeisen waren ja ganz gut, aber die Aussicht auf ein saftiges Steak und ein weiteres Bier war noch viel besser: die klassische Sommerkombination. Er hoffte nur, Roger hätte zumindest eine Ahnung vom Grillen. Um die Technik des Nachbarn richtig einschätzen zu können und sich einen Überblick zu verschaffen, damit er zu einem guten und richtig gebratenen Steak kam, schlenderte David zum Grill hinüber.

»Hi, Roger«, sagte er freundschaftlich.

»Oh, hi, Dave«, erwiderte Roger.

Seit der High-School hatte ihn keiner mehr Dave genannt, doch obwohl es ihn störte, lächelte er nur. »Tolle Party«, erklärte er. »Nett von Ihnen, daß Sie an mich gedacht haben.«

Roger nahm die Bemerkung gar nicht wahr. Gebannt starrte er auf das Brett mit den Steaks.

»Die Steaks sehen auch toll aus«, fügte David hinzu.

»Sue!« brüllte Roger. Sie hastete herbei und sah mit einem besorgten Ausdruck abwechselnd auf beide Männer.

»Auf dem Fleisch sind überall Wespen«, stellte Roger fest. »Du solltest es lieber abdecken.« Rückwärts ging er auf David zu.

»Herrje, das tut mir leid«, sagte sie und verscheuchte die Wespen. »Ich hole Klarsichtfolie. Sei vorsichtig, Schatz.«

»Ich hatte gar nicht gemerkt, daß es hier so viele von diesen verdammten Biestern gibt«, meinte Roger.

»Ja, die sind eine wahre Pest zur Zeit. Gegen Ende eines solchen Sommers drehen die ganz schön durch«, ließ David, den Rogers Ängstlichkeit amüsierte, beiläufig fallen. David hob den Deckel vom Grill, der auf dem Boden lag, und ging zu dem Fleischbrett. Drei von den Insekten krochen fröhlich auf den Steaks herum. David wedelte ein paarmal mit der Hand über ihnen herum und versuchte, sie von Roger wegzuscheuchen. Als er sie verjagt hatte, stülpte er den Grilldeckel über das Brett und drehte sich mit einer Art »Voilà!«-Geste zu Roger um.

»Danke«, sagte Roger erfreut und trank einen Schluck Bier. »Ich kann die verdammten Dinger nicht ausstehen.«

Genau in diesem Augenblick beschloß eines von den schwarzgelb gestreiften Biestern, surrend vor seinem Gesicht zu schweben. Er stieß einen kleinen Schreckensschrei aus und verharrte dann völlig reglos.

David sah noch zwei weitere, die Rogers Arme umschwirrten. Der schien sie mit den Augen verfolgen zu wollen, ohne sich zu bewegen. Auf seiner Oberlippe und über den Augenbrauen bildeten sich kleine Schweißtropfen.

Hinter ihm gingen Partygeräusche, Gespräche und Gelächter weiter. Es war, als würde Roger sich plötzlich in einer anderen, stark verlangsamten Dimension bewegen, während die Wespen ihn umkreisten. David fühlte sich mit hineingezogen und war jetzt selber nicht mehr imstande, sich zu rühren. Ziemlich verwirrt stand er da. Einige Leute in Davids Nähe hatten mitbekommen, daß Roger wie erstarrt dastand und dic Wespen begeistert um ihn herumschwirrten.

Sue erschien mit einer Rolle Klarsichtfolie auf der Szene und starrte erschrocken ihren Mann an. »O mein Gott! Er ist allergisch gegen Wespenstiche. Ich muß sein Adrenalin-Spritzbesteck holen«, rief sie, ließ die Folienrolle auf den Ziegelboden fallen und rannte ins Haus zurück.

»Unternehmt doch was, damit sie abhauen!« forderte eine Frau.

»Stell dich in den Rauch vom Grill«, schlug ein anderer vor. Roger jedoch verharrte völlig reglos, wie ein Posten bei einer feierlichen Zeremonie. Die Insekten machten keine Anstalten, anderswohin zu fliegen.

»Ich kann das nicht mitansehen«, erklärte eine grauhaarige Frau, die angesichts der kollektiven Hilflosigkeit verärgert wirkte. »Wo sind die Steaks?« fragte sie in resolutem Ton.

David, der sich vorkam, als bewegte er sich unter Wasser, hob den Deckel des Grills; die Frau griff sich ein Stück Fleisch und näherte sich Roger; offensichtlich hoffte sie, die Insekten von ihm weglocken zu können.

Langsam wagte sie sich mit ihrer Opfergabe näher an ihn heran, doch die Wespen blieben in ihrer Umlaufbahn um Roger. Inzwischen waren es fünf.

Alle waren jetzt ganz still geworden. Als hätten sie sich David in seiner sonderbar anderen Dimension angeschlossen, stand ein Kreis von Zuschauern ebenso reglos und still um Roger herum. Am Rand des Kreises murmelte jemand: »Was ist denn da los?«, und ein anderer antwortete flüsternd: »Roger ist allergisch gegen Wespen. Er könnte einen Schock kriegen.«

Inzwischen schien Roger fast unmerklich zu zittern. Aus Angst, oder weil er nicht länger mit diesen Biestern um sich herum stillstehen konnte? Auf seinem Gesicht spiegelte sich pures Entsetzen. Wie eine Träne rann ihm ein Schweißtropfen über die Wange. Eines der Insekten spazierte mittlerweile seinen Arm entlang, ein anderes war auf seinem Ohr gelandet. Auf einmal verzog seine entsetzte Miene sich zu einem einfältigen Grinsen, dann brach er in Gelächter aus und fing an, auf einem Bein herumzuhüpfen, als habe ihn das aus dem Gleichgewicht gebracht. Dabei schlug er sich aufs Ohr. Bei dem grotesken Anblick hielten die Gäste gemeinsam den Atem an.

Offensichtlich hatten ihn die winzigen Beine des Insekts gekitzelt, und sein Zittern war der erfolglose Versuch gewesen, das Lachen zu unterdrücken. Nun war er völlig außer sich und schlug wie wild um sich. Wenige Sekunden später schrie Roger: »Autsch!« Dann begann er zu husten und pfeifend zu atmen. Plötzlich brach er in einer fließenden Bewegung zusammen.

Der ist doch glatt in Ohnmacht gefallen, dachte David. Alle scharten sich um ihn, dann hörte er Sues hysterische Stimme hinter sich. Sie bahnte sich einen Weg durch die Menge. »Wo hast du es hingetan?« schrie sie seinen reglosen Körper an. »Wo hast du das Spritzbesteck gelassen?«

Doch er antwortete nicht. Er wirkte eher noch regloser als im Stehen. Sue rannte zu ihm und kniete neben ihm nieder. »O nein«, jammerte sie immer wieder und wedelte mit den Armen, um die Wespen zu vertreiben, die sie wie winzige Flugzeuge umkreisten.

David merkte, wie er sich zurückzog. Er hörte einen Mann brüllen: »Ruft doch den Notarzt an!«

Sylvie kam zu ihm und umklammerte seine Hand. »Was ist denn passiert?« fragte sie erschrocken.

»Eine Wespe hat Roger gestochen. Er ist allergisch dagegen.«

»Matt und Chris können seine Medizin einfach nicht finden, und Sue auch nicht. Sie finden sie einfach nicht!« Ihre Stimme war lauter geworden, und jetzt sah sie zu Roger hin, der auf dem Boden lag. Sie starrte ihn an und schien ebenso gelähmt zu sein wie zuvor er, mit geballten Fäusten, bleichem Gesicht und weit aufgerissenen Augen.

Rogers Gesicht war inzwischen rot und aufgedunsen, die Lippen waren geschwollen. Sue wiederholte ununterbrochen seinen Namen. Sie kniete neben ihm, und über seiner zusammengebrochenen Gestalt flatterten ihre Arme graziös wie die einer Diva in der Schlußszene einer tragischen Oper.

David hob die förmlich erstarrte Sylvie hoch und trug sie ins Haus. Er war erleichtert, als sich ihre Starre löste und sie ihm um den Hals fiel. In der Küche durchsuchten die beiden Jungen alles fieberhaft. Der Kleinere schluchzte, ohne deswegen seine panische Suche zu unterbrechen. Der Ältere wirkte lediglich ernst und entschlossen, während er Schubladen herausriß und sich durch Eierlöffel und Meßbecher wühlte.

Die Frau, die vorhin versucht hatte, die Wespen mit dem Steak wegzulocken, hielt das Küchentelefon in der Hand, nachdem sie offenbar den Notruf gewählt hatte. Sie drehte sich nach Matt und Chris um. »Jungs!« blaffte sie. »Wie ist eure Adresse?«

Chris sagte sie langsam vor. Die Frau schrie die Angaben ins Telefon, dann fügte sie eindringlich hinzu: »Ja, er ist von mindestens einer Wespe gestochen worden, und er ist allergisch dagegen. Er hat einen Schock, und wir finden seine Medizin nicht. Kommen Sie schnell. Vielleicht lebt er noch.«

Lily und Amy hatten sich im Spielzimmer im Souterrain ausgebreitet, sahen sich einen Film an und futterten Popcorn aus der Mikrowelle, als sie die näherkommenden Sirenen hörten.

»Hört sich ganz nah an«, sagte Amy. »Klingt das nun nach Feuerwehr oder Polizeiauto oder was?«

Lily war gerade dabei gewesen, sich Popcorn in den Mund zu werfen, hielt aber mitten in der Bewegung inne und versuchte angestrengt festzustellen, was für ein Heulton das war. Währenddessen gab die Sirene noch einen einzigen Laut von sich, als hätte sie Schluckauf, dann verstummte sie unvermittelt.

»Herrje, das ist direkt hier bei uns!« rief sie. »Hört sich an, als wäre es bei uns hinten im Garten!« Sie schnappte sich die Fernbedienung und drückte auf Pause. »Am besten, wir schauen einfach mal nach.«

Die Mädchen rappelten sich auf und gingen an dem wie eingefrorenen Fernsehbild vorbei durch die Glastür in den Garten. Auf den Gesichtern beider spiegelte sich angesichts der Möglichkeit, ganz in ihrer Nähe könnte sich irgendein interessantes Unglück ereignet haben, freudige Erwartung wider. Als sie draußen standen, hörten sie hinter der Hecke das Geknatter von Funkgeräten. Sie starrten einander an.

»Wow! Vielleicht die Bullen«, meinte Lily.

»Vielleicht hat sich auch einer an einem Knochen verschluckt oder so, und es ist ein Krankenwagen«, mutmaßte Amy. »Meinem Cousin ist das bei der Erntedankfeier im Haus meiner Tante passiert, und die hatten auch solche Walkie-Talkie-Dinger.«

Die Mädchen trabten über den Rasen und spähten vorsichtig durch die Öffnung in der Hecke.

Drüben sahen sie eine Menge Erwachsener, die Drinks in den Händen hielten und schweigend in den Ecken des Hofs herumstanden. Alle blickten gespannt auf ein paar uniformierte Sanitäter, die die in sich zusammengesackte Gestalt von Roger umringten. Einer von ihnen hielt eine Flasche mit einer klaren Flüssigkeit hoch, die durch einen Schlauch mit Rogers Arm verbunden war, während ihn die anderen auf einer Rollbahre festschnallten. Mit verzerrtem Gesicht sah Sue ihnen bei der Arbeit zu; die Arme hatte sie um ihre Söhne gelegt. Die beiden Jungen weinten.

Lily packte Amy am Arm. »Das ist Sues Mann«, flüsterte sie. »O mein Gott, der sieht aus, als wäre er tot.«

»Wahrscheinlich hat er bloß einen Herzinfarkt oder einen Anfall oder so was«, meinte Amy; ihrem enttäuschten Ton merkte man an, ein richtiger Todesfall wäre natürlich viel befriedigender gewesen.

Lily musterte all die bekümmerten Gesichter, entdeckte jedoch weder ihren Dad noch Sylvie. Vermutlich hatte niemand etwas dagegen, wenn sie hierblieb und weiter zuschaute. Sie führte Amy durch die Hecke und fand eine unverdächtige Stelle, von der aus sie alles beobachten konnten. All das war ziemlich aufregend, und sie war froh, daß Amy da war; so konnte sie das Erlebnis mit ihr teilen. Im richtigen Leben geschahen kaum jemals aufregende Sachen. Doch zugleich sahen die beiden Jungen so traurig und bekümmert drein. Sogar Sue tat Lily leid.

Vom Küchenfenster der Heffernans aus hatte David alles beobachtet. Noch immer hatte er Sylvie auf dem Arm, und sie wurde ihm allmählich zu schwer. Sie lehnte den Kopf an seine Schulter; die eine Hand hatte sie um seinen Hals gelegt, die andere in den Mund gesteckt. Auch sie beobachtete die Szene unter ihnen.

»Der Krankenwagen ist jetzt da. Das wird schon wieder«, sagte er zu ihr, doch er selber war sich dessen nicht so sicher. Sah ganz so aus, als hätte es Roger ziemlich schlimm erwischt, und David fiel jetzt auch wieder ein, daß manchmal Leute schon beim ersten Stich tot umfielen, derart allergisch waren sie gegen Bienen oder Wespen. Roger hatte das offensichtlich auch gewußt. Die halbe Minute oder so, die er untätig dagestanden und darauf gewartet hatte, ob die winzigen Plagegeister ihn in Ruhe lassen oder ihn vielleicht umbringen würden, nahm dadurch eine neue, schreckliche Bedeutung an.

Trotz der willentlichen Lähmung Rogers hatte David während der letzten Augenblicke vor dem Zusammenbruch ein ganzes Kaleidoskop von Gefühlen an ihm beobachtet – Furcht, dann Traurigkeit, als die Tränen wie bei einem Clown still über sein rundes Gesicht geflossen waren, schließlich die groteske, unfreiwillige Heiterkeit und ganz zum Schluß ein letztes schwaches Stöhnen, das resigniert und orgastisch zugleich geklungen hatte.

Im Grunde genommen wollte David nichts wie weg von hier, doch er konnte sich kaum an Sue und ihren Kindern vorbeischleichen und durch die Hecke nach Hause gehen. Und einfach durch die Haustür zu verschwinden wäre ihm auch ziemlich herzlos vorgekommen.

Die Gäste im Garten wichen zurück, als Roger abtransportiert wurde. Die Rollbahre verschwand unter dem gestreiften Sonnensegel und aus Davids Blickfeld. Sue und ihre beiden Söhne folgten in Begleitung des Mannes mit dem roten Toupet. Er hatte Schlüssel in der Hand; vermutlich fuhr er sie zum Krankenhaus. David war erleichtert, nicht helfen zu müssen. Er glaubte, dazu nicht in der Lage zu sein. Abgesehen von allem anderen fühlte er sich betrunken und taumelig und wünschte sich nichts weiter, als sich hinzulegen, geschützt vor der sengenden, blendenden Sonne.

»Okay, Schätzchen, wir gehen jetzt besser nach Hause«, sagte er sanft zu Sylvie. Mit einem Ächzen setzte er sie ab und führte sie die Stufen der Veranda hinunter.

Hinten im Garten liefen die Gäste herum und unterhielten sich in gedämpftem Ton. David hörte, wie jemand sagte: »Möglicherweise kommt er nicht durch.« Lily und Amy schlossen sich ihm an; er war einigermaßen überrascht, sie hier zu sehen. »Was ist passiert, Dad?« fragte Lily.

David erklärte, eine Wespe habe Roger gestochen, und da er allergisch sei, habe er einen Schock erlitten.

»Wow«, meinte Amy.

Die grauhaarige Frau, die den Notarzt gerufen hatte, hob plötzlich die Stimme und schwenkte die Arme. »Alle mal herhören«, rief sie. »Für uns gibt es im Moment nicht viel zu tun. Aber ich finde, wir sollten hier aufräumen, damit die Familie nicht bei ihrer Rückkehr damit anfangen muß.«

Die anderen ließen zustimmendes Gemurmel hören. Sie wandte sich an David. »Sie könnten vielleicht die Lampions runterholen.«

David tätschelte Sylvie und erklärte: »Meine kleine Tochter ist ziemlich verstört. Ich finde, ich sollte sie lieber nach Hause bringen.«

Lily meldete sich zu Wort: »Ich nehme sie mit nach Hause, Dad. Sie kann sich mit uns Videos anschauen. Und ich mache ihr auch was zu essen.« Lily legte den Arm um ihre Schwester, und von der andern Seite kam Amy fürsorglich näher.

»Bist du sicher?« fragte David.

»Irgendwie möchte ich nett zu jemandem sein«, erklärte Lily leise und nur an ihren Vater gewandt. »Im Augenblick ist mir einfach danach zumute.« David merkte, auch sie war ziemlich aufgewühlt.

»Ja, bring mich nach Hause«, bat Sylvie.

»Na schön, Mädels«, erklärte die Frau, die das Kommando übernommen hatte. Andere Gäste trugen Platten mit Essen in die Küche zurück.

David sah keinerlei Möglichkeit, sich von dem Aufräumkomitee abzusetzen, ohne einen schlechten Eindruck zu machen. Verärgert, aber schicksalsergeben fing er an, die japanischen Laternen abzunehmen. Sue hatte an allen Ästen welche befestigt, und als er so von Baum zu Baum wanderte, kam er sich fast wie beim Ostereiersuchen vor. Falls

Roger wirklich tot war, sagte er sich, gäbe es für Sue und ihre Kinder wirklich nichts Niederschmetternderes als die Rückkehr zum festlich dekorierten Schauplatz einer Party. Er stapelte die Laternen auf dem Büfett. Die Dame, die die ganze Sache in die Hand genommen hatte, würde schon wissen, was man damit machen sollte.

Anschließend ging er in die Küche. Jemand hatte die Klarsichtfolie aufgehoben, die Sue fallenlassen hatte, und wickelte Vorspeisen ein. »Ich finde, wir sollten die Steaks einfrieren«, schlug die resolute Dame vor.

Wie traumwandlerisch sah er unter dem Ausguß nach, wo Sue die Müllsäcke aufbewahrte, zog einen hervor, ging wieder nach draußen und fing an, zerknüllte Papierservietten, Bambusspießchen und die Blumen, mit denen die Tische geschmückt gewesen waren, hineinzustopfen. Dann trug er den Müllsack auf die Seite des Hauses, wo Sue die Mülltonnen stehen hatte.

Dort stieß er auf einen Mann, der die gleiche Art Müllsack voll mit klirrenden Bierflaschen dabeihatte. »Wissen Sie, wo sie die Recyclingtonnen hat?« fragte er David.

»Ich übernehme das schon«, erklärte David, der eine Möglichkeit witterte, von hier zu verschwinden. Der Mann gab ihm die Flaschen und trottete davon. David trug den Sack zur vorderen Veranda, wo sich ein kleiner, schindelgedeckter Verschlag befand, in dem geschickt die drei Plastikbehälter verborgen waren, die wöchentlich von der Müllabfuhr geleert wurden. Sobald er die Flaschen losgeworden war, konnte er sich davonstehlen, ohne daß irgend jemand es merkte.

Geräuschvoll leerte er den Sack in den Sammelbehälter für Glas. Da er das Gewicht der gerade abgeworfenen Last falsch eingeschätzt hatte, taumelte er in seinem angesäuselten Zustand gegen den Behälter für Papierabfall und schlug mit der Stirn an der Kante auf. Erschrocken fuhr er zurück und sah, wie sich auf der sorgfältig zerkleinerten Schachtel für Haferflocken unter ihm ein heller, kreisrunder Blutfleck ausbreitete. Seine Wahrnehmung war für einen Moment leicht verschwommen, doch bevor er sich aufrichtete, zwang er sich, wieder einigermaßen klar und deutlich zu sehen.

Als seine Augen wieder richtig funktionierten, verschlug es ihm den Atem. Er starrte auf ein Gewimmel dieser gräßlichen gelbgestreiften

Biester, die auf dem Abfall herumkrabbelten! Erschrocken machte er einen Schritt nach hinten; sein Blick blieb jedoch wie festgenagelt auf die widerwärtigen Dinger gerichtet. Doch dann wurde ihm klar, daß er lediglich sehr realistische, lebensgroße Abbildungen von Wespen auf einem ordentlich zusammengedrückten Stapel von Verpackungskartons vor sich hatte. »Anti-Wespen-Falle«, war da in großen gelben Buchstaben zu lesen, und darunter: »Für den sicheren Sommerspaß!«

Er klappte den Deckel des Verschlags zu und befühlte seinen Kopf, wo er eine kleine nässende Wunde ertastete, und schlenderte auf den Bürgersteig hinaus. Auf dem Weg um den Häuserblock herum zu seinem Haus geisterte das Bild der gräßlichen Insekten mit ihrem prächtigen sommerlichen Streifenmuster durch sein Gehirn, zusammen mit dem fröhlichen Satz, den er soeben gelesen hatte: »Für den sicheren Sommerspaß!«

Aber es gab keine Möglichkeit, Sicherheit zu garantieren. Auf der Welt ging es schrecklich, willkürlich, unsinnig und oft bösartig zu, jederzeit und ohne Vorwarnung konnte alles mögliche passieren. Roger hatte es trotz aller nur erdenklichen Vorsichtsmaßnahmen mitten in seinem Sommerspaß-Grillfest erwischt. Die Wespenfallen hatten ihn nicht davor bewahrt.

Plötzlich blieb er verwirrt stehen. Er hatte jeden Ast im Garten abgesucht, als er die japanischen Laternen entfernt hatte. Dabei war er nicht auf eine einzige Wespenfalle gestoßen, Plastikzylinder, die man überall auf dem Grundstück aufhängen sollte, um diese Biester in ihr Verderben zu locken. Doch in der Papiertonne hatte er einen Stapel leerer Schachteln gesehen, in denen diese Fallen verpackt gewesen waren. Wie seltsam das Leben doch spielt, dachte er leicht besäuselt. Beängstigend und voller Willkür. Anita konnte sich ebenso gegen ihn wenden, wie diese Insekten über Roger hergefallen waren, und es gab absolut nichts, was er dagegen unternehmen könnte.

Als er die vertrauten Stufen zu seiner Veranda hinaufging, hatte er das Gefühl, sich möglicherweise in etwas hineingesteigert zu haben. Hier zu Hause fühlte er sich gleich sicherer. Wenn man mitangesehen hatte, was mit Roger passiert war, konnte einem natürlich schon komisch zumute werden, aber das war kein Grund, in Panik zu geraten. Er durfte sich nicht von Angst und Entsetzen überwältigen lassen. Er und Anita müßten lediglich ihre Probleme klären, und das würden sie natürlich auch tun.

Auf der Veranda stellte er fest, der Briefkasten war gesteckt voll mit der Samstagspost. Wie gewohnt, wollte er den Werbeschrott gleich in die Recyclingtonnen werfen, die nicht geschickt in einem Verschlag verborgen waren, sondern unordentlich auf der Veranda herumstanden. Er hatte schon einige Kataloge und ein Päckchen Gutscheine zerrissen und war bei der Gasrechnung angelangt, als er auf den langen weißen Umschlag stieß, der an ihn adressiert war. Über die gedruckte Absenderadresse: »Conway's Home and Garden Center, Firmenzentrale« hatte jemand mit Schreibmaschine »Sandy« getippt.

Am Sonntagmorgen wartete Anita mit ihrem Anruf zu Hause, bis Frank unter der Dusche war. Ihre Familie vom Hotel aus anzurufen war mit Sicherheit der heikelste Teil des Ganzen.

Gestern nach dem Abendessen hatte sie noch so einen schlimmen Augenblick durchlebt. In Chinatown hatte Anita ein Schaufenster mit herrlichen chinesischen Brokatkleidern für Kinder und Erwachsene entdeckt – blau und rot und grün und gelb, mit goldenen Drachen bestickt und mit einer hübschen weißen Paspelierung eingefaßt. Sie hatte beschlossen, einmal nicht aufs Geld zu schauen und sie für die Kinder zu kaufen, als ihr wieder einfiel, daß man sie in Denver bei ihrer Mutter vermutete und sie deshalb keine solchen Geschenke mit nach Hause bringen konnte.

Gestern abend hatte sie versucht, sich keine Sorgen zu machen, doch in dem großartigen North Beach-Restaurant hatte sie sich einen Augenblick lang ein Schreckensszenario vorgestellt, in dem einem der Mädchen irgend etwas zustieß und David bei ihrer Mutter in Denver anrief. Wie vereinbart, würde Evelyn behaupten, Anita sei gerade einkaufen gegangen und werde zurückrufen. Im weiteren Verlauf des bösen Wachtraums sah sie vor sich, wie ihre Mutter dann das Hotel in San Francisco anrief. Anita war beim Essen, und man erreichte sie erst, als das Kind schon in der Notaufnahme gelandet war, während David immer wieder in Denver anrief. Möglicherweise rückte ihre Mutter dann die Nummer in San Francisco heraus, und David und die Mädchen erfuhren, daß sie eine Lügnerin war.

Sie ließ sich in den Kissenberg zurücksinken und starrte zur Decke hinauf, während sie das Telefon zu Hause läuten ließ. Überall aus der Decke schauten Rauchmelder und Sprinklerköpfe hervor. Diesen besonderen Anblick hatte sie letzte Nacht ausgiebig genossen, erinnerte sie sich reichlich frivol, und noch ein paar andere Blickwinkel dazu.

Sylvie meldete sich.

»Hi, Schätzchen«, begrüßte Anita sie und versuchte, beiläufig zu klingen. Unter der Tür des Badezimmers quoll Dampf hervor. »Wie geht es dir?«

»Prima«, erwiderte Sylvie. Schon vor langer Zeit hatte Anita sich damit abgefunden, wie herzlich langweilig Kinder am Telefon sein konnten. Sie schienen nicht sonderlich erpicht darauf zu erfahren, was man erlebt hatte, und konnten sich offenbar nie daran erinnern, was sie selber unternommen hatten. Am wichtigsten war immer noch, sie daran zu erinnern, daß ihre Mutter sie auch dann liebhatte, wenn sie weit weg war.

»Bist du wieder gesund?« fragte Anita.

»Ja.«

»Hast du dich richtig erholt?«

»Ja. Aber es ist was Schreckliches passiert.«

»Liebes! Was ist passiert?« Anita saß plötzlich aufrecht im Bett, und ihr Herz begann zu rasen.

»Wir waren bei Sue, und da hat eine Wespe Roger gestochen«, erklärte sie.

Anita entspannte sich, und ihre Angst verwandelte sich in Ärger. »Ihr wart bei Sue?« David hatte versprochen, die Kinder von Sue fernzuhalten. Doch sie durfte Sylvie nicht merken lassen, wie wütend sie war.

»Hat jemand Backpulver auf den Stich gestreut?« erkundigte sie sich leichthin. »Das ist das Beste, was man dagegen tun kann.«

»Nein, sie haben ihn mit dem Krankenwagen weggebracht. Er ist allergisch gegen Wespen.«

»Er wird sich bestimmt wieder erholen, Liebes. Kann ich mit Lily sprechen?«

»Die schläft noch, und Amy auch. Die haben die ganze Nacht Videos geguckt.«

»Oh. Na ja, wir sehen uns ja bald«, sagte sie.

»Mami?«

»Was ist denn, Liebes?«

»Komm schnell nach Hause. Das mit Roger ist so unheimlich.«

»Es kommt alles wieder in Ordnung«, erklärte Anita entschieden. »Ich möchte gern noch mit Daddy sprechen.« Sie hatte gehofft, ein Gespräch mit David vermeiden zu können, aber sie mußte ihm klarmachen, daß er Sylvie wegen der Geschichte mit Roger und seinem Wespenstich beruhigen mußte.

»Ist gut. Wann kommst du nach Hause?«

»Heute abend. Nach dem Abendessen. Ich hab dich lieb.« Anita schickte Küßchen durchs Telefon.

Wie an dem dumpfen Geräusch zu erkennen war, hatte Sylvie den Hörer auf den Tisch geknallt und rannte jetzt vermutlich los, um David zu holen. Sylvie ging nie, wenn sie rennen konnte.

Als David ans Telefon kam und mit merkwürdig teilnahmsloser Stimme »Hi!« sagte, widerstand Anita der Versuchung, ihm die Hölle heiß zu machen, weil er Sylvie zu den Heffernans mitgenommen hatte. Statt dessen sagte sie: »Sylvie ist völlig durcheinander, weil Roger von einer Wespe gestochen worden ist.«

»Er ist allergisch dagegen. Ist einfach umgekippt. Ziemlich makaber.«

»Versuchst du zumindest, Sylvie zu beruhigen? Sie ist nicht allergisch gegen Wespenstiche, erklär ihr das. Du mußt sie trösten.«

»Ich brauche auch Trost«, wandte er ein. »Es war schlimm. Möglicherweise ist er tot. Kann durchaus sein, daß Sylvie und ich zugesehen haben, wie er gestorben ist. Ziemlich harte Sache.«

Anscheinend wollte er den Angriff gegen sie lenken und ihr Schuldgefühle einreden, weil sie nicht dagewesen war. Anita seufzte gereizt. Wieso mußte das jetzt passieren? Wenn David sein Versprechen gehalten und sich von Sue ferngehalten hätte, wäre das nicht geschehen. Die Dusche im Badezimmer wurde abgedreht, und sie hörte die gläserne Schiebetür aufgleiten.

»Sei bitte besonders nett zu Sylvie, ja? Wenn ich zurück bin, werde ich mich darum kümmern.«

»Wann geht dein Flugzeug? Soll ich dich abholen?«

»Ach, bemüh dich nicht. Ich nehm mir ein Taxi.«

Als Frank, der seine Haare mit einem Handtuch trockenrieb, nackt aus dem Bad kam, legte sie auf. Er drapierte das Handtuch um den Hals und sah Anita fragend an, die sich darüber klar war, daß sie vermutlich ziemlich besorgt wirkte. »Ich habe den Anruf zu Hause hinter mich gebracht«, erklärte sie. »Jetzt kann ich mich entspannen.« Sie zwang sich zu einem Lächeln und ließ sich in die Kissen zurücksinken. »Herrgott noch mal, du siehst hinreißend aus«, stellte sie fest. Ihnen beiden zuliebe hatte sie dieses Wochenende eigentlich von all ihren häuslichen Sorgen freihalten wollen.

Abends saßen Anita und Frank in dessen Auto in dem finsteren, mehrstöckigen Parkhaus am Flughafen von Seattle. »Das ist ganz einfach«, meinte Frank. »Du erklärst ihm, daß es aus ist und er ausziehen soll.« Beide starrten durch die Windschutzscheibe auf einen dicken Betonpfeiler.

Warum mußte er unmittelbar nach diesem wunderbaren Wochenende damit anfangen? Das verdarb alles. Aus seiner Stimme konnte sie auf jenen unangenehmen, verdrießlichen Ausdruck von Eifersucht auf seinem Gesicht schließen. Sie haßte ihn, wenn er so war.

Anitas Gesicht war eine resignierte Maske, doch ihre Augen füllten sich mit Tränen. Würde er die Tränen bemerken und lieb zu ihr sein und aufhören, irgendwelche Forderungen zu stellen?

»Ach, Frank, ich hab's satt. Jede Nacht wache ich mit diesem fürchterlichen Gefühl auf, in der Falle zu sitzen, und er liegt bloß da und schnarcht vor sich hin. Ich versuche auf meiner Seite des Bettes zu schlafen, damit ich ihn nicht zufällig berühre. Außerdem habe ich dir doch gesagt, ich würde etwas unternehmen. Ich weiß nur noch nicht, was oder wann genau. Hab bitte Geduld!«

»Herrgott noch mal! Schmeiß ihn einfach raus. Sag ihm, er soll sich die Zeit mit der Suche nach einem Apartment vertreiben.«

»Ganz so einfach ist das nicht. Wir können es uns eigentlich nicht leisten.« Anita hatte das nie zuvor zur Sprache gebracht. Es fiel ihr schwer, über Geld zu reden. Zwar hatte sie sich innerlich von David gelöst, doch sie hatte festgestellt, hinsichtlich ihrer Finanzen fühlte sie sich immer noch als die eine Hälfte eines Paares und schämte sich für beide. Sie lebten von einem Monatsgehalt zum nächsten und hatten keine nennenswerten Ersparnisse. »Er muß erst einen Job finden«, erklärte sie.

Frank schien nicht zu begreifen, daß Geld überhaupt ein Problem sein konnte. Manchmal dachte Anita, er nähme überhaupt nicht zur Kenntnis, was nicht in seine Vorstellung von dem paßte, was zu geschehen hatte. »Ja, er muß einen Job finden. Aber deswegen mußt du nicht die Luft anhalten«, erwiderte er. »Jahrelang hast du ihn mit durchgefüttert, das wird er nicht einfach aufgeben wollen. Zuerst mußt du ihn aus dem Haus haben, vielleicht stellt er sich dann der Realität.«

»Ich glaube, er hat ziemliche Angst«, meinte Anita.

Frank umklammerte das Lenkrad. »Er tut dir leid, nicht wahr?«

»Bitte, Liebling. Es ist sowieso schon so schwer. Mach es nicht noch schlimmer. Ich habe so etwas noch nie durchgemacht. Es ist wirklich nicht leicht. Aber ich tue mein Bestes. Glaub mir bitte.«

Er legte ihr eine Hand auf die Schulter, und sie wandte sich zu ihm.

»Anita, entschuldige. Ich bin so besitzergreifend. Ich will dich haben. Ich kann einfach nicht anders.«

»Darin unterscheidest du dich ja auch so sehr von David«, entgegnete sie in der Absicht, ihm zu schmeicheln und so seine Eifersucht zu dämpfen. »Er ist passiv. Er möchte bloß, daß ich mich um ihn kümmere. Du hast so eine Art männliche Rücksichtslosigkeit. Das macht mir angst, aber es ist auch aufregend. Hilf mir, Frank. Hilf mir, ihn behutsam aus meinem Leben zu entfernen.«

»Das geht nicht behutsam. Das geht nur mit einem Tritt in den Hintern.«

»Und wenn er das Sorgerecht für die Mädchen bekommt? Er könnte vorbringen, er sei derjenige, der bei ihnen zu Hause geblieben ist.«

»Ich besorge dir einen guten Scheidungsanwalt«, versprach er sanft. Sie war erleichtert, weil sein Ärger nachzulassen schien. »Den besten. Außerdem wird der Richter berücksichtigen, was die Kinder wollen. Besonders die Ältere.«

»Lily«, sagte Anita gereizt. Daß Frank sich nicht an Lilys Namen erinnerte, störte sie. Doch dann wurde ihr klar, sie hatte ja bewußt jeden Hinweis auf ihre Töchter vermieden. Und das nur, weil sie Frank unterstellt hatte, ihm wäre es wohl lieber, wenn sie nicht mit den Kindern von einem anderen Mann belastet wäre. Anita hatte einmal zusammen mit den Mädchen eine Dokumentation im Fernsehen gesehen. Dort hatte es geheißen, männliche Primaten akzeptierten den Nachwuchs ihrer Partnerin mit einem anderen nur widerstrebend.

»Die Mädchen würden doch bestimmt lieber bei dir bleiben, Anita, oder nicht?«

»Schon«, meinte sie. Sie mußte es einfach glauben. Doch dann fügte sie hinzu: »Außer sie geben mir die Schuld an der Scheidung und betrachten ihn als das Opfer.«

»Es sind noch Kinder«, erklärte er ungeduldig. »Die begreifen wohl kaum, wie eine Ehe funktioniert. Oder nicht funktioniert. Außerdem, inzwischen geht der Trend ohnehin zum gemeinsamen Sorgerecht.«

Die Vorstellung, ihre Töchter müßten zwischen zwei Haushalten hin und her pendeln, die vermutlich beide von ihr finanziert würden, deprimierte Anita ungeheuer.

»Ach, Frank«, seufzte sie und schluchzte leise auf, »versuch doch, mich zu verstehen. Falls sie auf die Idee kämen, ich hätte sie in irgendeiner Weise im Stich gelassen – ich liebe sie so sehr. Nicht so wie dich. Anders. Aber ich möchte, daß alles gutgeht.« Sie ließ den Kopf auf seine Schulter sinken und spürte kaum, wie der Schalthebel ihr Knie rammte. Er tätschelte ihr den Rücken und brummte besänftigend.

»Es wird alles gutgehen«, erklärte er. »Das muß es einfach. Ich habe das auch durchgemacht, und glaub mir, es scheint unmöglich, doch eines Tages fügt sich dann alles, wie es sein soll.«

Franks Exfrau hatte, wie Anita wußte, das Sorgerecht für seine Tochter Phoebe, die er jedes zweite Wochenende sah. Sie kannte Phoebe aus Lilys Softballteam; vielleicht würde sie Lilys Freundin, würde ihre Kleider ausborgen und mit ihr über Jungs kichern. Es könnte ganz prima werden.

Frank erzählte selten von seiner Tochter, aber es lag ihm sehr viel an ihr, davon war Anita überzeugt. Ihre Kinder mußten nur vorübergehend zurückstehen, weil Frank und sie so verrückt aufeinander waren und so wenig Zeit füreinander hatten. Wenn sie nicht mehr so heimlich tun mußten, würde sich das ändern, da war sie ganz sicher.

»Anita«, fügte er hinzu. »Ich will nur das Beste für dich. Ich will mich um dich kümmern.«

»Ach, mein Engel«, erwiderte sie. Es wäre so wundervoll, wenn jemand sich um sie kümmerte.

Franks Stimme wurde ein wenig härter; er löste sich von Anita und ließ den Motor an. »Wenn er wirklich nicht gleich ausziehen kann, Anita, dann solltest du ihn wenigstens aus deinem Bett verbannen. Laß ihn doch auf der verdammten Couch schlafen. Vielleicht kapiert er dann endlich, was los ist.« Er schaute über die Schulter nach hinten, als er den Wagen aus der Parkbucht rangierte, und fragte: »Wie machen wir's jetzt? Hast du gesagt, du nimmst den Transferservice? Soll ich dich an der Ecke bei deinem Haus absetzen?«

»Ich habe gesagt, ich nehme ein Taxi«, erklärte Anita; es machte sie traurig, zu so einer schäbigen Lüge Zuflucht nehmen zu müssen.

KAPITEL DREIZEHN

Den ganzen Sonntag über hatten Sylvie und Lily durchs Küchenfenster zum Haus der Heffernans hinübergeschaut und laut darüber nachgedacht, was Roger zugestoßen war.

»Von denen ist keiner zu Hause«, erklärte Lily und schaute zu den öden Fenstern hinüber. »Vielleicht sitzen sie alle um sein Krankenbett. Möglicherweise liegt er im Koma.«

»Daddy, glaubst du, er ist tot?«

»Woher soll denn ich das wissen?« fuhr David sie an. »Wenn ich es wüßte, hätte ich es euch gesagt.« Wieso fragten Kinder andauernd, als wären Erwachsene allwissend?

»Wann erfahren wir das denn?« beharrte sie.

»Das weiß ich auch nicht«, erklärte er »Woher auch?«

Um halb sechs gingen die Mädchen zum Videoverleih, weil sie den Rückgabetermin um sechs Uhr für die Kassetten, die Amy und Lily gestern abend ausgeliehen hatten, nicht überziehen wollten. Kurz darauf hörte er, wie jemand die Hintertreppe heraufkam. Das verwirrte ihn, denn normalerweise benutzte Sue diese Treppe, doch das Klicken der Absätze, das er hörte, verband er mit Anita, wenn sie von der Arbeit nach Hause kam.

Er öffnete die Tür. Es war tatsächlich Sue, aber sie trug einen dunklen Rock, eine dunkle Bluse und entsprechende Pumps, als wäre sie unterwegs zu einer Beerdigung. Sie trat ein. »O David«, seufzte sie. »Er ist von uns gegangen. Er ist auf der Stelle gestorben. Sie konnten nichts mehr für ihn tun.«

»O nein!«

»Die Jungen und ich waren über Nacht bei Rogers Chef und seiner Frau. Sie waren großartig.«

»Was für ein furchtbarer Schlag«, meinte David. Er mußte ihr sein Beileid aussprechen, das war ihm klar, doch er hatte keine Ahnung, was er sagen sollte.

»Heute abend fliege ich nach Milwaukee. Wir bringen ihn nach Hause; er soll im Familiengrab beigesetzt werden. Im Haus ihrer Großeltern ist es für die Jungen leichter, damit fertigzuwerden; ich weiß nicht, ob ich stark genug bin, allein damit zu Rande zu kommen.«

David schaffte es, sich soweit zusammenzunehmen, daß er ein: »Es tut mir so leid« zustande brachte.

Sues Gesicht nahm einen düsteren, hoffnungslosen Ausdruck an. »Alles wäre gutgegangen, wenn sein Notfallbesteck dort gewesen wäre, wo es sein sollte. Ich kann mir nicht vorstellen, wo es sein könnte. Ich habe überall gesucht.« Sie war einem Zusammenbruch nahe, doch zu Davids ungeheurer Erleichterung schien sie sich wieder zusammenzureißen. »Ich habe ihn im Stich gelassen.«

»Du solltest nicht so streng mit dir sein, Sue.« Das hätte sie, wie ihm auf einmal klar wurde, ebensogut als Aufforderung verstehen können, sich zu vergeben, daß sie Roger einen Tag vor seinem Tod betrogen hatte. Doch darauf hatte er nicht anspielen wollen, nicht einmal indirekt, weshalb er hastig hinzufügte: »Roger hat es wahrscheinlich irgendwo verräumt. Manchmal ist es einfach Pech, wenn etwas passiert.«

»Glaubst du wirklich? Ich habe mich gefragt, ob es nicht vorbestimmt war.« Sie seufzte. Wollte sie damit andeuten, sie sei für ihre Untreue bestraft worden? Nervös trat er einen Schritt zurück.

»Jedenfalls«, versuchte er sie ein wenig zu trösten, »hast du alles getan, was du konntest. Hast jede Menge Wespenfallen besorgt.«

Sie wirkte überrascht. »Was meinst du damit?«

»Ich habe die Verpackungen in der Papiertonne gesehen. Du hast doch solche Wespenfallen besorgt?« fragte David stirnrunzelnd. »Im Garten habe ich aber keine gesehen.«

»Ja, die habe ich gekauft«, erklärte sie. »Doch als ich sie aufhängen wollte, war Roger dagegen. Er hat befürchtet, der Köder würde am Ende noch mehr Wespen in den Garten locken. Ich hätte darauf bestehen sollen.«

»Das alles ist schrecklich«, meinte David. »Es tut mir so leid.«

Ihre Lippen zitterten. »Jedenfalls habe ich gehofft, du würdest ein wenig auf das Haus aufpassen und den Briefkasten leeren.« Sie händigte ihm einen Umschlag aus. »Da ist der Schlüssel drin sowie die Telefonnummer von Rogers Eltern in Wisconsin.«

»Es tut mir leid, Sue«, wiederholte David reichlich einfallslos. Er wünschte, sie würde gehen. Sie tat ihm leid, aber er wußte nicht, was er sagen sollte. Außerdem befürchtete er, Anita könnte ausgerechnet jetzt nach Hause kommen und ihm die Hölle heiß machen, weil Sue hier war.

Sie ließ den Kopf sinken und sagte unter Tränen: »Wir haben unsere Probleme gehabt. Wer hat die nicht? Doch wir hatten auch fünfzehn wunderbare Jahre und zwei prächtige Kinder.«

»Wie kommen die Jungen damit zurecht?« fragte David. Er wünschte sehnlichst, sie würde verschwinden.

»So gut, wie man es erwarten kann. Vor uns liegt eine schwere Zeit, und ohne ein männliches Rollenvorbild wird es nicht leicht sein, sie großzuziehen. Ich muß einfach tapfer sein. Für sie. Das hält mich aufrecht.«

Sie sah auf die Uhr. »Hör zu, ich muß jetzt gehen und ein paar Kleinigkeiten packen. Rogers Chef bringt uns zum Flughafen.« Sie umarmte ihn züchtig, und er schaffte es, ihr unbeholfen den Rücken zu tätscheln. Dann drehte sie sich um und ging die Treppe hinunter. Er sah ihr nach, wie sie über den Rasen und durch die Hecke marschierte.

Kaum hatte er die Tür geschlossen, hörte er, wie jemand die vordere Treppe heraufkam. Sue war gerade noch rechtzeitig gegangen. Das mußte jetzt Anita sein, doch die tapsenden, leicht quietschenden Geräusche klangen wie die Schritte von Sue.

Als er in die Diele trat, war Anita gerade hereingekommen. Sie trug flache, sportliche Schuhe und Jeans und hatte ihre kleine Reisetasche dabei.

»Was ist denn mit deinem Kopf passiert?« fragte sie.

Er berührte die rötliche Beule, die er sich an der Papiertonne der Heffernans geholt hatte. »Bin gestolpert«, erklärte er vage. »Wie ich gerade erfahren habe, hat Roger Heffernan es nicht geschafft. Auf seinem Grillfest tot umgefallen. Ein einziger Wespenstich hat gereicht, und er war hinüber.«

»Wie schrecklich«, entgegnete Anita. »Die armen Jungen.«

»Sue bringt sie heute abend nach Wisconsin zurück«, erklärte er.

»Für immer?«

»Ich schätze schon. Schließlich sind sie erst vor sechs Monaten hergezogen, weil er versetzt worden ist. Sie hat hier keinen Job und keine echten Bindungen. Ihre Familie lebt dort, und ich kann mir nicht vorstellen, daß sie in dem Haus bleiben will, in dem ihr Mann gestorben ist.«

»Wissen die Mädchen es schon?«

»Sie bringen gerade Videos zurück. Sie müßten jeden Augenblick kommen.« David schloß die Augen und rieb sich mit einem Ausdruck tiefer Bewegtheit die Stirn. »Ich fürchte, das alles hat mich ziemlich mitgenommen. Wenn man sich vorstellt, wie eine solche Tragödie über eine Familie hereinbricht und sie einfach zerstört!«

»Ich bringe es den Mädchen bei«, erklärte sie. »Aber es wäre erheblich einfacher gewesen, wenn Sylvie gar nicht erst dort gewesen wäre und es nicht mitangesehen hätte.«

»Ich nehme an, du kritisierst mich, weil ich eine freundliche Einladung von unseren Nachbarn angenommen habe«, meinte er verdrießlich. »Wie kannst du nur eine so schreckliche Tragödie bagatellisieren? Jedenfalls, jetzt wo Sue wieder nach Wisconsin zurückgeht, brauchst du dir ihretwegen keine grauen Haare mehr wachsen zu lassen.«

»Damit sollten wir lieber nicht wieder anfangen!« fauchte Anita.

»Ich danke dir«, erwiderte er würdevoll. »Ehrlich gesagt, ich bin selber ganz schön geschockt. Ich habe schließlich gesehen, wie der arme Kerl gestorben ist. Eine recht anschauliche Lektion, uns unsere Sterblichkeit vor Augen zu führen. Da kommt man schon ins Grübeln, was wirklich wichtig ist im Leben.«

Er schleppte sich zur Treppe. »Ich glaube, ich lege mich ein bißchen hin.« Einen Augenblick später rief er über das Geländer: »Entschuldige, aber hier ist alles ziemlich unaufgeräumt. Wegen Roger und alldem hatte ich nicht den Nerv, irgend etwas zu tun.«

Als er oben auf seinem Bett lag, gratulierte sich David dazu, wie geschickt er alles hingekriegt hatte. Bestimmt würde Anita klarwerden, wie tragisch Rogers Tod war. Vielleicht rückte das ihre Perspektive wieder zurecht und machte ihr klar, wie wichtig es war, eine Familie zusammenzuhalten.

Unten ließ sich Anita schwer auf das Sofa fallen. In Gedanken ging sie die Unterhaltung von soeben noch einmal durch. Wie gewohnt, hatte David es geschafft, alles so hinzudrehen, wie er es brauchte. Er hatte sich nur deswegen so lange über Rogers schrecklichen Unfall ausgelassen, weil er jegliche Kritik wegen des gebrochenen Versprechens, sich von Sue fernzuhalten, von vorneherein abbiegen wollte. Und dann hatte er einen Vortrag über die Schicksalsgemeinschaft Familie gehalten und versucht, Anita Schuldgefühle einzureden, weil sie so gemein zu ihm war. Sich selbst hatte er als den sensiblen Kerl dargestellt, den die Tragödie zutiefst getroffen hatte.

Dazu hatte er es auch noch geschafft, sich eine Ausrede für das Tohuwabohu im Haus zurechtzubiegen. Auf dem Couchtisch vor ihr sah sie den zerfledderten Stapel der Sonntagszeitung, eine Sammlung Bierdosen, ein paar Bonbonpapierchen und eine Barbie-Puppe.

Müde stand sie auf und fing an, das Zeug einzusammeln. Unter den Zeitungen entdeckte sie eine ungeöffnete Gasrechnung und einen geöffneten Umschlag, der an David adressiert war. Die Absenderadresse lautete: »Conway's Home and Garden Center.«

Ohne Gewissensbisse ließ sie die Zeitung wieder auf den Tisch fallen und las den Brief.

Lieber Mr. Jamison,

Leider konnte ich mich nicht früher bei Ihnen melden, aber hier bei Conway's hat sich einiges geändert, und wir werden keine Angebote für unsere Werbekampagne einholen. Der Grund dafür ist, daß meine Nichte Jennifer, die kürzlich ihr Examen in Kommunikationswissenschaft gemacht hat, bei der Firma Skip MacDougal & Co eine Stelle als Kundenbetreuerin angenommen hat. Da wir ein Familienunternehmen sind, sind wir zu dem Schluß gekommen, eine Zusammenarbeit mit dieser Agentur bringt vermutlich für beide Seiten Vorteile.

Sie werden sicher verstehen, daß diese Konstellation wie maßgeschneidert für unsere Bedürfnisse ist. Ein Mitglied der Familie Conway wird sich kreativ betätigen und in der Lage sein, für uns die bestmögliche Werbung durch eine angesehene Firma mit umfassendem Service zu garantieren.

Meine Brüder und ich waren von dem Gespräch mit Ihnen sehr angetan und haben Ihre Vorstellungen mit Interesse angehört. Wir wünschen Ihnen für Ihre künftigen Bemühungen alles Gute.

Hochachtungsvoll,
Sandy Conway Smith
Direktorin für Marketing und Kundenbetreuung

Anita warf den Brief auf den Couchtisch. Verflucht sollst du sein, David, dachte sie angewidert. Damit würde es noch schwerer für sie, ihr Vorhaben in die Tat umzusetzen.

In dieser Nacht lag Lily im Bett und dachte darüber nach, daß Roger tot war. Als sie und Sylvie vom Videoverleih nach Hause gekommen waren, hatte sich Mom mit ihnen beiden hingesetzt und ihnen erklärt, daß solche Sachen nur sehr selten passierten. Und auch wenn den Heffernans etwas Tragisches zugestoßen war, so bedeutete das noch lange nicht, daß auch ihnen so etwas zustoßen müßte. Außerdem wisse niemand, weshalb schlimme Dinge geschähen, und deshalb brauchten sie sich keine Sorgen über Dinge zu machen, an denen sie doch nichts ändern könnten, und schließlich würden ja ihre Eltern sie hüten wie ihren Augapfel.

»Ihr müßt mir sagen«, hatte sie noch gefordert, »was ihr dabei fühlt, das ist wichtig. Sagt mir, ob euch das angst macht oder was auch immer.« Dabei hatte sie so ruhig geklungen, als hätte sie alles voll im Griff. Lily mochte das. Es erinnerte sie an die Zeit, als sie noch ganz klein gewesen war, obwohl sie mittlerweile begriffen hatte, daß ihre Mutter nicht wirklich in der Lage war, schlimme Dinge zu verhindern.

Lily wußte aber auch, daß sie ihrer Mutter in Hinblick auf ihre tatsächlichen Gefühle nicht die Wahrheit sagen konnte. In Wirklichkeit fand sie es nämlich cool, daß ausgerechnet den seltsamen Heffernans so was echt Bizarres zugestoßen war. Die führten sich wie die perfekte Familie auf; Sue tat andauernd so, als könne immer alles so natürlich und uramerikanisch sein wie bei den Leuten im Fernsehen, und dann fiel ihr Mann beim Grillen tot um. In gewisser Weise geschah es Sue sogar recht, weil sie geglaubt hatte, das Leben perfekt gestalten zu können.

Aber Sue war vor allem deswegen verrückt, weil sie so tat, als wäre sie völlig normal. Aus diesem Grund war Lily nicht wirklich überrascht gewesen, als da drüben etwas passiert war. Diese unheimlichen Schwingungen lockten das Pech wahrscheinlich geradewegs zu den Heffernans.

Dennoch taten Lily die beiden Jungen irgendwie leid. Sie hatte Matt und Chris nie besonders gemocht. Dumme kleine Flegel mit langweiligen Gesichtern. Wahrscheinlich, weil ihr Leben völlig von ihrer Mom kontrolliert wurde, was sie in Miniaturzombies verwandelt hatte. Trotzdem, es wäre schon ziemlich schrecklich, wenn Dad plötzlich tot umfiele. Die Möglichkeit, ihre Mom könnte sterben, war für Lily unvorstellbar.

Sie schüttelte ihr Kissen auf, drehte sich auf den Bauch, gähnte und machte sich klar, daß sie eigentlich schlafen müßte. Sie mußte morgen früh aufstehen, um zur Schule zu gehen, doch das Nachdenken über Roger hatte sie ganz kribbelig gemacht.

Auf einmal hörte sie aus dem Zimmer ihrer Eltern laute Stimmen. Sie hörten sich wütend an. Schlagartig verschwand die unbestimmte, angenehme Erregung, die sie bis jetzt empfunden hatte. Auf einmal fühlte sie sich schwach und krank und wie jemand in einem Aufzug, der ruckartig und zu schnell abwärts fährt.

Sie hob ihren Kopf vom Kissen und spitzte wie ein Tier im Wald die Ohren. Dad sagte: »Das kommt so plötzlich. Wir müssen das wieder hinkriegen. Ich suche mir einen Job, und dann bist du wieder glücklich, okay? Du kannst mich nicht einfach rauswerfen! Wo soll ich denn hin?«

Mit schluchzender, um Verzeihung bittender Stimme erwiderte ihre Mom: »Ich glaube, dazu ist es zu spät. Verstehst du denn nicht? Meine Gefühle haben sich geändert. Ich hätte das nie geglaubt. Aber wie dem auch sei, du liebst mich auch nicht mehr. Alles, was dir einfällt, ist: ›Wo soll ich denn hin?‹ Du denkst nur an dich, David.«

»Du hast mich nicht mal vorgewarnt!« schrie David.

»Ich habe es versucht, aber du wolltest ja nicht hören. Du hast mich zu lange als Selbstverständlichkeit betrachtet, und dabei ist alles abgestorben, Zentimeter für Zentimeter. Du hättest selbst merken müssen, was sich da entwickelt, und etwas dagegen unternehmen sollen.«

Sie konnte nicht glauben, was Mom da sagte. Lily steckte den Kopf unter ihr Kissen. Sie wollte nichts mehr hören. Sie spürte, wie sie zusammenschrumpfte, sich wie eine Schlange wand und sich krümmte wie ein Stück Plastik, das jemand ins Feuer geworfen hat.

In der oberen Schublade, unter ihrer Kollektion von Spitzenunterwäsche, hatte Anita ein dickes Taschenbuch mit dem Titel *Trennung: Ein Ratgeber für Frauen, die eine unergiebige Beziehung beenden wollen* versteckt. Auf dem Umschlag des Buches rollte ein Ehering auf einen dunstigen, verheißungsvollen Horizont zu, der sich wie Morgendämmerung in die Ferne erstreckte.

In der folgenden Woche las sie das Buch in mehreren heimlichen Sitzungen in der Badewanne, nachdem sie es vorher, jedesmal in ein Handtuch gewickelt, ins Bad geschmuggelt hatte. Allmählich wurde es eine Art tröstliches Ritual, sich im warmen Wasser auszustrecken und die beruhigende, im leichten Plauderton gehaltene Prosa zu lesen. Sie stellte sich die Stimme der Autorin vor – die feste, gemessene Stimme einer großen Schwester – und freute sich mit der Verfasserin an deren erfolgreichen Versuchen, einen mürrischen, nörgelnden und sie bevormundenden Ehemann, der sie ständig demütigte, abzuservieren.

Sei nett zu dir, empfahl die Autorin. Geh aus und verwöhn dich selber. Kauf dir selbst kleine Geschenke und gönne dir einen neuen Haarschnitt. In anderen Abschnitten bot sie eher praktische Ratschläge an. Mach dir nicht die Mühe, dem Kerl seine Fehler vorzuhalten. Sage einfach: »Es ist besser so«, oder: »Ich finde, genau so muß es sein.«

Gelegentlich war Anita, wenn die Mädchen schliefen, im Schlafzimmer auf David losgegangen und hatte ihren Wunsch, ihn aus ihrem Leben zu verbannen, in einer langen, geflüsterten Tirade gerechtfertigt, in der sie ihm seine Passivität, seine Unfähigkeit, Verantwortung zu übernehmen, und seine Faulheit vorgeworfen hatte. Nichts davon war wirklich angekommen. Er hatte sie im Gegenzug nur angefahren, sie sei unfair. Außerdem schien ihn die Konfrontation mit seinen Fehlern auf die Idee zu bringen, es gäbe noch etwas zu verhandeln. Doch darüber waren sie längst hinaus.

Für Frauen, die sich ihr Leben lang im Haushalt abgerackert hatten, während der Ehemann allein für den Lebensunterhalt sorgte, und die Angst vor einem armseligen Leben als vor die Tür gesetzte Hausfrau hatten, schien das Buch eine ganze Menge Ratschläge zu enthalten. Diese Abschnitte brauche ich gar nicht zu lesen, dachte Anita bitter. Obwohl, vielleicht könnte David einige der Tips zum Wiedereinstieg ins Berufsleben oder einige der Ratschläge, wie man einen Lebenslauf verfaßt, gebrauchen.

Ein Kapitel hatte sie sich bis zum Schluß aufgehoben, da sie ungeheure Schuldgefühle hatte; es handelte von den Kindern. Doch selbst da gelang es der Autorin, alles vernünftig und einfach klingen zu lassen. Vielleicht war es ja wirklich nicht so schlimm. Schließlich ging es unzähligen Menschen so. Frank und seine Exfrau hatten es auch geschafft. In dem Kapitel erfuhr sie, man könne keine gute Mutter sein, wenn man in eine unglückliche Ehe verstrickt sei. An diesen Gedanken klammerte sie sich. Und falls die Kinder doch auf die Barrikaden gingen, meinte die Autorin, könnte eine professionelle Beratung auch deren Perspektive wieder zurechtrücken. Anitas Krankenversicherung würde die Kosten übernehmen.

Wenn der schreckliche Tatbestand erst einmal offen zutage lag und auch die Kinder es wußten, wäre der nächste logische Schritt, David aufs Sofa und anschließend in eine andere Wohnung zu verbannen.

Anita genoß den Gedanken an eine Zeit, in der nur noch die Mädchen sie zu Hause erwarten würden. Dann käme sie ganz bestimmt wieder gern heim. Das Buch schilderte das rauschhafte Gefühl der Freiheit, die Belohnung für die Courage, sein Leben selbst in die Hand genommen zu haben.

Im letzten Kapitel versicherte die Autorin, es gäbe auch noch andere Männer – egal wie niedergeschlagen und verstört man war. Es war nur eine Frage des Kennenlernens und des Aufbaus ehrlicher Beziehungen zu ihnen; man mußte wieder lernen, zu vertrauen und zu lieben. Wichtig war nur, nicht wieder die gleiche falsche Entscheidung zu treffen, die einen in den Clinch mit dem Falschen getrieben hatte.

Einerseits fühlte sich Anita durch dieses Kapitel geschmeichelt. Schließlich befand sie sich mit einem Bein bereits in einer solchen Lage. Doch sie fragte sich auch, wie lange Frank noch so geduldig wäre und wie lange er warten würde. Nur ein einziges Mal hatte er ihr wirklich Angst eingejagt, als er erklärt hatte: »Ich weiß nicht, wie lange ich darauf warten kann, daß du endlich deine Probleme angehst.«

Viele Frauen haben jahrelang gewartet, dachte Anita. Jeder kannte diese altmodischen Sekretärinnen, die ein Jahrzehnt darauf gewartet hatten, daß ihr Chef sich eines Tages dazu aufraffte, seine Frau zu verlassen. Die Weihnachten allein verbrachten, immer unansehnlicher wurden und dabei tapfer blieben und sich nicht beklagten. Alle waren der Meinung, diese hingebungsvollen Geliebten vergangener Zeiten seien Närrinnen. Wenn die Liebe einschlug, konnten Männer ja durchaus verrückt und impulsiv sein, aber sie schienen weit weniger dazu bereit, sich deswegen zu Langzeitnarren zu machen. Wenn sich nur etwas fände, wo David hinkönnte.

Die Lösung des Problems fiel Anita ganz plötzlich ein, als sie ein paar Tage darauf am Computer arbeitete und Bestandsdaten überprüfte. Sie kam sich physisch verändert vor, als wären ihre Knochen fester und stärker geworden. Fast hatte sie den Eindruck, das Blut fließe schneller durch ihre Adern. Auf einmal wurde ihr bewußt, daß das alles zu schaffen war.

Anita erinnerte sich an den Tag, als ihre Mutter sich wie ein wilder Stier auf einen gräßlichen alten Lehnstuhl mit Blümchenmuster gestürzt hatte, den sie zu allen Stationierungsorten Daddys mitgeschleppt hatten. »Jahrelang habe ich davon geredet, das verdammte Ding loszuwerden, und genau das werde ich jetzt auch tun, verdammt noch mal«, hatte sie verkündet. Fasziniert und aufgeregt hatte Anita zugesehen, wie ihre Mutter das anstößige Möbelstück auf die Veranda gewuchtet und dann keuchend die Heilsarmee angerufen hatte, damit die es abholten. Nun verstand sie, was ihre Mutter empfunden hatte.

Sie konnte nicht länger warten. David mußte gehen. Es mußte ganz einfach passieren. Es würde keine dieser furchtbaren nächtlichen Schlafzimmerkonferenzen mehr geben, bei denen sie ihn flüsternd anflehte, endlich auszuziehen, worauf er sich verächtlich weigerte, das auch nur in Betracht zu ziehen. Sie mußte ihn frontal angehen, wenn die Kinder nicht in der Nähe waren.

Falls er wieder einwenden sollte, sie könnten sich keine zwei Haushalte leisten, wüßte sie jetzt eine Antwort darauf. Warum nur war sie nicht früher darauf gekommen? Sues Haus stand einfach nur leer herum. Soweit sie wußte, war es nicht einmal zum Verkauf ausgeschrieben. Es konnte Monate dauern, bis Rogers Testament in Kraft trat, und David könnte dort mietfrei wohnen, bis er seine Angelegenheiten in den Griff bekäme. Möglicherweise wäre Sue sogar erleichtert, wenn sie einen Aufpasser im Haus hätte, und David wäre in der Nähe der

Mädchen, die sich so leichter an die Vorstellung einer Scheidung gewöhnen könnten.

Anita stand auf, nahm ihre Handtasche und erklärte Marilyn, die am Empfang saß, sie gehe heute früher zum Mittagessen. Anita fühlte sich wie eine Leinwandheldin, die ihr Schicksal in die Hand nimmt, als sie aus dem Gebäude auf die Straße trat. Sie stieß die schwere, messingbeschlagene Glastür auf und bildete sich dabei ein, hinter sich Musik voller Aufbruchstimmung zu hören. Kühn schritt sie mitten durch eine Schar geschäftig pickender Tauben, die erst im letzten Augenblick vor ihren Füßen aufflatterten, und war sehr zufrieden, sie auseinanderscheuchen zu können.

Der sechzehner Bus war um diese Tageszeit erstaunlich leer. Ein paar alte Damen mit gekräuselten weißen Haaren, Brillen, Plastiktüten und billigen Regenmänteln, dazu einige pubertäre Kerls mit unreiner Haut, die mit ihren Beerdigungsklamotten, Tätowierungen und ausgeflippten Frisuren Härte zu demonstrieren versuchten.

Und außerdem noch ein ziemlich heruntergekommener, unrasierter Mann in mittleren Jahren, der einen schmutzigen alten Rucksack mitschleppte. Vermutlich ein Obdachloser. In der Freifahrtzone der Innenstadt gab es eine Menge Obdachloser, die im Bus durch die Gegend kutschierten. Normalerweise versuchte Anita, sie nicht anzusehen oder sich Gedanken über ihr Leben zu machen, weil es einfach zu deprimierend war.

Doch dieser Mann machte durchaus keinen deprimierten Eindruck. Er saß da, hatte eine Hand ans Kinn gelegt und schaute interessiert und vergnügt aus dem Busfenster. In Gedanken unterzog Anita ihn einer gründlichen Säuberung und steckte ihn in einen Anzug. Möglicherweise war er einmal ein angesehener Mann gewesen. Ehrlich gesagt, er sah sogar recht gut aus. Einigermaßen gepflegt, wäre er einer von den Leuten, mit denen man sich auf einer Party gern unterhielte. Ihr wurde klar, er war ungefähr in ihrem Alter. In Davids Alter.

Würde David auch so enden? Für kurze Zeit schwand ihr Mut. Doch dann gewann er wieder die Oberhand, und sie hörte Franks Stimme, wie er ihr mit kaum verhohlenem frustriertem Unterton erklärte, David müsse sich schlicht und einfach einen Job suchen. Viele Leute hatten einen Job.

Allerdings war sie nicht sicher, welche Art Arbeit er kriegen könnte. Werbeagenturen wollten entscheidungsfreudige junge Leute. Jeder hatte schon Schreckensmeldungen von gefeuerten Managern mittleren Alters gehört, die keine angemessene Stelle mehr bekamen und schließlich bei irgendwelchen niedrigen, beschämenden Tätigkeiten landeten. Auch Anita machte sich deswegen Sorgen. Erst letzte Woche hatte Pam erklärt, sie fände die von Anita für den Herbst georderten Farben »irgendwie ältlich«.

Aber wieso sollte David ihr eigentlich leid tun? Hatte es ihn gekümmert, wie satt sie den Einzelhandel, Pam und die ehrgeizigen jüngeren Einkäuferinnen hatte, die abfällige Bemerkungen über ihre Quote preisreduzierter Waren machten? Plötzlich zog sie ein boshaftes Vergnügen daraus, sich David in einer unattraktiven Polyesteruniform mit einem Ansteckschild vorzustellen, wie er die Leute aufforderte: »Fragen Sie mich nach Witwe-Bolte-Tiefkühlkost« oder so etwas in der Art, oder wie er sich zu einem Mikrofon hinunterbeugte und sagte: »Darf ich bitte Ihre Bestellung entgegennehmen?«

Mit quietschenden Bremsen hielt der Bus an ihrer Haltestelle, und sie schlenderte nach Hause. Nicht nur der sechzehner Bus, auch die Straße, in der sie wohnte, kam ihr zur Mittagszeit anders vor als gewohnt. Praktisch nirgends waren Autos geparkt, und mit Ausnahme von Ed und Laura Margolin, die draußen waren und ein Gartenbeet mit frisch geschnittenem Gras mulchten, war die Straße menschenleer.

Sie erinnerte sich, wie sie, als sie noch zu Hause geblieben war und David noch gearbeitet hatte, im Frühling Lily in ihrem Kinderwagen die Straße entlanggeschoben hatte, die damals genauso verlassen und ruhig dagelegen hatte.

Was für eine herrliche Zeit war das gewesen. Und wie verblüffend es ihr vorgekommen war, zu einer geisterhaften Version ihrer selbst zu schwinden, als würde die verstörende lebhafte Farbe aus ihr auslaufen. An ihrer Stelle war Lily der Mittelpunkt ihrer Welt geworden, ein durch und durch entzückendes Wesen, das in die Sonne blinzelte, wenn es diese Straße entlanggeschoben wurde, und mit kleinen Grübchenfingern nach den Dingen griff, die sie neugierig machten.

Hätte damals irgend jemand Anita vorhergesagt, vierzehn Jahre später würde sie wieder durch diese Straße gehen, diesmal um von ihrem Mann zu verlangen, er solle ausziehen, sie hätte sich das nie und nimmer vorstellen können.

Unmittelbar nach der Geburt war Anita von Lilys Charme und der ungeheuren Freude, die es ihr bereitete, sie immer wieder aufs neue zu bewundern, völlig überwältigt gewesen. Und sie war auch sehr erstaunt gewesen über die Leichtigkeit – nein, es war mehr als nur Leichtigkeit, es war Erleichterung und Dankbarkeit gewesen –, mit der sie das Verschwinden ihrer eigenen Persönlichkeit hingenommen hatte. Wie befreiend es gewesen war, sich selbst zu vergessen.

Natürlich hatte Anita, als die Kinder älter und unabhängiger wurden, gespürt, wie ihr Selbst zurückkehrte. Und jetzt hatte es Frank, ach Frank, ihr doppelt und dreifach zurückgegeben. Seit ihrer Pubertät hatte sie sich nicht mehr so lebendig gefühlt.

Aber diesmal war dieses Zurückkommen zu sich selber ganz anders. Die Befriedigung lag in der Erregung des Wiederentdeckens. Sie fühlte sich unglaublich lebendig und unternehmungslustig, jedoch ohne die schmerzliche Selbstbezogenheit, die einen Schatten auf alles geworfen hatte, ehe die Babys gekommen waren.

Als sie ihren Garten betrat, holte sie tief Luft. Sie konnte es schaffen. Sie wußte, sie konnte es.

David lümmelte auf dem Sofa, las *People* und hatte jetzt, mittags, noch immer Pantoffeln und seinen Bademantel an. Sichtlich erstaunt, sie mitten am Tag hier zu sehen, blickte er auf.

»Anita!« Sie stand in der Tür und sah auf ihn hinunter. Er hatte sich nicht rasiert, und in seinem Stoppelbart waren mehr weiße Haare zu erkennen. So hübsch, wie sie einst geglaubt hatte, war er gar nicht. Eigentlich hatte er um die Wangen und den Mund herum eher etwas Heimtückisches. Wieso war ihr das nicht früher aufgefallen? All die Jahre war sie völlig blind gewesen. Und sie hatte tatsächlich geglaubt, glücklich zu sein.

»David«, begann sie sehr ruhig und legte ihre Hand in einer Geste, die aus einem etwas altmodischen Bühnenstück hätte stammen können, an den Türrahmen, »ich wünsche eine einvernehmliche Trennung.« Frank hatte ihr erklärt, eine Trennung sei leichter zu verlangen als eine Scheidung, und David würde dann eher das Feld räumen, was wiederum seine Chancen verringerte, das Haus zugesprochen zu bekommen.

»Ich finde, du solltest in Sues Haus ziehen. Ich bin sicher, sie ist einverstanden; du brauchst sie nur anzurufen. Den Mädchen können wir es heute abend sagen. Gemeinsam, wenn du willst.« In dem Buch war empfohlen worden, es den Kindern in Anwesenheit beider Eltern mitzuteilen, doch Anita rechnete von vorneherein damit, daß er sich drücken würde – angesichts seiner Feigheit, was Unannehmlichkeiten betraf.

»Das kannst du vergessen, Anita«, erwiderte er ärgerlich und warf die Illustrierte beiseite. »Ich habe es dir schon einmal gesagt, ich gehe nirgendwohin. Wenn du willst, kannst du ja gehen. Du findest sicher irgendwo eine Wohnung. Oder vielleicht hast du ja einen Liebhaber, bei dem du einziehen kannst.« Er warf ihr einen angewiderten Blick zu. Zum ersten Mal seit jenem Muttertag erwähnte er das.

»Bitte!« entgegnete sie. »Laß uns bloß nicht davon anfangen!«

»Es könnte Auswirkungen auf eine mögliche Scheidung und die Sorgerechtsregelung haben«, erklärte er triumphierend.

»Das ist nur eine Vermutung von dir«, meinte sie. Sie fügte nicht hinzu, daß ihr Frank erklärt hatte, es mache ohnehin keinen großen Unterschied.

»Roger Heffernan hat dich gesehen, Anita! In aller Öffentlichkeit hast du geschmust. In einem Restaurant.«

»Das ist doch lachhaft. In meinem ganzen Leben habe ich keine zehn Minuten in Gesellschaft von Roger Heffernan verbracht. Ich bezweifle, ob er in der Lage gewesen wäre, mich in einem Restaurant überhaupt zu erkennen. Hör mal, David, du solltest an die Zukunft denken, nicht an die Vergangenheit. Du solltest dich an den Gedanken gewöhnen, daß du dir eine Stelle suchen mußt.«

Davids Gesicht verzog sich zu einer Grimasse; plötzlich sah er erbärmlich aus. Anita schloß die Augen. »Ich kann es einfach nicht glauben«, stammelte er hoffnungslos. »Warum, Anita? Warum?«

Sie holte tief Luft und erinnerte sich wieder an den Standardsatz, der in dem Buch empfohlen wurde. »Ich finde einfach, es ist besser für uns alle«, zitierte sie. »Wenn du nicht in Sues Haus ziehst, muß ich mir einen Anwalt nehmen, der dich hier rausbefördert. Jedenfalls werde ich den Mädchen heute abend klarmachen, daß wir uns auf gütlicher Basis trennen.«

Sie machte die Augen wieder auf. Sein Gesicht war noch immer verzerrt, und er wirkte wie ein Kind, das sich ängstlich vor dem Spielplatzrowdy duckt. Es war schrecklich, und sie befürchtete, er werde in Tränen ausbrechen. Zitternd sagte sie: »Es tut mir leid. Es tut mir wirklich leid. Ich habe nicht gewollt, daß es so kommt. Wirklich nicht.«

Er setzte sich auf und lehnte sich nach vorn, als wolle er aufstehen, auf sie zugehen und sie umarmen. Sie machte auf dem Absatz kehrt und floh aus dem Haus.

Als eine Stunde später das Telefon klingelte, saß David noch immer auf dem Sofa. Anita. Er hatte gehofft, sie würde anrufen, um sich wegen ihrer Entgleisung zu entschuldigen und ihr Ultimatum zu widerrufen. Statt dessen wartete sie mit praktischen Einzelheiten auf.

»Ich finde, du solltest alles, was du für den Augenblick brauchst, zu Sue rüberschaffen, ehe die Mädchen heimkommen. Sie müssen ja nicht unbedingt sehen, wie du deine Sachen packst. Du willst bestimmt auch, daß wir alles tun, um ihnen den Übergang leichter zu machen.« Es klang herrisch und unpersönlich. »Und nach der Schule kannst du mit den Mädchen zu Hause bleiben, bis ich von der Arbeit komme. Ich möchte nicht, daß sie zu Sue rübergehen. Sie sollen spüren, daß sie ein eigenes Zuhause haben.«

Mit trauriger Stimme, die ihm beinahe das Herz brach, wiederholte sie dann, was sie vorhin gesagt hatte: »Es tut mir leid. Es tut mir wirklich leid.« Sie schien ihn abwechselnd zu hassen und zu bemitleiden.

Möglicherweise war das gar keine so schlechte Idee, fand er. Wenn er so etwa eine Woche in Sues Haus verbrachte, würde Anita vielleicht merken, wie töricht das alles war. Die Mädchen würden sich schrecklich aufregen. Sie würden ihn zurückhaben wollen, dessen war er sich sicher. Und für Anita war es sehr wichtig, was die beiden dachten.

Zwischendurch war er auf die Idee gekommen, er könnte behaupten, er hätte Sue angerufen und sie hätte nein gesagt. Dann müßte Anita ihn in ein Motel ziehen lassen und damit ihre Kreditkarte noch weiter überziehen.

Doch Sue würde ihm selbstverständlich nie untersagen, in ihrem Haus zu wohnen. Sue war großzügig und hilfsbereit, das konnte nicht einmal Anita leugnen; deshalb hielt er es auch nicht unbedingt für nötig, die Nummer in Wisconsin anzurufen und sie um Erlaubnis zu fragen. Außerdem hatte er keine Lust, seine Eheprobleme mit Sue zu erörtern, und im Moment legte er auch keinen Wert darauf, von ihren Schwierigkeiten zu erfahren.

Er ging nach oben und schleuderte seinen Koffer mitten auf das ungemachte Bett. Dann raffte er saubere Schlafanzüge, Jeans, Socken und Unterwäsche zusammen und warf sie hincin. All das erinnerte ihn an die Zeit, als er gerade acht gewesen und mit seinem kleinen Fred-Feuerstein-Plastikkoffer für ein paar Tage zu den Nachbarn gezogen war. Zu der Zeit war seine Mutter wie vom Erdboden verschwunden gewesen und dann mit einem kleinen Schwesterchen zurückgekehrt. Einer Schwester, die großgeworden war und sich gegen ihn gestellt und sich schließlich die unschätzbaren Antiquitäten Tante Marthas unter den Nagel gerissen hatte, während sie das Plastikgeschirr, die alten Wecker und eine Sammlung von *National Geographics* zu ihm verfrachtet hatte, verdammt noch mal.

Er sah sich in dem Schlafzimmer um, im dem er so viele Jahre hindurch aufgewacht war. Würde er jemals wieder hier schlafen? Er hatte sich so an alles hier gewöhnt. Auf diese Weise fortgejagt zu werden war wirklich unfair. Und so erniedrigend.

Er riß ein paar Hemden von den Bügeln. Anitas Kleider belegten den Schrank zu drei Vierteln. Nun würde sie sich vermutlich ausbreiten und das ganze Ding übernehmen. Sie hatte sich immer beschwert, sie hätten zu wenig Schränke. Gut, jetzt war dieses Problem gelöst, oder etwa nicht?

Er zog sich an, wobei er sich an Sachen hielt, die er schon in den Koffer gepackt hatte. Dann ging er ins Bad und holte Rasierapparat und Zahnbürste. Er warf sie auch noch in den Koffer, beugte sich darüber und zerrte am Reißverschluß. Seine Augen verengten sich, als er seine Augen ein letztes Mal durch das Schlafzimmer wandern ließ und dabei Anitas Bademantel über einem Stuhl hängen sah. Plötzlich verspürte er das ungeheure Bedürfnis, ihn in Stücke zu reißen.

Er holte tief Luft und verließ mit großen Schritten den Raum. Obwohl es kein Publikum dafür gab, versuchte er, das Haus in Würde zu verlassen, und schritt gemessen die Treppe hinunter, durchquerte die Küche, ohne sich umzusehen, und zog hinter sich leise die Tür ins Schloß, ehe er auf den einladenden Durchlaß in der Hecke zuging.

Als ihre Mutter unten an der Treppe stand und nervös und gespielt beiläufig heraufrief: »Mädels? Würdet ihr bitte runterkommen?« wußte Lily ziemlich genau, was geschehen würde.

Sie legte ihre Hausaufgaben weg, schob sich die Haare hinters Ohr, damit sie ihr nicht ins Gesicht hingen, und seufzte. Unterwegs klopfte sie an Sylvies Tür. »Du solltest jetzt besser mit nach unten kommen«, erklärte sie. »Mom will uns etwas Wichtiges sagen.« Sonst würde Sylvie nämlich wie immer noch herumtrödeln und »einen Augenblick noch, nur noch einen Augenblick« rufen, während Lily und Mom dasaßen und auf den großen Augenblick warteten und alles irgendwie peinlich wäre. Lily wollte es schnell hinter sich bringen.

Sie öffnete die Tür und sah Sylvie inmitten eines wirren Haufens von Spielzeug mit gespreizten Beinen auf dem Teppich sitzen. In einer Hand hielt sie eine Barbie-Puppe, in der anderen einen rosa Plastikkamm. »Augenblick noch«, murmelte sie und traktierte Barbies Haare weiter mit solcher Begeisterung, daß sie der lächelnden Puppe fast den Kopf abriß.

»Ich finde, du solltest besser sofort mitkommen«, sagte Lily rüde. »Ich glaube, es ist wirklich wichtig!« Sylvie starrte ihre Schwester aus großen Augen an, und Lily merkte, sie hatte Angst. »Okay«, fügte sie sich, ließ Kamm und Puppe fallen und rappelte sich auf.

Lily legte einen Arm um Sylvie. »Das wird schon wieder«, meinte sie und drückte sie kurz an sich.

Als sie Dad wie auf einem Familienfoto in steifer, formeller Pose neben Mom auf dem Sofa sitzen sah, wußte Lily, daß sie recht gehabt hatte. Es war wie in einer der alten Sitcoms aus den Siebzigern, nur saßen die Familien in diesen anheimelnden Wiederholungen lediglich zusammen, um über angenehme Dinge zu diskutieren, zum Beispiel, wohin man in den Ferien fahren wollte.

»Setzt euch, Kinder«, forderte Mom sie mit einem tapferen kleinen Lächeln auf. Alles wirkte so gestellt. Sonst saßen sie nie alle vier so zusammen im Wohnzimmer. Jetzt war es also soweit. Die große Ankündigung. Das war völlig klar.

Lily hielt es nicht mehr aus. »Ihr laßt euch scheiden, stimmt's?« fragte sie ungeduldig.

In der ersten Nacht, die David in Sues Haus verbrachte, war Anita in Hochstimmung; ihr war ganz schwindlig vor Erleichterung. Das tatsächliche Gewicht ihrer Bürde war ihr erst zu Bewußtsein gekommen, als sie von ihr genommen worden war. Unmerklich hatte die Last sich allmählich über ihr aufgetürmt und war in kleinen, heimtückischen Ablagerungen immer größer geworden.

Nachdem sie die Kinder ins Bett gebracht und beruhigt und, wie in dem Buch empfohlen, der Versuchung widerstanden hatte, sich für die Trennung zu entschuldigen, ging sie in ihr Schlafzimmer. Sie schloß die Jalousien sorgfältig, um Sues Haus auszusperren, und versuchte, sich nicht vorzustellen, was David da drüben gerade machte. Schlief er auf dem Sofa? Oder im Schlafzimmer von Sue und Roger? Darüber wollte sie sich keine Gedanken machen.

Sie schlief nackt, in der Mitte des Bettes, und breitete sich genüßlich aus. Ihr Körper fühlte sich leicht an und unglaublich lebendig, und zum ersten Mal seit einer Ewigkeit sah sie optimistisch in die Zukunft. Sie stellte sich vor, David käme zu ihr und teilte ihr mit, er verstehe das alles voll und ganz, habe inzwischen einen Job gefunden und werde ihr Schecks für den Unterhalt schicken. In ihrer Vorstellung sah er wieder aus wie früher, nicht mehr so hinterhältig, und erklärte sogar: »Hättest du nicht die Scheidung in die Wege geleitet, dann hätte ich mich wohl nie zusammengerissen. Ich wäre zu einem alten Griesgram geworden und hätte dir meine Abhängigkeit zum Vorwurf gemacht. Jetzt aber hat mein Leben sich von Grund auf geändert.«

Und sie stellte sich Frank vor, wie er zum Abendessen zu ihr kam; sie würde ihm die Mädchen vorstellen und auf dem Herd etwas Köstliches zusammenrühren, während er mit aufgekrempelten Ärmeln Petersilie hackte oder Käse rieb. Zu viert saßen sie am Eßtisch, lachten und ließen es sich gutgehen, und später zog Lily sie ein bißchen auf, weil sie verliebt war, bekundete damit aber ihr stillschweigendes Einverständnis. Allmählich war sie alt genug, derlei zu verstehen.

Sylvies Gewohnheit, sich wahllos bei jedermann einzuschmeicheln und niemanden abzulehnen, hatte Anita früher geärgert. Die Art, mit der Sylvie sich auf Sues plumpe Annäherungsversuche eingelassen hatte, war ihr besonders empörend vorgekommen. Jetzt hingegen, wo es an der Zeit wäre, Frank vorzustellen, würde dieser Charakterzug sich als wahrer Segen erweisen.

In ihrer Phantasie ging sie mit Frank auf Reisen; gemeinsam entdeckten sie die Welt und vertrödelten die Wochenenden. Sie stellte sich die Zeit vor, in der die Mädchen schon älter und auf dem College wären und sie immer mit Frank zusammensein könnte. Irgendwann würden die Mädchen dann heiraten, und Frank und David wären dabei und wären liebenswürdig, heiter und gelassen.

Es wird alles gut, sagte Anita sich. Obwohl sie nicht sicher war, ob sie das überhaupt verdient hatte. Vielleicht würde sie ja auch für all die Jahre bestraft, in denen sie Frauen, die Affären hatten, für schlecht gehalten hatte; Frauen, die ihre Männer verließen, das Leben ihrer Kinder durcheinanderbrachten und nicht die Stärke besaßen, in guten wie in schlechten Zeiten durchzuhalten. Sie schwor sich, niemals wieder den Stab über irgend jemandem zu brechen. Mittlerweile war ihr klar, kein Außenstehender konnte wissen, was in einer Ehe ablief. Hatte sie sich nicht sogar, was ihre eigene Ehe betraf, jahrelang selbst belogen? Jetzt hatte sie die Hoffnung, ihr eigenes Leben endlich ohne Scheuklappen betrachten zu können.

In Gedanken durchlebte Anita noch einmal all die Jahre mit David. Sie hatten einander geliebt, das mußte sie einräumen – zumindest glaubte sie, ihn geliebt zu haben. Als die Kinder noch klein waren, war sie wirklich glücklich gewesen. Und wenn es anders gelaufen wäre, wenn David seiner Verantwortung gerecht geworden wäre, hätte alles wunderbar sein können.

Darauf lief alles hinaus. Als er aufgehört hatte, irgend etwas zu ihrem Familienleben beizutragen, hatte sie die Achtung vor ihm verloren. Und ihn auch nicht mehr begehrt. Sie hatte dagegen angekämpft, hatte sich eingeredet, Geld sei kein Problem und eine Karriere nicht wichtig genug, um eine Ehe zu untergraben. Doch es war ein Problem, verdammt noch mal. Sie war sich überlastet und betrogen vorgekommen. Hilflos hatte sie zusehen müssen, wie er zum

Drückeberger wurde, wie er abhängig, faul und ängstlich angesichts des Wettbewerbs draußen in der Welt wurde. Sie würde es niemals zugeben, nicht einmal ihrer Mutter gegenüber, doch inzwischen war sie überzeugt, der innerste Kern einer Beziehung nahm Schaden, wenn ein Mann einfach aufgab und sich von seiner Frau aushalten ließ, so wie David es getan hatte. Wut und Ärger hatten Liebe und Zuneigung vertrieben. Und das Begehren war noch problematischer. Begehren hatte etwas mit Hingabe zu tun, und es war einfach unmöglich, sich jemandem hinzugeben, für den man keine Achtung empfand und von dem man annahm, er würde sich nie ändern.

Am meisten überraschte David, daß ihn, nachdem er den ersten Schock überwunden hatte, die neue Regelung nicht wirklich störte. Seine Tage verbrachte er auf so ziemlich die gleiche Weise wie vorher. Vor allem genoß er es, in der Gewißheit, keine Kinder die Treppen herauftrampeln zu hören, die etwas von ihm wollten, im Schlafzimmer der Heffernans herumzugammeln. In allen anderen Zimmern in Sues Haus standen die Möbel anders als bei ihnen zu Hause, aber wegen des Zuschnitts dieses Zimmers konnte wirklich nur ein einziges Bett aufgestellt werden, und es stand an der gleichen Stelle wie bei ihnen, ebenso die Nachttische und die Zwillingslampen und eine Kommode neben dem Fenster. Er fühlte sich wirklich ganz wie zu Hause.

Binnen kurzem hatte er sich an einen recht angenehmen Tagesablauf gewöhnt. Er schlief, solange er Lust hatte, dann sah er die Stellenanzeigen in der Morgenzeitung auf die unwahrscheinliche Möglichkeit hin durch, etwas zu finden, für das er nicht überqualifiziert war. Danach löste er das Kreuzworträtsel. Später las er dann, ging vielleicht auf ein kleines Mittagessen ins Honey Bee hinüber oder zum Supermarkt, um etwas fürs Abendessen einzukaufen. Wenn die Mädchen aus der Schule kamen, schob er ein paar Stunden mit ihnen ein, fühlte sich jedoch in keiner Weise verpflichtet, sich um die Wäsche oder ums Saubermachen zu kümmern. Es reichte, wenn er den unbezahlten Babysitter spielte. Schließlich war er nicht auch noch Anitas Dienstmädchen.

Kurz bevor sie nach Hause kam, machte er sich aus dem Staub. Den kurzen, angespannten Moment nach ihrer Ankunft wollte er nicht erleben, in dem er sich fragte, ob sie nun freundlich wäre oder an ihm herumnörgeln würde. In Sues Haus trank er dann ein, zwei Gläschen Wein, aß eine Kleinigkeit und sah sich die Nachrichten und die Sendungen des Abends friedlich und ohne Genörgel an.

Sehr viel Zeit verbrachte er auch mit Tagträumen. Er stellte sich einen plötzlichen Stimmungsumschwung Anitas vor – sie kam zu ihm, legte ihm die Hände auf die Schultern und sagte mit tränennassen Augen: »Liebster, ich muß völlig den Verstand verloren haben. Verzeih mir, bitte«, und sank mit einem hingebungsvollen Schaudern an seine Brust.

Nach dieser rührenden Szene stellte er sich eine zweite Hochzeitsreise in ein tropisches Land vor. Anitas Mutter könnte die Kinder nehmen, und er und Anita würden nach Maui oder so fliegen und sich die Seele aus dem Leib vögeln und alle ihre Probleme vergessen. Probleme, die David in Wahrheit für Anitas Probleme hielt, die sie ihm und den Mädchen auf absolut egoistische und pathologische Weise aufgezwungen hatte.

Dummerweise gelang es ihm jedoch nicht, soviel Begeisterung für die Versöhnungsszene aufzubringen, wie er gerne empfunden hätte. Auch wenn er sich noch so sehr bemühte, sich vorzustellen, wie er Anita unter der Dusche abseifte oder bei einem Chablis mit ihr in der Badewanne herumalberte oder unter einer Palme an ihren Zehen nuckelte: Alles entpuppte sich als leer und falsch und schlicht langweilig, als handle es sich bloß um einen der faden Urlaubsprospekte, die er in seiner Zeit als Werbetexter fabriziert hatte.

In Wahrheit konnte er sich einfach keine angenehmen Situationen vorstellen, in deren Mittelpunkt Anita stand, denn allmählich hatte er einen Zorn gegen sie entwickelt, wie er es sich nie hätte träumen lassen. Anita schien immer viel zu abhängig gewesen zu sein, sie war zu leicht aus der Fassung geraten, wenn im Haus etwas nicht stimmte, und hatte ihm die Schuld daran gegeben. Mittlerweile war er zu dem Schluß gekommen, sie war eine oberflächliche, egoistische Frau, die nur an Geld interessiert war und ihn niedermachte, weil er nicht genug verdiente. Na gut, im Moment verdiente er überhaupt nichts, wie er sich eingestand, aber da nahm er mildernde Umstände für sich in Anspruch.

Wie, in Gottes Namen, konnte er losziehen und die Welt in die Schranken fordern, wenn sie ihn derartig im Stich ließ? Und sein Beitrag zum Großziehen der Kinder, zählte der gar nicht? Wie hatte er je glauben können, sie sei in der Lage, mit seiner Rolle als Hausmann zurechtzukommen? Genau wie ihre Mutter war sie viel zu konventionell, um etwas anderes als die stereotype Beziehung mit dem Mann als Versorger zu akzeptieren.

Möglicherweise war ihr Sexualleben aus diesem Grund eingeschlafen. Sie hatte das Interesse an Sex verloren, weil sie auf einer primitiven Ebene Sex als etwas ansah, das die Frau dem Ernährer zu bieten hatte. Bei Gott, Anita war jahrelang nicht an Sex um seiner selbst willen interessiert gewesen – seit die Babys gekommen waren. Wieso war ihm das nicht aufgefallen? Als er sie kennengelernt hatte, hatte sie sich anscheinend wirklich nur deswegen als scharfes junges Ding gegeben, weil sie Kinder wollte.

Kinder haben und versorgt werden. Wenn andere Männer behauptet hatten, die Frauen seien samt und sonders hinter nichts anderem her, hatte er das nie wirklich geglaubt, aber was Anita betraf, schien es den Nagel so ziemlich auf den Kopf zu treffen. Natürlich auf unbewußter Ebene. Wahrscheinlich hatte Anita sich eingeredet, David um seiner selbst willen zu lieben.

Und weshalb war er nicht in der Lage gewesen, der Tatsache ins Auge zu sehen, daß Anita eine Affäre hatte? Wenn da nicht ein anderer gewesen wäre, hätte sie ihn wohl kaum hinausgeworfen. Zum Teil hatte er es wahrscheinlich deshalb vor sich verleugnet, weil er glaubte, Anita lege nicht genügend Wert auf Sex, um sich überhaupt die Mühe zu machen, eine andere Beziehung einzugehen. Aufgrund seiner neuen Einsichten wurde ihm vielmehr klar, wie sehr sie von einem ungeheuren Bedürfnis getrieben wurde, sich umsorgen zu lassen.

Auch wenn David selber einen kleinen Seitensprung mit Sue absolviert hatte, so war das doch etwas ganz anderes gewesen. Leidenschaft. In ihrer Ehe war ja, weiß Gott, jahrelang nicht viel davon zu spüren gewesen. Als sich dann eine Gelegenheit bot, hatte David nur getan, was jeder andere normale, vitale und sexuell ausgehungerte Kerl auch getan hätte.

Es war ihm einfach unmöglich, sich eine Versöhnung vorzustellen.

Dafür schwelgte David in anderen, befriedigenderen Phantasien. Sie drehten sich um Anitas plötzlichen Tod und verschafften ihm regelmäßig ein behagliches Gefühl der Ruhe. Der Tod selbst ereignete sich hinter der Bühne: ein abstraktes Geschehen, in keiner Weise mit irgendwelchen Gefühlen verbunden, sondern lediglich das Vorspiel zum angenehmen Teil.

Er stellte sich vor, wie jemand aus Anitas Büro bei ihm anrief. Jemand, der ihm einfühlsam etwas von einem grotesken Unfall erzählte. Ein Bus, der sie überfahren hatte oder so etwas in der Art; bei den häßlichen Details hielt er sich nicht lange auf. In seiner Vorstellung nahm er die Nachricht gelassen auf, strahlte dabei eine stille Würde aus und beruhigte damit netterweise die aufgeregte Person am anderen Ende der Leitung.

Den Mädchen würde er es schonend und geschickt beibringen. Natürlich wären sie anfangs verstört. Doch die armen Dinger hatten ja keine Ahnung, wie schlimm die Alternative wäre – die schmutzige Scheidung, gefolgt von einem armseligen Leben mit der Abfolge von Anitas schäbigen jungen Liebhabern, die im Haus herumhingen.

Er würde für eine geschmackvolle und würdige Bestattung sorgen und keine Unkosten scheuen. An Religion hatte Anita nie ein besonderes Interesse gezeigt, auch wenn sie einmal zugegeben hatte, gelegentlich zu beten. Vielleicht hätten die Unitarier etwas Spirituelles, nicht so Weltliches, zu bieten.

Dann würde er sein Leben weiterleben. Er brauchte sich nicht einmal mehr einen Job zu suchen. Anita hatte eine Lebensversicherung über zweihunderttausend Dollar abgeschlossen. Das würde ihm über die Runden helfen, bis er in seinem Beruf wieder Fuß gefaßt hätte. Und mit der Hypothekenversicherung würde er das Haus abbezahlen.

Kurz: wenn Anitas stürbe, wäre das eindeutig praktischer als eine Scheidung. Was eine Versöhnung betraf, das konnte er getrost vergessen. Niemals wieder könnte er ihr vertrauen. Er könnte nicht darauf vertrauen, daß sie keine unvernünftigen Forderungen stellte. Er könnte nicht darauf vertrauen, daß sie ihm nicht die ganze Zeit vorschrieb, was er zu tun oder zu lassen hatte, wie zum Beispiel, sich mit Sue zu treffen. Vor allem könnte er nicht darauf vertrauen, daß sie nicht herumvögelte.

Wer war dieser Kerl überhaupt? David beschwor das Bild eines auffälligen Typen in der Art von Skip MacDougal herauf, der einen Lexus fuhr, Zähne mit Jacketkronen hatte und einen Armani-Anzug trug. Darauf würde Anita abfahren. Einfach widerlich.

Sie könnte sich sogar, wenn er bedachte, was er mittlerweile alles wußte, am Ende möglicherweise mit Aids infizieren. Ein schneller Tod unter den Rädern eines Busses wäre da unendlich angenehmer als eine sich hinziehende, schmerzhafte, schändliche und kostspielige Krankheit. Schon aus Mitleid mußte man ihr das wünschen.

Eines Abends, mittlerweile wohnte er seit etwa einer Woche in Sues Haus, lag David auf dem Bett im Schlafzimmer der Heffernans und zappte sich gedankenlos durch die Kanäle. Er genoß es, daß keine Anita hinter einer Illustrierten hervor forderte: »Such dir bitte etwas Bestimmtes aus, egal was, und bleib dabei!« Das Telefon klingelte, und er drückte auf die Stummschaltung der Fernbedienung. Es war Sue.

»David! Ich habe bei dir zu Hause angerufen, und Anita hat mir gesagt, du seist in meinem Haus. Ist alles in Ordnung?«

»Mit deinem Haus ist alles in Ordnung«, erklärte er. »Aber Anita und ich haben uns sozusagen getrennt. Ich habe die letzten Nächte hier verbracht. Ich hoffe, es macht dir nichts aus. Es ist nur vorübergehend. Wir hatten das Gefühl, eine kurze Trennung wäre vielleicht ganz hilfreich.«

»Ach, David, natürlich macht es mir nichts aus. Nur das mit Anita tut mir so leid. Wie kommst du damit zurecht?«

»Eigentlich gar nicht so schlecht. Hör mal, Sue, ich glaube, ich hätte anrufen und dich fragen sollen, ob ich hier bleiben kann, aber unter diesen Umständen wollte ich dich nicht damit belästigen.« Plötzlich kam sich David schäbig vor. Er lag hier der Länge nach auf ihrem Bett, hatte sogar die Schuhe auf der weißen Spitzentagesdecke. Die Küche war ein einziges Chaos, und er war froh, daß sie sie nicht sehen konnte.

Doch Sue war äußerst verständnisvoll. »Es tut mir wirklich leid, wie sich bei dir alles zum Schlechteren gewendet hat. Wie haben die Mädchen es aufgenommen?«

»Besser, als ich erwartet hatte. Aber sag mir doch, wie es dir geht.«

Sue stieß einen erschöpften Seufzer aus. »Jeden Tag wird es ein bißchen leichter. Die Beerdigung war sehr ergreifend. Eine kleine weiße Methodistenkirche, dazu ein guter Chor und auf dem Sarg schlichte Blumen aus den Gärten der Leute. Er ist im Familiengrab beigesetzt worden. Ich glaube, es hätte ihm auch gefallen.«

Eigentlich wollte David nichts von Rogers Beerdigung hören. Um das Thema zu wechseln, erkundigte er sich nach ihren Söhnen.

»Denen geht es besser. Ich glaube, sie wollen bald wieder nach Hause.«

»Nach Hause?«

»Ja. Ich denke, der gewohnte Schulalltag und all das könnte ihnen helfen, sich darauf einzustellen.«

»Oh. Ich hatte irgendwie angenommen, du würdest vielleicht bei eurer Familie bleiben wollen.«

»Ich weiß noch nicht, was wir letztlich tun werden. Ich will nichts überstürzen. Aber ich finde, sie sollten das Schuljahr zu Ende bringen, meinst du nicht auch?«

»Wahrscheinlich hast du recht«, erwiderte David. »Soll ich dir deine Post nachsenden, oder kann ich sonst was für dich tun?«

»Nein, jedenfalls nicht jetzt gleich. Ich treffe die Entscheidungen eine nach der anderen. Ich geb dir Bescheid.«

»In Ordnung, Sue.«

»David?«

»Was ist?«

»Hör mal, es geht mich ja eigentlich nichts an, aber ich mache mir Sorgen wegen der Mädchen. Glaubst du wirklich, es ist das Beste für sie, daß du ausgezogen bist? Hätte nicht eigentlich Anita ausziehen müssen? Schließlich bist in erster Linie du es, der sich um sie kümmert.«

»Anita sieht das ganz anders«, erklärte David. »Und sollten wir uns, Gott behüte, tatsächlich für eine endgültige Trennung entscheiden, wird sie wohl das Haus und das Sorgerecht für die Mädchen beanspruchen, da bin ich mir sicher.«

»Aber das ist doch alles völlig verkehrt!« Sue klang aufgeregt, und David war gerührt, wie sie zu ihm hielt.

»Na ja, ich bin überzeugt, wir werden das alles wieder ins Lot bringen«, meinte er zuversichtlich. Mit einem Schlag waren alle seine

Phantasien vergessen, und ihm wurde klar, er hoffte inständig, sie würden es schaffen. Denn falls es ihnen nicht gelänge und Sue mit den Jungen zurückkäme, wäre er obdachlos.

KAPITEL VIERZEHN

Zu den besonderen Annehmlichkeiten der neuen Regelung gehörte Anitas Ansicht nach, daß sie jetzt mit Frank telefonieren konnte, solange sie Lust hatte, wenn die Kinder erst einmal im Bett waren. Wie im Büro während der Arbeitszeit flüsterte sie ins Telefon. Ständig fürchtete sie, die Mädchen könnten fragen, mit wem sie rede, oder, schlimmer noch, vor ihrer Tür lauschen.

»Eine ganze Woche ist es jetzt schon her«, berichtete sie ihm. »Ich bin so ungeheuer erleichtert. Ich hatte ja keine Ahnung, wie elend ich mich in Wirklichkeit gefühlt habe.«

»Na schön, das ist schon mal ein erster Schritt«, kommentierte Frank.

»Für mich ist es ein Riesenschritt«, erklärte sie zurückhaltend. »Und für die Mädchen auch.«

»Du darfst ihn auf keinen Fall wieder hereinlassen. Das ist das wichtigste.«

Sie wünschte, Frank würde sie nicht auf derartige Weise belehren. Und wieso lobte er sie nicht dafür, daß sie immerhin tapfer genug gewesen war, als ersten Schritt David vor die Tür zu setzen? Statt dessen tat er so, als sei sie nicht weit genug gegangen. »Er hat nie die Absicht geäußert zurückzukommen. Ich bin so dankbar, ihn draußenzuhaben. Und dir bin ich dankbar, weil du mir Mut gemacht hast, es zu tun«, fügte sie hinzu.

»Glaubst du, er sucht sich einen Job?«

»Ich weiß es nicht. Ich habe schon seit ein paar Tagen kein Wort mehr mit ihm gesprochen. Nicht einmal in die Augen sehen kann ich ihm. Das ist alles so peinlich.«

»Irgendwann mußt du das Finanzielle regeln. Willst du ihm eine Unterstützung zahlen? Das müßte alles ausgehandelt werden. Ich finde, du solltest langsam einen Anwalt hinzuziehen.«

»Kann ich nicht erst einmal wieder ein wenig zu mir kommen?« fragte Anita kläglich. »Im Augenblick denke ich vor allem an die Mädchen. Sie werden einige Zeit brauchen, um sich an all das zu gewöhnen.« An die Gefühle der Mädchen schien Frank keinen Gedanken zu verschwenden. Merkte er denn nicht, daß dies für Anita der schmerzlichste Teil der ganzen Angelegenheit war?

»Ich versuche nur, dir klarzumachen, daß alles schieflaufen könnte, wenn du es jetzt nicht planmäßig angehst«, fuhr Frank fort. »Schließlich kann er ebenfalls juristischen Rat einholen. Wenn er das tut, könnte dieser Rat vielleicht lauten, er solle wieder einziehen, um seine Position zu verbessern. Das darfst du nicht zulassen. Damit würdest du ihm das Haus auf einem Silbertablett servieren. Und vielleicht sogar die Mädchen.«

Anita war irritiert. Vielleicht wußte Frank ja alles über Rechtsangelegenheiten, aber er hatte keine zwanzig Jahre mit David zusammengelebt. »Glaub mir, ich kenne David. Er ist viel zu passiv, um etwas in der Richtung zu unternehmen. Er wartet einfach ab, was passiert.«

»Das hört sich aber alles so an, als würdest im Grunde genommen du abwarten.« Franks Stimme klang trocken und herablassend, als versuche er, sich einem nicht sonderlich intelligenten Klienten verständlich zu machen. »Ich finde, du solltest darauf vorbereitet sein, falls er doch wieder einzuziehen versucht. Zusammen mit einem sehr fähigen Mitarbeiter in meiner Firma kann ich einen entsprechenden Schriftsatz für dich vorbereiten.«

»Bitte, setz mich nicht so unter Druck. Ich kann immer nur eins nach dem anderen machen. Und das scheint bis jetzt auch zu funktionieren.« Sie hatte seinem Wunsch entsprochen und David rausgeworfen. Konnte er sich denn nicht vorstellen, wie schwer das gewesen war?

Seine Stimme wurde wieder weicher, wie sie mit Dankbarkeit registrierte. »Ich möchte doch nur sicherstellen, daß es dir gutgeht. Du mußt einfach darauf vorbereitet sein, daß die ganze Angelegenheit ziemlich unangenehm wird.«

Gott sei Dank hat Sue noch mal angerufen, um anzukündigen, daß sie morgen zurückkommt, dachte David. Ihr einst makelloses Heim sah inzwischen ziemlich heruntergekommen aus. Das Spülbecken war randvoll mit dreckigem Geschirr, und im Schlafzimmer hatte David einen Stapel schmutziger Kleidung aufgehäuft. Ehe er sich fürs Bett fertigmachte, klaubte er die Sachen zusammen, trug sie zur Waschmaschine im Souterrain hinunter und schaltete sie ein. Morgen früh würde er die Wäsche dann trocknen, während er im Haus saubermachte.

Am Telefon hatte Sue erklärt, sie werde nur für ein paar Tage in der Stadt sein, um im Zusammenhang mit dem Tod ihres Mannes einige Dokumente zu unterzeichnen. Danach würde sie nach Milwaukee zurückkehren, bis die Jungen soweit waren, wieder zur Schule zu gehen. »Du kannst das Haus benutzen, solange du willst«, hatte sie ihm versichert. »Wenn ich weiß, du hast ein Auge auf alles, bin ich beruhigt. Eine Sorge weniger.«

Sein Angebot, sie am Flughafen abzuholen, lehnte sie ab. Sie erklärte, Rogers Chef werde sie abholen und direkt in die Firma bringen, wo noch einige Einzelheiten der Versicherungspolice zu klären waren.

David freute sich darauf, sie zu sehen. Seit eineinhalb Wochen hatte er keinen nennenswerten Kontakt mit einem Erwachsenen mehr gehabt. Vielleicht konnten sie in aller Ruhe zusammen essen, ehe er in sein eigenes trostloses Haus zurückkehren mußte, um dort die paar Tage ihres Aufenthaltes abzusitzen.

Einer der ersten heftigen Regenfälle der Jahreszeit trommelte an die Fenster, und im Haus war es kalt. Es war kaum zu glauben, erst ein paar Wochen zuvor war er bei dem Grillfest vor Hitze fast vergangen. Bald würde es den ersten Frost geben, der dann auch den letzten Wespen den Garaus machte.

Erst als er sich ausgezogen hatte, merkte er, daß er alle seine Kleidungsstücke in die Waschmaschine geworfen, folglich für die Nacht nichts mehr anzuziehen hatte. Dann mußte er eben nackt schlafen, wie er es immer gehalten hatte, ehe die Kinder zur Welt gekommen waren. Doch als er dann unter die Decke geschlüpft war, merkte er, daß er an Brust und Schultern fror. Einen Augenblick lang spielte er mit dem Gedanken, nach unten zu gehen und den Thermostat höher zu drehen, doch Sue hatte eine komplizierte digitale Schaltung, die außerdem vorprogrammiert war. Er stellte sich vor, wie er nackt und frierend daran herumfummelte.

Zum Teufel, dachte er und schleuderte die Decke zur Seite. Irgend etwas von Roger, das er anziehen konnte, müßte eigentlich noch da sein. Er ging zu einer hohen Kommode und zog die oberste Schublade heraus. Schwacher Lavendelduft stieg ihm in die Nase. Die Schublade war voller Damenunterwäsche. Als er ein duftiges Etwas aus durchsichtigem rotem Chiffon mit schwarzer Spitze herauszog, kam er sich ein wenig wie ein Voyeur vor. David war schockiert. Für ihn war Sue die letzte auf der Welt, die solche Unterwäsche kaufen würde. Wie aus einem Pornomagazin. Er kramte noch ein wenig herum und entdeckte einen Stretch-Body aus schwarzer Spitze sowie eine grüne Satinkombination im Stil der Lustigen Witwe.

Bei ihm auf dem Sofa, damals, hatte Sue vernünftige weiße Baumwollunterwäsche getragen. Er konnte nur annehmen, das Zeug da sei Rogers Idee gewesen. Falls David selbst so ein Wäschefetischist gewesen wäre und Anita gebeten hätte, sich für ihn so herzurichten, hätte sie dann mitgemacht? Er befingerte die Körbchen des grünen Satindings und stellte sich vor, wie es Sues volle Brüste zur Geltung brachte. Das Ergebnis wäre ganz schön aufregend.

Er widerstand der Versuchung, weiter herumzuschnüffeln; irgendwie kam er sich schäbig vor. Sorgfältig faltete er die Sachen wieder zusammen und versuchte, sich zu erinnern, wo alles ursprünglich gelegen hatte. Als er die Wäsche in der Schublade glattstrich, spürte er etwas Hartes, Rechteckiges. Er schob noch mehr Unterwäsche zur Seite und entdeckte ein flaches Kästchen aus Ziegenleder, das mit einem rosa Satinband verschnürt war.

Fasziniert starrte er es an. Als Junge, so erinnerte er sich jetzt, hatte er einst unter den nach praktischen Gesichtspunkten ausgesuchten Büstenhaltern und Hüftgürteln seiner Mutter ein Bündel Briefe entdeckt, die mit einem ähnlichen Band verschnürt gewesen waren, zusammen mit einem eigenartigen runden Behälter, der ein seltsames Objekt aus Gummi enthielt, ein Diaphragma, wie er später herausgefunden hatte. Die Schublade mit Unterwäsche war der klassische Aufbewahrungsort für weibliche Geheimnisse.

Er zögerte nur einen Augenblick, in dem er sich einredete, keine Menschenseele würde je erfahren, was er jetzt vorhatte. Er löste das Band und hob den Deckel ab. In dem Kästchen lagen eine flachgedrückte, vergilbte Orchidee – einst eine Ansteckblume, vermutete er – und einige Schnappschüsse von Leuten, die er nicht kannte. Auf einem davon war ein Mädchen, wahrscheinlich Sue als Teenager, in Bermudashorts zu sehen; zusammen mit einem gutaussehenden Jungen lehnte sie an einem Mustang-Oldtimer. Darunter befand sich eine Sammlung doppelt gefalteter handgeschriebener Briefe auf

Ringbucheinlagen. Diese Erinnerungen an eine High-School-Romanze hielten nicht, was das Ziegenlederkästchen mit dem eleganten Band versprochen hatte, und die Briefe interessierten David nicht.

Hingegen stachelte eine kleine rote Plastikschachtel seine Neugierde an. Er drehte sie um und entdeckte ein aufgeklebtes ärztliches Rezept, auf dem der Name ›Roger Heffernan‹ stand. David klappte die Schachtel auf, in der sich eine kleine Glasampulle, eine Spritze und ein paar Tabletten befanden.

Seine Hände zitterten, als er alles wieder so hinlegte, wie er es vorgefunden hatte, und besonders darauf achtete, das rosa Band genau so zu verschnüren wie vorher. Dann kroch er wieder ins Bett. Er hatte vollkommen vergessen, wie kalt ihm war.

Er lag im Dunkeln; seine Gedanken waren in Aufruhr. Hatte sie Rogers Notfallbesteck möglicherweise hier verstaut und es dann vergessen? Aber warum sollte sie es überhaupt hier aufbewahren? Der logische Platz dafür wäre eigentlich das Medizinschränkchen gewesen und nicht ihr Geheimversteck. Andererseits war es absurd, Sue zu unterstellen, sie habe das lebensrettende Mittel für ihren Mann vorsätzlich zurückgehalten. Es mußte eine ganz einfache Erklärung dafür geben, doch leider würde er sie nie erfahren, da er unter keinen Umständen zugeben konnte, daß er ihre Unterwäsche durchwühlt hatte.

Am nächsten Morgen fiel ihm noch eine andere Möglichkeit ein. Vielleicht hatte ja Roger selbst die Medikamente da hingelegt. David konnte sich zwar nicht vorstellen, weshalb, aber es schien die einzig mögliche Antwort zu sein. Roger war möglicherweise nicht der ideale Ehemann gewesen, doch Sue hatte auch nie klar und deutlich zum Ausdruck gebracht, sie sei unglücklich verheiratet. Und selbst wenn sie es gewesen sein sollte, so wäre dies noch kein Grund gewesen, ihn sterben und die von ihr so sehr geliebten Söhne ohne Vater zurückzulassen.

Im Lebensmittelgeschäft besorgte er frische Nudeln und Fertigsauce sowie ein paar Flaschen Wein. Bei einem kleinen Abendessen mit Sue ergab sich vielleicht die Gelegenheit, ihr ein wenig auf den Zahn zu fühlen und herauszufinden, was sie für Roger empfunden hatte. Seit seiner Entdeckung wurde er dieses merkwürdig flaue Gefühl im Magen nicht mehr los.

Mittags, als er annahm, Anita sei nicht an ihrem Schreibtisch, hinterließ er eine Nachricht auf ihrem Anrufbeantworter. »Sue ist für ein paar Tage da; ich komme also für diese Zeit nach Hause. Aber mach dir keine Sorgen«, fügte er bitter hinzu, »ich schlafe auf dem Sofa.«

Er war zu Hause, und die Kinder sahen beide unten im Spielzimmer fern, als er Sues vertraute Schritte auf der Hintertreppe hörte. Er öffnete die Tür, und sie lächelte ihn so sanft und heiter und stupsnäsig und rosig an wie immer. Niemals hätte diese Frau es fertiggebracht, einen Menschen sterben zu lassen. Irgend jemandem mußte da ein schrecklicher Fehler unterlaufen sein.

Offenbar hatte sie ihn ebenfalls eingehend gemustert, denn als erstes sagte sie: »David, du siehst furchtbar aus. Du mußt ja Schreckliches durchgemacht haben!«

Verlegen zuckte er die Schultern. »Na ja, im Moment ist alles ziemlich hart, das stimmt schon. Ich gehe Anita meistens aus dem Weg. Eigentlich hatte ich gehofft, wir könnten heute abend bei dir essen. Ich war schon einkaufen.«

»Das fände ich großartig!« erklärte sie mit offensichtlicher Erleichterung. »Ich halte, ehrlich gesagt, das Alleinsein noch nicht aus.«

Unten ging die Tür auf, und Sylvies Stimme drang herauf. »Mit wem redest du? Ist Mom da?« Sie streckte ihren Kopf aus der Tür.

»Hallo, Sylvie!« rief Sue begeistert und breitete die Arme aus. Sues plötzliches Auftauchen schien Sylvie ein bißchen aus der Fassung gebracht zu haben. Mit scheuem Lächeln kam sie langsam näher und ließ sich umarmen.

»Als was willst du dich denn heuer an Halloween verkleiden?« fragte Sue geschäftsmäßig.

»Als Prinzessin«, erklärte Sylvie. »Ich möchte eine Prinzessin sein.«

»Ist denn dein Kostüm schon fertig?«

»Nein. Mom hat zuviel zu tun.«

Etwas irritiert mischte David sich ein. »Bis dahin sind es noch drei Wochen, Sylvie.«

Auf den Stufen zum Souterrain waren die schweren Schritte Lilys zu hören, dann erschien auch sie in der Küche. Mürrisch starrte sie Sue an. Wieso konnte sie sich nicht ein wenig anmutiger bewegen, fragte sich David verärgert. »Hallo, Lily«, sagte Sue und löste sich von

Sylvie. Lily drehte sich um, ging wieder ins Souterrain hinunter und knallte hinter sich die Tür zu.

»Besonders glücklich scheint sie nicht zu sein«, meinte Sue traurig.

»Es war für uns alle ein bißchen viel auf einmal«, erklärte David und sah auf die Uhr. »Gehen wir doch rüber zu dir. Ich gieß dir ein Glas Wein ein und mach uns was zu essen.«

»Tschüs, Daddy«, sagte Sylvie und gab ihm einen Kuß. Sue kniete sich vor sie hin und meinte: »Ich habe dich vermißt, Schätzchen. Aber bald bin ich wieder da, dann machen wir wieder was zusammen, ja?«

»Okay«, meinte Sylvie.

In Sues Küche schenkte David zwei Gläser voll. Während das Wasser für die Pasta heiß wurde und er den Gourmetsalat im Spülbecken wusch, saß Sue am Küchentisch.

»Hast du alles erledigt?« fragte er. »In dieser Situation ist es wahrscheinlich ziemlich aufreibend, sich um den ganzen Kram zu kümmern.«

Sie seufzte. »Stimmt. Aber ich sage mir, daß ich noch von Glück reden kann. Roger hatte eine sehr großzügige Versicherung abgeschlossen. Er hat wunderbar für uns vorgesorgt. Ich beziehe ein lebenslanges Einkommen, da brauche ich mir keinerlei Sorgen zu machen. Ich kann weiter zu Hause bei den Kindern bleiben – und es ist genug da, um den Jungen eine gute Ausbildung zu ermöglichen.« Sie nippte an ihrem Wein.

»Großartig, Sue.« Plötzlich war David neidisch. Warum konnte Anita nicht einfach tot umfallen wie Roger? Dann könnte er wieder zu Hause einziehen und nebenbei noch die Versicherung kassieren. Er sah aus dem Fenster über der Spüle und sah, wie Anita drüben in ihrer Küche, ihrer beider Küche, den Tisch deckte.

»Erzähl mir, wie du dich wegen der Trennung fühlst«, forderte Sue ihn auf. »Wie gesagt, du siehst aus, als hättest du eine schlimme Zeit durchgemacht.«

Er stieß einen tiefen Seufzer aus. »Ich bin sicher, irgendwann kommt sie wieder zur Besinnung.« Er wollte nicht näher auf die ständigen Klagen Anitas, weil er nicht arbeitete, eingehen. Das war zu erniedrigend. »Vielleicht hat sie einen anderen. Aber sie will mit mir über gar nichts mehr reden.«

»Roger hat es vermutet«, erklärte Sue feierlich. »Und da ist noch etwas, David, das ich dir nie zuvor gesagt habe. Du erinnerst dich an den letzten Muttertag? Anita war krank, und ich habe ihr einen Teller mit Essen rübergebracht. Halt mich jetzt bitte nicht für eine heimliche Lauscherin, aber ich wollte nicht einfach so hereinplatzen, und da habe ich mitbekommen, wie sie mit jemandem telefoniert hat.«

»Ach ja?« sagte David. Er sah unverwandt zu seinem Haus hinüber. Die Mädchen setzten sich gerade hin, und Anita stellte einen zylindrischen Gegenstand auf den Tisch, der wie der große Karton für ein Grillhähnchen aus dem Feinkostladen aussah.

»Ich erzähle dir das nur, weil ich finde, Anita hat kein Recht dazu, dich rauszuwerfen«, fuhr Sue unaufgeregt fort. »Du mußt dich um die Kinder kümmern.«

David wandte sich von dem Fenster mit dem Blick auf seine entfremdete Familie ab und sah Sue an. Sie starrte mitleidsvoll zurück; zumindest empfand er das so.

»Was genau hast du gehört?« fragte er.

Sue schloß die Augen und erklärte widerstrebend: »Sie hat gesagt ›Ich liebe dich‹. «

David kam sich vor, als hätte ihm jemand einen Tritt in den Unterleib versetzt. Er ließ das Sieb mit dem Salat sinken und stützte sich mit beiden Händen auf die Spüle. »Mein Gott!« ächzte er. »Das ist alles so verkorkst. Wie konnte das nur passieren? Ich kann es einfach nicht glauben. Mein ganzes Leben geht in die Brüche, und es gibt verdammt nichts, was ich dagegen unternehmen könnte.«

Sue stand auf, trat neben ihn und legte einen Arm um seine Schulter. »Das alles ist nicht deine Schuld, David. Auf gar keinen Fall. Du bist ein wunderbarer Mensch. Ein wunderbarer Vater. Ein wunderbarer Liebhaber. Das hast du nicht verdient.« Sie strich ihm über die Stirn. »Und die Mädchen haben das auch nicht verdient.«

Lily, die an einer Hühnerkeule nagte, blickte vom Tisch auf und sah zu Sues Küche hinüber. Dort, vom Fenster über der Spüle eingerahmt, stand Daddy direkt neben Sue. Sie hatte ihm eine Hand auf die Schulter gelegt, während er den Kopf hängenzulassen schien. Sie strich ihm über die Stirn und drückte dann sogar einen Kuß darauf! Lily versuchte, sich ihrer Mutter gegenüber nichts anmerken zu lassen, doch es war zu spät. Man konnte ihr nur schwer etwas verheimlichen.

Lily hatte wieder auf ihren Teller geblickt und im Krautsalat herumgestochert, doch Mom hatte den Kopf schon in die Richtung gedreht, in die sie zuvor geschaut hatte. Lily hörte, wie sie kurz und heftig einatmete.

Sylvie saß mit dem Rücken zum Fenster und starrte ihre Mutter an. »Was ist denn los?«

»Nichts«, erklärte Anita und zog die Vorhänge zu. Die kleinen Ösen aus Metall erzeugten auf der Stange ein gräßliches Geräusch, wie Zähneknirschen. Anita warf Lily einen warnenden Blick zu. »Sag Sylvie nichts!« schien er zu bedeuten.

Der Gedanke, Dad schwärme womöglich für Sue, machte Lily fast krank. Das war einfach zu kraß. Aber zugleich freute sie sich, weil Mom sie für erwachsen genug hielt, Sylvie vor der schrecklichen Wahrheit zu beschützen. Außerdem war sie auf merkwürdige Weise erleichtert. Jetzt verstand sie, weshalb Mom und Dad sich getrennt hatten. Wegen Sue. Dad und Sue hatten etwas miteinander. Lily schämte sich, als hätte das Verhalten ihres Vaters sie beschmutzt.

»Du siehst wirklich ziemlich mitgenommen aus. Aber das ist ganz normal«, erklärte Sue, als sie David sanft von der Spüle zu einem Stuhl führte. »Setz du dich hin, ich übernehme das.« Sie tätschelte seine Hand und holte sein Weinglas vom Spülbecken.

»Herrje, Sue, entschuldige. Aber das ist wirklich alles ganz schön hart für mich.« Sich so gehenzulassen kam ihm schwach und närrisch vor.

»Natürlich«, bestätigte sie in ruhigem Ton und bereitete weiter den Salat vor. »Und an alldem ist nur Anita schuld. Ich glaube, dir ist gar nicht klar, wie destruktiv sie ist, David. Aus völlig selbstsüchtigen Gründen zerstört sie ihre Familie. Wenn ihr auch nur ein ganz klein wenig an den Kindern gelegen wäre, würde sie das nicht fertigbringen. Mit welchem Recht hat sie dich vor die Tür gesetzt? Ausgerechnet dich, wo du dich über Jahre hinweg um die Mädchen gekümmert hast.«

»Oh, ich bin überzeugt, sie liebt die Mädchen. Ich bin derjenige, den sie haßt.«

»Mir kommt es so vor, als hätte sie einfach einen anderen gefunden, den sie für interessanter hält. Aber der Vater ihrer Kinder bist immer noch du!«

»Da steckt mehr dahinter, Sue. In unserer Ehe gab es schon seit langem Spannungen.« Auf einmal fühlte er sich zu müde, um seine Fassade aufrechtzuerhalten. »Seit geraumer Zeit schon verlangt sie von mir, ich solle mir einen Job suchen. Ich weiß nicht, weshalb ich das nicht gemacht habe. Jetzt ist es vielleicht zu spät dafür. Tatsächlich bin ich sechs Jahre lang zu Hause geblieben, und jetzt komme ich mir unbrauchbar und nutzlos vor.«

Sie wandte sich ihm zu und sagte eindringlich: »Begreifst du denn nicht? Sie hat dich fertiggemacht. Sie hat systematisch dein Selbstvertrauen untergraben. Du hast Talent und bist kreativ, doch sie hat dir die Unterstützung, die du gebraucht hättest, verweigert. Es ist nicht deine Schuld.«

»Das vielleicht nicht. Tatsache ist aber, ich bin in einer ziemlich miesen Lage. Kein Job. Kein Einkommen. Keine Wohnung. Ich habe es dir noch nicht erzählt, aber der schleimige Typ, der früher für mich gearbeitet hat, Skip MacDougal, hat mir den Conway-Auftrag weggeschnappt; er hat ganz einfach die Tochter von einem der Brüder direkt vom College weg eingestellt.«

»O nein«, rief sie mitfühlend.

»Ich schwöre bei Gott, Sue, ich habe mich manchmal gefragt, was aus mir werden soll. Aber ich hätte nie geglaubt, daß sie mich eines Tages vor die Tür setzt.«

Sie warf die Nudeln ins kochende Wasser. »Eigentlich müßte sie ausziehen, nicht du. Du solltest das Haus und die Kinder bekommen. Es war allein ihre Idee, euer Heim zu zerstören.« Sue schien seinetwegen vor Wut zu schäumen.

»Das Traurige daran ist nur«, fuhr er fort, nachdem er sein Weinglas geleert hatte, »selbst wenn sie mich wieder zurückhaben wollte, könnte ich es, glaube ich, nicht mehr aushalten, mit ihr zusammenzuleben. Dazu bin ich inzwischen viel zu wütend auf sie. Sie hat mich betrogen. Sie hat sich gegen mich gestellt. Mein Gott, Sue, ich habe mir sogar vorgestellt, daß sie stirbt. Alles wäre dann viel einfacher, als es jetzt ist.«

Plötzlich wurde ihm bewußt, wie taktlos das war. »Sue, entschuldige bitte. Ich war so mit meinen Problemen beschäftigt, da habe ich gar nicht mehr an dich gedacht und an das, was du durchgemacht hast.«

»Ist schon gut«, erwiderte sie in einem seltsam zufriedenen Ton. »Du bist wütend. Zu Recht wütend.«

»Ich habe einfach immer weitergemacht«, erklärte David, der eine Möglichkeit sah, das Gespräch auf Roger zu lenken. »Aber jetzt sag du mir, was du empfindest. Wegen Roger.«

»Ich kann immer noch nicht glauben, was da passiert ist, und bilde mir immer noch ein, er sei nur auf Geschäftsreise oder so. Die Vorstellung, ihn nie wiederzusehen und die Jungs nicht gemeinsam mit ihm aufwachsen zu sehen …« Sie begann zu weinen.

»O Sue, es tut mir so leid«, sagte David. Alles war in Ordnung. Sie weinte, und das würde sie bestimmt nicht tun, wenn sie ihn kaltblütig hätte sterben lassen. David spürte, wie eine ungeheure Erleichterung ihn überkam.

Als Mom kam und Lily zudeckte, sprachen sie nicht über das, was sie durch das Küchenfenster der Heffernans gesehen hatten. Vielleicht konnten sie später darüber reden, wenn Sylvie nicht in der Nähe war, doch jetzt könnte sie sie möglicherweise durch die Wand hören. Aber eigentlich wollte Lily überhaupt nicht darüber sprechen. Es war ihr zu unangenehm. Sie umarmte ihre Mutter besonders fest, küßte sie mindestens fünfmal und erklärte: »Ich hab dich lieb, Mom.«

Später lag Lily wach und nahm sich vor, nett zu ihrer Mutter zu sein und ihr zu helfen, so gut sie konnte. Eigentlich hatte sie ja ihrer Mutter die Schuld an der Trennung gegeben. Denn Dad hatte angedeutet, es sei alles Moms Idee gewesen, und Lily hatte sogar gehört, wie er sie bei dem Streit in jener Nacht angefleht hatte, die Scheidung nicht durchzuziehen. Deswegen hatte sie ihre Mutter kühl behandelt und sogar versucht, sie für eine Rückkehr Davids zu erwärmen. Doch Mom hatte ihr das Wort abgeschnitten und erklärt: »Darüber reden wir ein andermal. Es ist für uns alle sehr schmerzlich, aber das müssen die Erwachsenen unter sich ausmachen. Hab bitte Vertrauen zu mir.«

Das wollte Lily von jetzt an. Vollkommen. Als sie einschlief, empfand sie eine verwirrende Mischung aus Ekel und Faszination angesichts ihrer neuen Erfahrung.

Sue räumte das Geschirr auf, und David war mit der zweiten Flasche Wein beschäftigt, als es an der Tür klingelte. Er hörte, wie sie in die Diele ging und die Tür öffnete, dann erkannte er zu seiner Verwunderung Anitas Stimme. »Ich muß mit David sprechen«, erklärte sie in kaltem, schneidendem Ton.

»Wollen Sie nicht hereinkommen?« fragte Sue freundlich.

»Nein. Ich muß ihm nur etwas mitteilen«, erwiderte Anita.

Sue ging ins Wohnzimmer. Sehr gelassen erklärte sie: »Anita will mit dir reden.«

Er stand auf und ging in die Diele.

»Ich habe die Nachricht bekommen, die du im Büro auf Band hinterlassen hast«, begann Anita. »Ich glaube, du solltest heute nacht besser nicht zurückkommen. Eigentlich wollte ich dir vorschlagen, in ein Motel oder so zu ziehen, aber dann habe ich gesehen, wie du mit Sue dort an der Spüle herumgeturtelt hast, und da habe ich mir gedacht, du bleibst vielleicht lieber hier.« Sie senkte die Stimme und flüsterte heiser: »Lily hat dich auch gesehen.«

»Du hast vielleicht Nerven! Schaut wie ein Spanner in fremde Fenster und macht dann solche Andeutungen!« empörte er sich. »Vor allem, wenn man bedenkt, was du so treibst.«

Anita wurde hochrot und händigte ihm dann einen länglichen weißen Umschlag aus.

»Was ist das?« fragte er. Der Umschlag war nicht verschlossen. Er zog den Inhalt, ein dickes Bündel zusammengehefteter, eng mit Maschine beschriebener Papiere, heraus.

»Darin steht, daß du freiwillig ausgezogen bist und deshalb nicht zurückkommen kannst. Damit ist unsere Trennung vollzogen.«

»Was?«

»Tut mir leid, David«, sagte sie, drehte sich um und hastete die nassen Betonstufen hinunter. Er sah ihr nach, sah ihren schmalen Rücken, ihren Nacken, ihr krauses dunkles Haar. Sie blickte zu Boden, um ihr Gesicht vor dem Regen zu schützen, und jeder ihrer keuchenden Atemstöße hinterließ eine warme Wolke in der eisigen Luft. Er wollte ihr fast schon nachlaufen, doch Sue trat neben ihn und legte eine Hand auf seinen Unterarm. »Was ist passiert?« erkundigte sie sich.

David stand da und starrte die Papiere an. Offenbar ein amtliches Dokument. »Ich weiß es nicht«, erklärte er. »Ich weiß nicht, was ich machen soll.«

Benommen ging er ins Wohnzimmer zurück und sank in Rogers großen Lehnstuhl neben dem Kaminfeuer. Sue goß Wein nach, während David sich im flackernden Licht das Dokument ansah. »*Jamison gegen Jamison*« stand da als Überschrift. Er kam bis zu der Stelle, wo Anita Jane Reynolds Jamison als klageführende Partei und David Scott Jamison als Beklagter bezeichnet wurden, dann warf er es beiseite.

»Laß sehen«, forderte Sue. Er trank seinen Wein, während sie mit gerunzelter Stirn und konzentriert die Papiere überflog. Davids Blick wanderte wieder zum Feuer.

»Das kann sie nicht machen«, erklärte Sue. »Sie darf das Haus und die Kinder nicht bekommen.«

»Ich will von alldem nichts mehr wissen«, murmelte er mit zittriger Stimme.

Sue setzte sich auf die Armlehne seines Stuhls und strich ihm übers Haar. »Gott sei Dank bin ich auch noch da«, meinte sie. »Gott sei Dank bist du in einem solchen Augenblick nicht allein.« Sie streichelte ihn weiter, und er ließ seinen Kopf an ihre Brust sinken. »Ach, Sue«, seufzte er. Der Wille, seine Würde zu bewahren, hatte sich vollkommen verflüchtigt. »Ich komme mir wie ein richtiger Verlierer vor.«

»Nein, David, du bist kein Verlierer.« Sie hörte sich sanft, aber bestimmt an, und er spürte ihre Lippen auf seiner Stirn. Sein Gesicht hatte er von ihr abgewandt, da ihm nach Weinen zumute war. Er hielt die Augen fest geschlossen, doch sein suchender Arm fand ihre Taille. David zog sie an sich.

Sie legte ihre Wange an seine Stirn und sagte stockend: »Ich wollte dir das mit Anita schon früher erzählen. Wenn ich nicht mitgehört hätte, was sie gesagt hat – ich hätte mir nie gestattet –, du weißt schon. So schien es weniger …«

»Sag jetzt nichts mehr«, flüsterte er. Er griff mit beiden Händen nach ihrem Kopf und zog ihr Gesicht zu seinem herunter, dann küßte er sie auf den Mund.

Seine Ermahnung, nicht zu sprechen, schien sie zu erregen. Sie grub ihre Fingernägel in seine Schulter, und dann hatte er wieder ihre fette Zunge im Mund, die diesmal nicht nach Erdnußbutter, sondern nach Wein schmeckte. Ehe er wußte, wie ihm geschah, hatte sie sich in dem Lehnstuhl rittlings auf ihn gesetzt; sie bewegte ihre Hüften, und er spürte, wie sie ihr Schambein langsam an seinem Schwanz rieb.

Folgsam blieb sie stumm, als er sich auf den Boden gleiten ließ und sie dabei an ihren reizvoll geschwungenen Hüften festhielt, dann rollte er sich mit ihr herum, bis sie unter ihm auf dem Rücken lag. Ihr Schweigen und die Art, wie ihr Körper sich unter seinen Händen bewegte und ihm ermöglichte, sie nach seinen Wünschen hinzubetten, ließen ein wundervolles Glücksgefühl in ihm aufsteigen. Ein Gefühl von Macht und Kraft, lange Zeit verschüttete Empfindungen, überkam ihn, und auf einmal fühlte er sich wieder wie der wahre David.

Sie half ihm, sie beide auszuziehen, küßte ihn immer wieder und blieb dabei stumm; geschickt öffneten ihre kleinen Hände Knöpfe und seinen Gürtel, zogen ihre Gewänder unmerklich über Arme und Beine und schoben elastische Bünde über Taillen, Hüften und Schenkel.

Nachdem dieser Teil mit einem Minimum an Peinlichkeit abgeschlossen war, beugte er sich über sie und gönnte sich einen Augenblick, um ihr weißes, vom Feuer pfirsichfarben beleuchtetes Fleisch zu bewundern; dann fuhr er grob mit der Hand über ihre Brüste und zwängte sich mit dem Knie zwischen ihre Schenkel, die auseinanderfielen wie die Blütenblätter einer Blume. Er ließ seinen Schwanz in sie gleiten und beobachtete, wie ihr Gesicht sich in unkontrollierte und vollkommene Hingabe auflöste.

Anita zitterte, als sie nach Hause kam. Sie schloß sich im Schlafzimmer ein und rief Frank an. »Ich habe es getan«, verkündete sie. »Ich habe ihm die Papiere übergeben. Aber ich bezweifle, daß er in ein Motel zieht. Vermutlich verbringt er die Nacht mit Sue. Lily und ich haben gesehen, wie sie sich am Küchenfenster mehr oder weniger befummelt haben.«

»Perfekt«, meinte Frank. »Wenn sie die Nacht gemeinsam unter einem Dach verbringen, ist das eher noch besser. Und erst recht, wenn auch Lily sie gesehen hat. Das kann deine Position stärken, wenn es um das Sorgerecht geht.«

»Und, Frank«, fügte Anita mit immer noch pochendem Herzen hinzu, »er weiß über uns Bescheid. Er schien sich sehr sicher zu sein.«

»Das dürfte eigentlich kein Problem sein«, erwiderte er nach einer Weile. »Wir waren sehr diskret. Jedenfalls haben wir uns bestimmt nicht vor den Kindern produziert.«

»Ich vermute, das alles geht auf Roger zurück, der uns damals gesehen hat«, erwiderte Anita.

»Roger ist tot«, stellte Frank fest. »Wie dem auch sei, es hat nichts weiter zu bedeuten. Versuch, dich zu entspannen, Liebling. Es wird alles gutgehen, du wirst schon sehen.«

David erinnerte sich, unmittelbar danach noch »Gute Nacht!« gemurmelt zu haben, während er in einer Wolke aus Schweiß und Wohlgefühl auf dem Rücken gelegen hatte und gleich darauf, psychisch wie auch physisch erschöpft, eingeschlafen war. Außerdem erinnerte er sich undeutlich an Sue, die irgendwann sacht eine Decke über ihn gebreitet hatte. Er hatte die köstliche, sanfte, genau richtig abgestimmte Wärme auf seiner Haut gespürt, die sich allmählich wieder abgekühlt hatte.

Das nächste Mal wurde er wach, als es dämmerte. Einen Augenblick lang wußte er nicht so recht, wo er war. Gelblich-graues Licht drang durch zarte Vorhänge, die, wie ihm jetzt klar wurde, zu Sues Wohnung gehörten. Er setzte sich auf und sah sich in dem Raum um. Von so weit unten hatte er ihn noch nie betrachtet, doch langsam nahm er vertraute Formen an. In Augenhöhe, auf dem Couchtisch, sah er neben dem Dokument, das Anita gestern gebracht hatte, die Weinflasche und zwei Gläser.

Die Erinnerung daran ließ ihn wieder auf den Teppich zurücksinken. Dann roch er Kaffee. Lustlos erhob er sich, wickelte sich in die Decke und ging in die Küche, wo Sue, in einen flauschigen roten Bademantel gehüllt, am Tisch Kaffee trank.

Er ging auf sie zu und küßte sie pflichtschuldig auf die Stirn. Zu seiner Erleichterung schien sie es gar nicht wahrzunehmen. Er hätte es nicht ertragen, wenn sie sich jetzt wie ein Turteltäubchen aufgeführt hätte.

»Ich habe nachgedacht«, setzte sie an. »Die ganze Nacht habe ich nachgedacht, David.«

Unruhig sah er zu den Fenstern hinüber. In der nebligen Dämmerung war sein Haus nichts weiter als ein dunkler Schatten. Da drüben war noch keiner auf. Er wollte nicht gesehen werden, wie er, in diese dämliche Decke gewickelt, am Fenster stand. Schwerfällig ließ er sich am Tisch nieder und fragte: »Wie spät ist es?«

»Halb sechs.« Sue stand auf, um ihm einen Kaffee zu holen.

»Du hast also die ganze Nacht nicht geschlafen?«

Ungeduldig winkte sie ab, als sei das völlig nebensächlich. »Ich brauche nie besonders viel Schlaf. Normalerweise reichen mir vier Stunden oder so.« Sie stellte einen Becher vor ihn hin. »David, ich habe nachgedacht«, wiederholte sie.

»Ich glaube, dazu bin ich nicht in der Lage«, erklärte er düster und starrte seinen Kaffee an.

»Das ist mir klar. Deswegen habe ich das übernommen.« Sie sah ihn eindringlich an und beugte sich quer über den Tisch, um ihn zu zwingen, sie ebenfalls anzuschauen. Widerstrebend blickte er zu ihr auf.

»Ich nehme an, du willst nicht alles aufgeben, was du besitzt«, sagte sie mit einem traurigen Lächeln. »Du hast zwei Kinder. Und die brauchen beide Eltern.«

Er brummte zustimmend.

»Was wäre der Vorteil, wenn alles aufgeteilt würde? Wärst du dann besser dran?«

Natürlich nicht, dachte er erbittert. Ich müßte mir einen Job suchen und vielleicht an einem Grillstand Hamburger wenden, und die Hälfte meines elenden Lohns müßte ich für den Unterhalt der Kinder abliefern. Ich habe mein ganzes Leben vermasselt und werde schließlich in einem Wohnwagen landen. Doch statt dessen sagte er: »Ich schätze, du hast recht. Ich wünschte, Anita würde einer Eheberatung zustimmen.«

Für einen Augenblick war sie still, dann meinte sie: »David, ich habe über das nachgedacht, was du gestern abend gesagt hast. Über deinen Wunsch, Anita wäre tot. Mir ist das auch durch den Kopf gegangen.«

Er war zu verblüfft, um darauf etwas zu erwidern. »Das wäre doch wirklich optimal, oder nicht?« fuhr sie mit sanfter Stimme fort. »Wir könnten uns gegenseitig bei der Erziehung unserer Kinder unterstützen. Ich habe sogar mit der Vorstellung gespielt, noch einmal ein Baby zu bekommen. Jung genug bin ich noch. Und finanziell wären wir beide abgesichert. Ich hatte diesen Tagtraum genau wie du, und ich schäme mich nicht dafür.« Sie seufzte. »Doch es wäre unrecht.«

Das erleichterte ihn. Für einen Augenblick hatte er sich gefragt, ob sie verrückt geworden war und ihm Mord mit anschließender Heirat vorschlagen wollte. Dabei sollte er sich eigentlich geschmeichelt fühlen, weil Sue ihn so begehrenswert fand. Aber das war kein Thema, bei dem er sich länger aufhalten wollte.

»Ganz realistisch gesehen«, fuhr sie fort, »solltest du dorthin zurückgehen und deiner Ehe noch eine Chance geben, finde ich. Zumindest aber mußt du sie zum Auszug bewegen.«

»Anita hat nicht die Absicht, mich je wieder reinzulassen«, erklärte er. »Das hat sie mir letzte Nacht deutlich zu verstehen gegeben.«

»Über all das habe ich die ganze Nacht nachgedacht, David.«

»Du bist wirklich lieb«, meinte er.

Allmählich schien sie die Geduld mit ihm zu verlieren. »Hör zu, ich werde mit Anita reden«, erklärte sie eindringlich. »Ich sage ihr, daß nichts zwischen uns gewesen ist. Weil das nicht sein darf. Ich werde sie bitten, eurer Ehe noch eine Chance zu geben. Ich glaube, ich kann zu ihr durchdringen. Als Mutter.«

»Ach, Sue, ich glaube nicht ...«

»Ich storniere meinen Flug nach Milwaukee und rede heute abend mit ihr, wenn sie von der Arbeit nach Hause kommt. Wir müssen sofort etwas unternehmen, sonst ist es zu spät. Ich will sie überzeugen, dich in das Haus und zu euren Mädchen zurückkommen zu lassen. Wenn ich das nicht tue, fände ich mein Leben lang keine Ruhe mehr.«

Erschöpft trank David einen Schluck Kaffee. »Aber, Sue, Anita wird dir gar nicht zuhören. Sie hat dich von Anfang an nicht gemocht. Es ist sehr freundlich von dir, helfen zu wollen, aber im Augenblick ist das Netteste, was du tun kannst, wenn du mich hierbleiben läßt.«

»Natürlich. Solange du willst.«

»Danke, Sue. Ich weiß das wirklich zu schätzen. Nur bis ich wieder alles im Griff habe. Das ist alles so plötzlich gekommen.«

»Ich weiß«, entgegnete Sue. »Dich so verzweifelt zu sehen hat mir fast das Herz gebrochen.« Sie sah ihn kühl und offen an. »David, gestern nacht habe ich versucht, dir etwas von deinem Selbstvertrauen zurückzugeben.« Er hatte das Gefühl, als hätte sie ihm eine Ohrfeige verpaßt. Was sagte sie da? Diese Nacht sei eine Übung zur Stärkung seines Selbstbewußtseins gewesen? »Und ich möchte mich unbedingt mit Anita unterhalten«, schloß Sue hartnäckig.

»Ich halte das für keine gute Idee«, widersprach er.

»Ich glaube, du wirst dich noch wundern«, antwortete sie mit einer Bestimmtheit, die ihm bedrohlich erschien. »Wenn wir es hinkriegen, daß du mit den Kindern heute abend woanders bist, nehme ich sie mir von Frau zu Frau vor.«

»Schau, Sue, es ist wirklich aussichtslos. Ich bin dir dankbar dafür, daß du mich hier wohnen läßt. Ich bin dir für deine Freundlichkeit dankbar. Aber ich sehe keine Möglichkeit, wie du oder sonst irgend jemand etwas daran ändern kann, daß meine Ehe im Eimer ist.«

Sie beugte sich vor und umklammerte seinen Arm. »Aber David, wir können nicht einfach klein beigeben. Es steht so viel auf dem Spiel. Lily. Sylvie. Vor allem Sylvie. Ich liebe sie wie eine Tochter. Ich weigere mich, sie Anita zu überlassen.«

»Aber Anita ist ihre Mutter«, betonte David.

»Damit das klar ist, David, das funktioniert nur, wenn da niemand anderer ist als wir und unsere Kinder. So ist das ja eigentlich auch gedacht.«

Die schlaflose Nacht scheint sie doch ziemlich mitgenommen zu haben, dachte David. Wieso ging ihr das alles überhaupt so nahe? Sie hatte schließlich selbst Kinder, an die sie denken mußte. Vielleicht war sie durch Rogers Tod verrückt geworden. Vielleicht war es auch eine Möglichkeit für sie, ihren Kummer loszuwerden. Oder vielleicht rührte es daher, daß er sie gevögelt hatte. Sie ist so unnachgiebig, dachte er, und Panik stieg in ihm auf.

Trotz alledem war ihm klar, daß er sie gerade jetzt brauchte. Außerdem benötigte er einen Unterschlupf, bis sich alles wieder von selbst eingerenkt hatte. »Versuch, dich zu beruhigen«, sagte er und tätschelte ihre Hand. »Deine Jungen werden dich vermissen. Mach dir um mich und die Mädchen keine Sorgen. Irgendwie muß ich das durchstehen.« Schlagartig wurde ihm klar, wie inständig er wünschte, sie würde nach Milwaukee zurückkehren. Wenn sie erst wieder weg war, konnte er sich in dem angenehm leeren Haus wieder entspannen und seinen nächsten Zug planen. Als erstes mußte er sich wohl einen Anwalt suchen. »Ich weiß deine Anteilnahme zu schätzen«, wiederholte er. »Ich weiß, du bist ein fürsorglicher Mensch. Und ich weiß, du willst für andere immer das Beste.«

»So ist es«, bestätigte sie. »Und ich weiß auch, was das Beste ist. Vertrau mir einfach, und alles kommt in Ordnung.«

KAPITEL FÜNFZEHN

Nachdem er Frühstück und Zeitungslektüre absolviert hatte, wünschte sich David nichts mehr, als wieder allein zu sein. Sue war nett und meinte es gut, und von einem unbeteiligten dritten zu hören, was Anita für ein Miststück war, tat ihm wohl. Andererseits ging ihm Sues Eindringlichkeit allmählich auf die Nerven. Sicher, ihm wurde übel mitgespielt. Sicher, eigentlich standen das Haus und die Mädchen ihm zu. Sicher, recht betrachtet, hätte eigentlich Anita ausziehen müssen. Aber was konnte er denn, bei genauerem Überlegen, schon unternehmen? Alles schien so aussichtslos.

Außerdem wäre ihm lieber gewesen, er hätte Sue nie gevögelt. Danach glaubten Frauen immer, eine Art emotionalen Anspruch auf einen zu haben. Das hatte ihm gerade noch gefehlt, ausgerechnet jetzt.

Nachdem Anita und die Mädchen das Haus verlassen hatten, entschuldigte er sich damit, noch ein paar Unterlagen in seinem Schreibtisch zu Hause durchsehen zu müssen. »Könnte ein Weilchen dauern«, erklärte er in der Absicht, ein ungestörtes Nickerchen in seinem alten Bett zu halten.

Zu Hause ging David nach oben und versuchte sich einzureden, er wohne noch immer hier und Anita habe ihn nie hinausgeworfen. Nach ein paar Minuten kam er auf die Idee, nachzusehen, ob Anita, ähnlich wie Sue und seine Mutter, etwas in ihrer Wäscheschublade versteckt hatte. Nach kurzem Herumstöbern stieß er auf ein Buch mit Ratschlägen, wie eine Ehefrau ihren Mann loswerden kann.

Aufgeregt wie ein General, dem die Schlachtpläne des Gegners in die Hände gefallen sind, fischte er es aus der Schublade und machte sich an die Lektüre. Es enthielt vor allem eine Menge unfairer Verunglimpfungen der Männer insgesamt und ging von der Voraussetzung aus, Frauen seien immer die bedauernswerten Opfer. Empört stellte David fest, Anita hatte mit Hilfe vorgefertigter Sätze aus dem Buch jede aufrichtige Auseinandersetzung vermieden. »Es ist besser so«, hatte sie ihn jedesmal, wenn er über das hatte reden wollen, was mit ihrer Familie geschah, abgewimmelt. Und hier, in Kapitel drei, war es wortwörtlich nachzulesen.

Er überblätterte eine Menge blödsinniger Ratschläge mit dem Tenor, sich selber ein bißchen zu verwöhnen, während man das Leben seines Gatten und seiner Kinder ruinierte, und wandte sich sogleich dem Kapitel über Unterhalt, Alimente und Sorgerecht zu. »Denken Sie daran, auch wenn Sie arbeiten, haben Sie Anspruch auf Unterstützung für Sie und die Kinder und auch auf das Geld für einen guten Rechtsbeistand.« Das heiterte ihn wieder etwas auf, ebenso wie ein Abschnitt mit Hinweisen, was zu tun sei, um das Haus zugesprochen zu bekommen. Das Buch wies darauf hin, daß die Kinder eine Trennung normalerweise leichter verkrafteten, wenn sie mit der hauptsächlichen Bezugsperson im selben Haus wohnen blieben.

Sue hatte recht. Eigentlich stand das Haus ihm zu. Selbstverständlich auch die Kinder, obwohl er das im Grunde genommen gar nicht wollte, vierundzwanzig Stunden täglich verfügbar sein. Vielleicht konnte man sich wöchentlich abwechseln. Laut dem Buch müßte Anita für sie alle aufkommen. Er sollte nicht dafür bestraft werden, daß er bei den Kindern zu Hause geblieben war. Im Gegenteil. Er sollte belohnt werden, weil er seine Karriere geopfert hatte.

Auf einmal sah David einen Anlaß, sich sofort an einen Anwalt zu wenden und den Kampf aufzunehmen. Anita war von Anfang an in Führung gegangen, und er täte gut dran, sie einzuholen. Er rief den Rechtsanwalt an, den er einmal beauftragt hatte, seiner Mutter und seiner Schwester böse Briefe zu schreiben, als sie sich wegen Tante Marthas Hinterlassenschaft gestritten hatten, und erklärte ihm, er brauche einen Scheidungsanwalt.

»Geht es um eine Scheidung in gegenseitigem Einvernehmen? Haben Sie sich schon auf irgend etwas geeinigt?«

»Nein«, erwiderte David, den die Ratschläge des Buches befeuerten. »Die Situation ist folgende: Ich bin der Hausmann, und sie arbeitet. Da hauptsächlich ich es bin, der sich um alles kümmert, was den Haushalt und die Kinder betrifft, müßte ich meiner Ansicht nach theoretisch Anspruch auf Unterhalt und Alimente sowie auf das Haus haben.«

Der Anwalt seufzte. »Theoretisch vielleicht. Aber wenn Ihre Frau Ihnen das Sorgerecht nicht überlassen will, sollten Sie nicht mit allzuviel Sympathie rechnen. Viele Richter werden es nicht offen zugeben, aber nach ihrer Vorstellung sollte ein Kerl sich zu gut dafür sein, diesen Weg zu wählen. Wenn Sie nicht behindert sind oder so, fragt man sich bei Gericht möglicherweise, weshalb Sie nicht arbeiten. Ich glaube, Sie brauchen jemanden, der auf Scheidungen spezialisiert ist. Ich stelle Sie zu Linda durch. Die kann Ihnen ein paar Namen nennen. Viel Glück.«

David war so aufgebracht, daß er auflegte und sich mit einem Gefühl völliger Hilflosigkeit ins Bett zurückfallen ließ, noch ehe Linda in der Leitung war.

Gegen Mittag kam Sue herüber und lud ihn zum Essen in ihre Wohnung ein. Eigentlich wollte er sagen, er sei zu deprimiert, um zu essen oder zu reden oder sonst irgendwas, doch statt dessen folgte er ihr wie ein Zombie über den Rasen.

»Ich habe mir gedacht, du könntest etwas brauchen, das dich ein wenig tröstet«, erklärte sie und tischte ihm eine köstliche Linsensuppe mit Wurstscheiben auf. Zu seiner Überraschung heiterte ihn die dampfende Schüssel Suppe tatsächlich ein wenig auf. Sein Ärger auf Sue war vergessen. Sie schien sich mittlerweile beruhigt zu haben. Wenigstens einen Menschen gab es, der nett zu ihm war.

Nach dem Essen zeigte sie ihm, was sie den Vormittag über gemacht hatte. Sie hatte Sylvie ein Prinzessinnenkostüm aus weißem, bauschigem Chiffonstoff genäht, das mit goldenen Sternen übersät war.

»Wenn man bedenkt, was du gerade durchmachst, ist es wirklich nett von dir, an so etwas zu denken«, meinte er und versuchte, begeisterter zu klingen, als er in Wirklichkeit war.

»Wenn ich ständig beschäftigt bin, geht es mir einfach besser«, erwiderte sie mit einem Lächeln.

»Ich kann mich kaum von der Stelle rühren, so deprimiert bin ich. Mir kommt es vor, als hätte mein ganzer Mut mich verlassen.« Seine eigene Stimme klang in seinen Ohren leblos, monoton

»Ach, David«, erwiderte sie. »Am Ende wird alles gut werden. Ich weiß es einfach.«

Er ließ seinen Kopf in die Hände fallen und begann zu zittern. »Gerade habe ich mit einem Anwalt gesprochen. Er war ganz offen und meinte, es bestehe keine Aussicht für mich, in das Haus zurückzukommen. Alles ist total im Eimer. Mein Leben ist verpfuscht.«

»Ich glaube, ich kann an Anitas mütterliches Gefühl appellieren«, erläuterte Sue. »Ich wünschte, du würdest mir vertrauen.«

»Das Thema hatten wir doch bereits abgeschlossen, Sue.«

»Ich will es aber versuchen«, beharrte Sue. »Bitte, laß es mich versuchen. Was hast du schon zu verlieren?«

»Nichts, denke ich«, entgegnete David niedergeschlagen.

»Sie kommt gegen halb sechs nach Hause, richtig? Um halb fünf ist eine Nachmittagsvorstellung im Metro. Da gehst du mit den Mädchen hin, und danach spendierst du ihnen noch ein Coke oder so. Bis sieben etwa. Wenn du anschließend zurückkommst, sind, glaube ich, alle dcine Probleme gelöst. Bestimmt.«

David saß an dem einen Ende der Bar in O'Briens Kneipe, trank ein Glas Bier der Marke ›Alte Freundschaft‹ und aß Brezeln dazu. Angeblich war O'Briens Kneipe ein uraltes irisches Pub, doch David konnte sich an die Zeit erinnern, als es noch ein Discountladen für Elektronikzubehör gewesen war. Es gelang ihm deshalb nie, sich ganz der Wirkung der verschnörkelten, dunkel gebeizten viktorianischen Bar und der farbigen Glasfenster mit den schweren Spitzenvorhängen hinzugeben, die den Eindruck vermitteln sollten, es gäbe die Kneipe schon seit undenklichen Zeiten.

Trotzdem, er mochte O'Briens Laden: eine gemütliche Kneipe um die Ecke mit einem Dartbrett und Unmengen von Guinness-Plakaten an den Wänden. Vielleicht war ihm in all den Jahren etwas entgangen, als er, anstatt hierherzugehen, im Honey Bee herumgehangen hatte, wenn er es zu Hause nicht mehr aushielt. Das Honey Bee war so brav und bieder. Bier an einem Ort zu trinken, wo Rauchen erlaubt, Kinder hingegen nicht erwünscht waren, und wo ab und zu ein Paar im Dämmerlicht der Bar saß, sich anlächelte und küßte und wo anstelle gepflegter Kammermusik die Ausscheidungspiele im Baseball übertragen wurden, schien im Vergleich dazu etwas Dekadentes zu haben.

In den vergangenen sechs Jahren hatte er in einer von Kindern dominierten Welt gelebt. Er hatte schon ein schlechtes Gewissen gehabt, wenn er auch nur auf die Idee gekommen war, sich in Gesellschaft von Erwachsenen herumzutreiben. Wieso hatte er es überhaupt so weit kommen lassen? Und was hatte es ihm eingebracht, so ganz im Familienleben aufzugehen und einem ordentlichen Leben zu frönen? Letztlich war er doch hier gelandet und wartete nun niedergeschlagen darauf, daß Sue an das Gewissen seiner Frau appellierte, damit diese ihn wieder nach Hause kommen ließ.

In letzter Minute hatte er beschlossen, den Film zu schwänzen. Es war ein Fantasy-Film über Kinder im Weltraum mit jeder Menge Spezialeffekte und Trickaufnahmen. Er hatte die Kinder einfach beim Kino abgesetzt und ihnen gesagt, er werde sie um halb sieben wieder abholen. Bei dem Gedanken sah er auf die Uhr. Sie war, wie die ganze Einrichtung hier, die Imitation eines antiken Stücks in einem großen Eichengehäuse und mit Messingziffern. Der kreisende Sekundenzeiger und das Kabel an der Seite verrieten allerdings zeitgemäßere Technik. Er schwor sich, mindestens zehn Minuten zu warten, ehe er seinen Augen wieder einen Blick auf die Uhr gestattete. Er wollte nicht an die Szene denken, die sich in Kürze zwischen Anita und Sue abspielen würde.

Als er das nächste Mal auf die Uhr sah, war noch keine Minute vergangen. Anita würde frühestens in zwanzig Minuten nach Hause kommen. Er seufzte und nippte an seinem Bier. Je länger er darüber nachdachte, desto deutlicher wurde ihm bewußt, wie dumm es gewesen war, Sue ihren Willen zu lassen.

Er mußte von allen guten Geistern verlassen gewesen sein, als er geglaubt hatte, ihr kleiner Plan könnte Erfolg haben. Am Nachmittag, als er so niedergeschlagen gewesen war, schien es noch einen Versuch wert gewesen zu sein. Da hatte er tatsächlich geglaubt, Anita würde zustimmen, ihn »auf Bewährung« wieder bei sich aufzunehmen. Doch inzwischen kam ihm das alles ziemlich bescheuert vor. Wahrscheinlich hatte ihn die Hartnäckigkeit der so ungeheuer praktisch veranlagten Sue überzeugt.

Sue hatte jedoch auch noch andere Charaktereigenschaften, von denen er nichts geahnt hatte. Er erinnerte sich an ihr Gesicht, als sie sich auf dem Teppich vor dem Kaminfeuer geliebt hatten, an diesen wilden, ausgelieferten Blick. Er spürte, wie der Gedanke daran ihn ein wenig aufmunterte. Doch als er sich in Erinnerung rief, was sie heute morgen über die Stärkung seines Selbstbewußtseins gesagt hatte, brach seine Zuversicht wieder in sich zusammen. Sollte das vielleicht heißen, sie habe ihm das alles nur vorgespielt?

Das Gespräch im Morgengrauen war in mehr als einer Hinsicht beunruhigend gewesen. Hatte die Frau doch tatsächlich ein ganzes Szenario entworfen, in dem sie sich mit David zusammentat, um alle vier Kinder gemeinsam großzuziehen und dann sogar weiterzumachen und noch eines zu bekommen! Vielleicht war sie ja in ihn verliebt. Er hatte unterstellt, sie sei nichts weiter als eine gute, selbstlose Freundin, die nur ein bißchen richtigen Sex brauchte und auch etwas davon zurückgeben wollte. Wenn sie ihn aber liebte und die Kinder mit ihm großziehen wollte, wieso brachte sie es dann fertig, ihm in aller Seelenruhe bei der Regelung seiner Probleme mit Anita zu helfen? Er hatte immer geglaubt, Sue sei aufrichtig und unkompliziert, doch da war so vieles, das er nicht verstand.

Wieso mußte sie überhaupt nach Seattle kommen, um irgendwelche Papiere zu unterzeichnen? Sie hätte sie in Wisconsin unterschreiben und mit dem Federal Express zurückschicken können. Aber als sie von Davids und Anitas Trennung gehört hatte, war sie schleunigst zurückgekommen. War sie dermaßen verrückt nach ihm?

Die Bedienung, eine lebhafte Brünette mit toupiertem Haar und großen, runden Ohrringen, kam bei ihm vorbei. »Noch eins?« fragte sie munter.

»Klar doch«, erwiderte er mit einem matten Lächeln und schob sein leeres Glas über den gebeizten Tresen. Erneut warf er einen Blick auf die Uhr.

Zwei von ihr, zwei von ihm und eines von ihnen beiden. Gott steh ihm bei! Das wären dann fünf Kinder. Na schön, wenn es jemand gab, der das in den Griff bekam, dann war das Sue. Offenbar schlief sie auch nicht mehr als vier Stunden pro Nacht.

Aber wieso, zum Teufel, plapperte sie irgendwas daher von wegen, noch ein Kind zu bekommen? Sie hatte ihm erzählt, ihre Eileiter seien durchtrennt. Es war also, verdammt noch mal, bestimmt nur eine Wunschvorstellung. Trotzdem war es verrückt. Und was war mit Roger? Wie konnte sie sich eine neue Familie zusammenphantasieren, während sie ihn eigentlich noch betrauern sollte?

Jetzt fiel ihm auch das versteckte Notfalletui mit dem Adrenalin wieder ein. Was, zum Teufel, hatte es damit wirklich auf sich? Es war entsetzlich gewesen, Roger beim Sterben zuzusehen. Es hatte so lange gedauert, bis die Wespe ihn schließlich gestochen hatte, und als er in dem Bewußtsein, vielleicht sterben zu müssen, so dagestanden war, hatten sich vor den Augen all der Gaffer alle möglichen Gefühle auf seinem Gesicht widergespiegelt. Er hatte so nackt und schutzlos gewirkt, genau wie Sue beim Sex. Natürlich nur, wenn sie ihm das nicht bloß vorgespielt hatte, um sein Selbstbewußtsein zu stärken.

Die Bedienung brachte ihm sein zweites Bier, und David zwang sich zur Ruhe. Er sollte Sue für ihre Hilfe dankbar sein, das war ihm durchaus klar. Sie war ein Mensch, der alles wieder in Ordnung bringen konnte. Ihr ganzes Leben war unglaublich gut organisiert. Sie bewältigte alles elegant und reibungslos. Jede Mahlzeit gelang ihr perfekt, jedes einzelne Zimmer war genau richtig möbliert. Und das Grillfest war ihm wie aus einem einschlägigen Magazin abgekupfert vorgekommen.

Abgesehen natürlich von dem abstoßenden Finale. Das hatte sie nicht planen können. David fiel kein weiterer Aspekt aus Sues Leben ein, der nicht geplant gewesen wäre. Bis zu jenem Augenblick war sie eine Frau gewesen, die ihre gesamte Umgebung unter Kontrolle hatte. Doch am Ende war Sue besiegt worden. Von einem Insekt.

David kippte einen großen Schluck Bier hinunter. An jenem Nachmittag war er ganz schön erledigt gewesen. Das zweite Bier begann zu wirken, und er erinnerte sich daran, sich genauso benommen gefühlt zu haben, als er im Garten der Heffernans herumgeklettert war und die japanischen Lampions von den Bäumen geholt hatte.

Wie in hell ausgeleuchteten Schnappschüssen tauchte Sues Party in seiner Erinnerung auf: die Steaks auf dem Brett, die blumigen Drinks, dazu Sue, die ihren Ehemann mit Sonnenschutzcreme einrieb, und der Mann mit dem roten Toupet und seinen Witzeleien.

Er sah auf die Uhr. In fünfzehn Minuten würde Anita mit ihren hohen Absätzen die Treppe zur Veranda hinaufgehen. Klick, klick, klick. Sue wartete auf sie.

Anita hatte immer hohe Absätze bevorzugt, weil sie ziemlich klein war und dadurch größer wirkte. Armes Ding. Allzuviel Selbstbewußtsein hatte sie nie besessen. Was für ein Unterschied zu Sue: die trug bequeme Schuhe, die ihre plumpen weißen Füße mit den geraden Zehen verbargen. Anitas Zehen waren wegen der hohen Absätze alle seitwärts verdreht; die kleinen Zehen waren fast völlig deformiert und erinnerten an winzige fleischige Dreiecke. Sie waren ihm immer ein wenig mitleiderregend vorgekommen.

Im Schrank hatte immer eine Reihe ihrer kleinen, hochhackigen Schuhe gestanden, eine ordentliche Reihe italienischer Schuhe aus glänzendem Kalbsleder mit aufreizenden Riemchen und in allen möglichen Farben. Einst hatte David sie für sexy gehalten und als Zeichen ihres Willens betrachtet, für ihr gutes Aussehen auch zu leiden.

Würde Anita auf Sue hören? Oder würde sie sie anschreien und auffordern, das Haus zu verlassen? Nein, Anita haßte Auseinandersetzungen.

David trank noch einen Schluck Bier und sah der dunkelhaarigen Barfrau zu, die mit einem weißen Tuch über den Tresen wischte und über etwas lachte, das ein bleicher Mensch mit Pferdeschwanz beim Anzünden seiner Zigarette von sich gab. Nein, Anita würde keine Szene machen, schon gar nicht einer Frau, die durch einen tragischen Unfall gerade Witwe geworden war.

Die Barfrau drehte das Baseballspiel leiser; aus einem Lautsprecher über ihm erklang plötzlich Musik. Ein Golden Oldie. Das heißt, eigentlich war es schon ein Golden Oldie gewesen, als er und Anita noch jung gewesen waren: »In the Still of the Night.« Anita mochte das Lied; sie konnte den Text auswendig.

Er erinnerte sich, wie überrascht er bei einem ihrer ersten Rendezvous gewesen war, als sie ihren Kopf auf den rissigen roten Ledersitz seines alten MG zurückgelegt, wie eine Barsängerin die Augen geschlossen und den Song im Radio mit ihrem hellen Sopran mitgesungen hatte.

Immer noch singend, hatte sie dann die Augen aufgeschlagen und ihn von der Seite her angesehen, als wolle sie seine Reaktion abschätzen. Er war einfach überrascht und aufgeregt gewesen. Zum ersten Mal schien sie sich in seiner Gegenwart entspannt zu haben. Doch sie war nicht einfach entspannt gewesen. Zugleich hatte sie wissen wollen, wie er ihre aufreizende Pose und das hübsche Stimmchen aufnahm, mit dem sie den Teenagersong über Sehnsucht zum besten gegeben hatte.

In jenem Augenblick hatte er gewußt, sie würde mit ihm ins Bett gehen. Er konnte sich noch an das Triumphgefühl erinnern, das in seiner Brust aufgestiegen war, eine unbeschwerte, schwindelerregende Gewißheit; Erregung, aber auch Erleichterung.

Er betrachtete sich im Spiegel der Bar und wunderte sich, wie alt und müde er aussah. Überwältigt von der Erinnerung an jene Verabredung mit Anita und der Macht des sentimentalen Lieds, spürte er, wie Tränen in seinen Augen brannten.

Am anderen Ende der Bar zersplitterte ein Glas, eine Frau lachte. Die Bedienung schnappte sich einen Besen, überließ den Mann mit dem Pferdeschwanz sich selbst und hastete davon. Das Geräusch von splitterndem Glas, gefolgt vom nervösen Gelächter einer Frau, erinnerte ihn an etwas, das ihm wichtig erschien. Sein Kopf fuhr in die Höhe.

In diesem Augenblick würde Anita, die in jener lange zurückliegenden Sommernacht für ihn gesungen hatte, zum Haus einbiegen. Er sah ihre undeutliche Gestalt in der Dunkelheit, hörte ihre Absätze über die Stufen klicken.

Mühsam suchten seine Gedanken im Bierdunst nach dem flüchtigen Einfall, der bei dem Geräusch splitternden Glases durch seinen Kopf gezuckt war. Woran erinnerte es ihn? Und weshalb war das so wichtig?

Plötzlich kam die Erinnerung zurück. Das zersplitternde Glas beim Grillfest, die lachende Frau, Sue, die Roger mit Sonnenschutzcreme einrieb, ihn plötzlich stehenließ und dann, ähnlich wie eben die Bedienung, an David vorbeirannte. Doch die Bedienung hatte einen Besen dabei. Sue hatte die Plastikflasche mit Sonnenöl in der Hand gehabt.

Er stellte sein Bierglas ab, schlagartig nüchtern vor Angst.

David hatte die japanischen Lampions von jedem Baum und jedem Strauch dort heruntergeholt. Nirgendwo im Garten war auch nur eine einzige Wespenfalle aufgehängt gewesen. Sue hatte behauptet, sie auf Rogers Wunsch hin nicht angebracht zu haben. Doch sie hatte sie jedenfalls gekauft. Eine ganze Menge sogar. Die Verpackungen hatte er in der Papiertonne gesehen. Die Wespen, die von den nicht vorhandenen Fallen hätten angelockt werden sollen, waren statt dessen von Roger angelockt worden. Hatte Sue möglicherweise den Lockstoff der verschwundenen Fallen in die Sonnencreme gemischt, die sie auf den Körper ihres Mannes verteilt hatte?

David sah erneut auf die Uhr. Siebzehn Uhr achtundzwanzig. Inzwischen müßte Anita zu Hause sein. Hektisch winkte er der Bedienung. »Ich muß los«, erklärte er, schob ein paar Scheine über die Theke und zeigte auf die Uhr. »Bin spät dran!« Er merkte, daß seine Stimme zu laut war.

»Immer mit der Ruhe«, meinte sie. »Das ist nur die Kneipenzeit. Die Uhr geht fünfzehn Minuten vor, damit wir die Bude zur Sperrstunde rechtzeitig leer kriegen.« Sie tänzelte davon und sammelte schmutzige Aschenbecher ein, wobei ihr nicht bewußt wurde, was sie eben Wunderbares verkündet hatte.

David kletterte von seinem Barhocker herunter und zog die Schlüssel aus der Tasche. Ihm blieb gerade noch genügend Zeit, um vor Anita nach Hause zu kommen.

Im Auto kam es ihm vor, als sei das alles nur eine quälende Wahnvorstellung. Der Gedanke, Sue könnte ihren Mann kaltblütig umgebracht haben, war lächerlich. Kein Mensch würde das auch nur eine Sekunde lang glauben. Und selbst wenn es wahr wäre, könnte keiner es beweisen. Doch wenn es wahr war, mußte Sue verrückt sein.

Er durfte Anita nicht mit Sue allein lassen. Zu Sue würde er sagen, er habe sich das mit dem Gespräch von Frau zu Frau anders überlegt.

Ihm fiel wieder ein, was Sue heute morgen gesagt hatte. Wie sie beide die Kinder gemeinsam aufziehen würden, wenn nach Roger auch Anita von der Bildfläche verschwunden wäre. Wieviel Geld sie zur Verfügung hätten. Er hatte erklärt, er wünschte, Anita wäre tot. Und Sue hatte erklärt, sie würde sich um alles kümmern.

Die Ampel sprang auf Grün. Ungeschickt legte er den Gang ein und schlingerte mit quietschenden Reifen zur nächsten Kreuzung. Plötzlich kümmerte es ihn nicht mehr, ob Anita ihn liebte oder nicht. Sie war seine Frau, er mußte sie beschützen. »Anita!« schrie er.

Der Klang seiner eigenen Stimme erschreckte ihn, obwohl er allein im Auto war; er ermahnte sich selber, sich zusammenzureißen. Bestimmt redete er sich das alles nur ein, von wegen Anita zu retten und alles wieder gut werden zu lassen. Ziemlich schäbig, die nette, fürsorgliche Sue als durchgeknallte Mörderin darzustellen, damit er den tapferen Helden spielen konnte.

Im Haus war es dunkel. Anita war noch nicht da. Aber wieso brannte kein Licht, wenn Sue auf sie wartete? Weshalb sollte sie im Dunkeln sitzen? Er tastete sich die Stufen zur Veranda hinauf und hielt sich dabei am Geländer fest; als er nach dem Schlüsselloch tastete und es nicht gleich fand, drehte er fast durch. Schließlich spürte er den kalten Metallkreis unter dem Daumen, steckte den Schlüssel ins Schloß und stürzte ins Haus.

Im Haus war alles still. Wo war Sue? Seine Finger suchten nach dem Lichtschalter und knipsten ihn an. Nichts. Verdammt. Wahrscheinlich war das Netz wieder mal überlastet gewesen, wie immer, wenn zu viele Geräte – zwei Haarföne und der Geschirrspüler oder so – gleichzeitig eingeschaltet waren. Aber es war ja niemand da.

Er tastete sich durch die Diele bis zur Tür zum Souterrain, wo am Fuß der Treppe der Sicherungskasten untergebracht war. Vielleicht war Anita schon früher nach Hause gekommen und schlug sich dort unten gerade mit den Sicherungen herum. Ängstlich rief er ihren Namen, doch er erhielt keine Antwort.

Er mußte das Licht wieder einschalten und dann Sue anrufen und ihr erklären, der ganze Plan sei hinfällig. Wie schon hundertmal zuvor stieg er die Treppe hinunter. Er würde den glatten Metalldeckel des Sicherungskastens ertasten, ihn öffnen und die Finger über die Reihe der Plastikschalter gleiten lassen, bis er den gefunden hatte, der in der verkehrten Position war. Doch diesmal war alles anders.

Er stolperte, stürzte und merkte, wie er hilflos kopfüber die Treppe hinunterfiel und dabei mit dem Kopf gegen die Betonwand krachte. Mit ausgestreckten Armen versuchte er, den Aufprall zu mildern, doch am Fuß der Treppe schlug er mit dem Kopf auf; ein abgewinkelter Arm kam unter ihm zu liegen, der andere war auf seinen Rücken gedreht.

Leise stöhnend lag er in der Dunkelheit. Was, zum Teufel, war passiert? Er hatte doch nur zwei Gläser Bier getrunken, verdammt.

Plötzlich ging das Licht an, und eine dröhnende Stimme erzählte etwas von einem Medikament gegen wirklich schlimme Kopfschmerzen. David atmete jäh ein und drehte den Kopf instinktiv in Richtung des Fernsehers, um festzustellen, woher die Stimme kam.

Aber da war noch jemand. Höchstpersönlich und nicht im Fernsehen. »David!« Sue trat vom Sicherungskasten zurück, der wenige

Schritte von ihm entfernt war. Es war die Stimme einer enttäuschten Mutter.

»Gegen wirklich schlimme Kopfschmerzen!« wiederholte der Sprecher.

David versuchte, wieder scharf zu sehen, was sich als schwierig erwies, und sich vom Boden aufzurappeln, was unmöglich war. Sein rechter Arm unter ihm tat höllisch weh, ein unablässig stechender Schmerz.

»Ich glaube, ich habe mir den Arm gebrochen«, jammerte er. Er ließ den Kopf zurückfallen und schloß die Augen. Irgendwie merkte er, wie langsam und verworren sein Verstand funktionierte, doch eines wußte er mit Sicherheit: er hatte nicht nur Schmerzen, er hatte – Angst.

»Nicht bewegen«, sagte Sue. Nach dem Werbefilm lief jetzt eine Sitcom mit Lachern aus der Konserve. Er spürte ihre Hand auf seiner Schulter. »Welcher Arm ist es?«

Sie griff nach der Hand Davids, die nicht unter ihm eingeklemmt war. Ihre Hand fühlte sich kalt und wie aus Gummi an. Mit einer ungeheuren Anstrengung hob David den Kopf ein wenig und starrte auf die verschwommene Form von Sues Gesicht. »Du mußt nach Hause«, murmelte er. »Anita wird jeden Augenblick hier auftauchen.«

Dann wurde ihm klar, diese seltsame Berührung hatte er sich nicht eingebildet. Sue trug die gelben Gummihandschuhe, die sie sonst immer beim Geschirrspülen benutzte. In der einen Hand hielt sie eine große Bratpfanne aus Gußeisen, ein Stück von dem Schrott, den er von Tante Martha geerbt hatte.

»Was geht hier eigentlich vor?« fragte er mit schwacher Stimme.

Sue kniete vor ihm, als nähere sie sich einem verwundeten Tier. »Ich habe bloß versucht, die Dinge für uns alle in Ordnung zu bringen«, erklärte sie.

Erneut verschwamm ihr Gesicht vor seinen Augen. Um wieder klar zu sehen, schaute David erst einmal über ihre Schulter in die Weite. Hinter ihr, bei der dritten Stufe von oben, sah er etwas schimmern. Schließlich schaffte er es, das Etwas scharf zu sehen: einen dünnen Kupferdraht, der dort gespannt war.

»Reiß dich zusammen, David!« ermahnte sie ihn eindringlich.

Ja, genau das mußte er. Sie entfernte sich ein paar Schritte, und er versuchte, sich aufzurichten. Der Fernseher war so gnädig, sein Geplärr einzustellen. »Du darfst Anita nicht weh tun«, forderte er. Mit großer Willensanstrengung gelang es ihm, sich auf den unverletzten Arm zu stützen.

»Anita will dich rauswerfen«, erklärte Sue, während sie wieder näher an ihn heran kam und die Pfanne neben sich legte. »Hast du denn die Unterlagen nicht gelesen, die sie dir gegeben hat? Sie will das Haus und die Mädchen.«

»Verschwinde!« schrie er plötzlich. »Du bist verrückt!«

»So etwas Schreckliches solltest du nicht sagen«, erwiderte sie.

Er spürte, wie sein kurzer Energieschub nachließ. »Du wolltest sie doch umbringen«, stellte er fest. »Oder etwa nicht? So wie du Roger umgebracht hast?«

»Roger hat den Tod verdient«, erklärte sie. »Er hat mich betrogen.«

»Betrogen?« wiederholte David. Wovon redete sie überhaupt?

»Vielleicht interessiert es dich ja«, fuhr Sue mit sittsamer kleiner Stimme fort, »Roger hat eine Vasektomie vornehmen lassen, ohne mir etwas davon zu sagen. Ohne mir die Chance zu lassen, eine Tochter zu bekommen. Er hat mein Leben zerstört. Er hat mir die Erfüllung verwehrt.«

»Deswegen hast du ihn umgebracht?«

»Er hatte einen schlimmen Unfall. Anita wird es ebenso gehen. So, wie du es dir gewünscht hast«, erläuterte sie in vernünftigem Ton. »Du kannst nicht klar denken. Laß mich dir helfen.« Sie griff unter seinen Arm und versuchte, ihn hochzuziehen.

»Bitte, tu Anita nichts.«

»Es geht nicht anders«, sagte sie mit plötzlicher Sanftheit. »Weil wir uns lieben. Und wegen der Kinder. Zwei Jungs, zwei Mädchen. Und wenn wir Glück haben, vielleicht noch ein Baby. Es muß einfach sein.«

David schloß die Augen und ließ sich an der kalten Betonwand zu Boden gleiten. »Du bist verrückt«, erklärte er. »Geh einfach nach Hause. Mach, daß du von hier wegkommst, verdammt noch mal. Okay?« Er fing leise zu weinen an und merkte, das kam von seiner Schwäche und seiner Benommenheit. Gott, wie weh sein Arm tat!

»Ich muß völlig daneben gewesen sein, als ich dir erlaubt habe, dich in meine Familie hineinzudrängen.«

»Nein, David«, entgegnete sie. »Wir sind füreinander bestimmt. Es soll so sein.«

»Nein, soll es nicht! Hau ab! Laß mich in Ruhe. Laß meine Familie in Ruhe.«

»Ich bin jetzt deine Familie, David.«

»Nein. Ich will dich nicht. Ich will dich nicht um mich haben. Ich will dich nicht bei meinen Kindern haben. Ich will dich noch nicht mal ficken. Das wollte ich eigentlich nie. Du hast mir bloß leid getan.«

Er sank auf der untersten Stufe zusammen, sein Kopf kippte nach vorn. Einen Augenblick lang verspürte er tiefen Frieden, dann schien sein Kopf zu explodieren. Eigentlich sollte er versuchen, aufzustehen und etwas dagegen unternehmen, das war ihm klar, doch das schien so schrecklich schwer zu sein. Es war ihm immer als das Einfachste vorgekommen, gar nichts zu tun, und genau so hielt er es auch jetzt, als er in die Finsternis glitt.

Als Anita nach Hause kam, lag das Haus in völliger Dunkelheit da. Wo waren die denn alle, und wieso hatte keiner das Licht auf der Veranda für sie angelassen? Sie tastete sich die Treppe hinauf und stellte fest, die Tür war nicht abgeschlossen. Nachdem sie hineingegangen war, fummelte sie nach dem Lichtschalter, der angeknipst war. Mehrmals kippte sie ihn auf und ab, doch es geschah nichts. Wahrscheinlich war wieder mal die Sicherung rausgesprungen.

»Ist jemand zu Hause?« rief sie und versuchte, tapfer zu klingen, doch es hörte sich nur zögerlich an. »Mädels?« fragte sie in schärferem Ton.

Sie seufzte und ging tastend die ersten Stufen zum Souterrain hinunter. Dann noch zwei Stufen, leise, vorsichtig. Lauerte da vielleicht ein Einbrecher? Angestrengt lauschte sie nach dem verräterischen Geräusch einer verstohlenen Bewegung, dann holte sie tief Luft und stieg noch eine Stufe tiefer.

»Verdammt«, rief sie aus, als ihr Fuß an etwas stieß, das fortrollte und *blonk!* machte. Die Mädchen hatten wieder mal Spielzeug auf den Stufen liegenlassen; sie mußte also sehr vorsichtig sein.

Sie hatte eben die Tür des Sicherungskastens geöffnet, als ihr Fuß an etwas Großes und Schweres stieß. Sie schrie auf und fummelte an den Sicherungsschaltern herum, bis sie den richtigen fand und ihn in die Ausgangsstellung zurückbrachte.

Licht durchflutete das Souterrain. Unter ihr lag David zusammengekrümmt am Fuß der Treppe, und seine vertrauten widerborstigen Haare waren mit einer feuchten, klebrigen, dunklen Masse verklumpt. Neben seinem Kopf lag ein Meßbecher für Ajax; vermutlich hatte sie ihn mit dem Fuß hierhergestoßen. Um ihn herum stapelten sich fettige Töpfe und Pfannen aus Gußeisen. Neben seinem Kopf lag eine umgestülpte Bratpfanne. Auf ihrem Boden war im Licht ein Schimmer von Blut zu erkennen, dessen Rot viel intensiver war als das in Davids Haaren. Ganz in seiner Nähe war ein offener Karton umgekippt, aus dem noch mehr Küchengegenstände gefallen waren, die sie noch nie gesehen hatte: ein Eierschneider mit einem Gitter aus Aluminiumdrähten und ein Kartoffelschäler mit einem grüngestrichenen Holzgriff.

Auf ihren hochhackigen Schuhen schlängelte sie sich vorsichtig zu ihm hinunter. Sie berührte seinen Rücken, der wie bei einem betenden Muslim vornübergebeugt war. Er fühlte sich warm an.

»David?« flüsterte sie. Sie stupste ihn an; irgendwie kam ihr die so vertraute Berührung seines Schulterblatts auf bizarre Weise tröstlich vor. Dann schüttelte sie ihn. Keine Reaktion.

So schnell wie möglich stolperte Anita die Stufen hinauf, lief zum Telefon und wählte den Notruf. Während sie es zweimal läuten hörte, wurde ihr klar, all die Küchengegenstände stammten vermutlich aus dem Nachlaß von Tante Martha. Einer von den Kartons mit dem Zeug mußte ihm auf den Kopf gefallen sein. Eine ruhige Frauenstimme meldete sich, und Anita versuchte, nicht zu schreien, als sie ihr mitteilte: »Kommen Sie schnell! Hier ist ein schrecklicher Unfall passiert.«

Nachdem sie alle Fragen beantwortet und den Hörer aufgelegt hatte, ging sie wieder ins Souterrain hinunter und kauerte sich eine Stufe über David nieder. Sie berührte seine Schulter und flüsterte seinen Namen, doch sie erhielt keine Antwort. So hilflos sah er aus, daß sie zu weinen anfing; dann hörte sie Sirenen und ging nach oben. Ein Mann und eine Frau in blauen Uniformen stürmten herein, und mit großer Erleichterung führte sie die beiden zu David.

Auf der mit Ramsch vollgestellten Treppe war kein Platz für sie. Sie ging also wieder in die Küche und hörte auf die geschäftigen Stimmen der Rettungssanitäter, die durch den Treppenschacht heraufdrangen, verstand jedoch nicht, was sie sagten. Die Frau kam in die Küche. »Wir bringen Ihren Mann zum Harborview«, erklärte sie. »Mit einem solchen Schädeltrauma ist er dort am besten aufgehoben.«

An der Küchentür war lautes Klopfen zu hören, und Sue in einer ihrer geblümten Kittelschürzen trat ein. »Ich habe die Sirenen gehört«, sagte sie mit besorgter Miene. »Ist alles in Ordnung?«

»Ihr Mann ist verletzt«, erwiderte der Sanitäter. »Wir bringen ihn ins Krankenhaus. Sind Sie eine Nachbarin? Vielleicht könnten Sie die Frau hinfahren.«

»Aber die Kinder«, wandte Anita ein. »Ich weiß nicht, wo die Kinder sind.«

»Ich habe ihnen Kinokarten spendiert«, teilte Sue mit. »David wollte sie vom Metro abholen.« Sie sah auf ihre Uhr. »Um diese Zeit etwa.«

»Gut«, erklärte der Sanitäter barsch und zeigte auf Sue. »Können Sie die Kinder abholen und ein Weilchen auf sie aufpassen?«

»Natürlich«, erwiderte Sue atemlos. »Alles, womit ich helfen kann …«

Der Sanitäter unterbrach sie und wandte sich an Anita. »Sie können bei uns mitfahren. Er hat noch eine Chance. Ihre Nachbarin hier kümmert sich um die Kinder.«

KAPITEL SECHZEHN

Von einem Münztelefon neben dem Schwesternzimmer aus rief Anita ihre Mutter in Denver an. Evelyn meldete sich mit dem gewohnten munteren Hallo einer Offiziersgattin. »Ach, Mom!« begann Anita und brach in Tränen aus.

»Schätzchen. Was ist denn los?«

»Ein schrecklicher Unfall. David ist tot. Anscheinend ist er auf der Treppe zum Souterrain gestürzt. Sein Schädel ist zertrümmert. Ich bin im Krankenhaus. Er ist auf dem Weg hierher gestorben.«

»Mein Gott!« entfuhr es ihrer Mutter. »Ich glaube, ich komme besser zu dir.«

»Ja. Bitte. O Mom, ich habe solche Schuldgefühle. Ich schätze, er wollte die Sachen von Tante Martha aufräumen. Sieht so aus, als sei ihm in der Dunkelheit einer der Kartons auf den Kopf gefallen. Wenn ich ihn nicht vor die Tür gesetzt hätte – na ja, dann wäre das wohl nie passiert.«

Die Stimme ihrer Mutter sank in die Baritonlage, die sie für die allerwichtigsten Mitteilungen reserviert hatte. »Es ist nicht deine Schuld, Anita«, stellte sie fest.

»Aber ich fühle mich so schuldig«, entgegnete Anita. Sie sprach jetzt etwas lauter. »Ich habe ihn gehaßt. Zuletzt habe ich ihm den Tod gewünscht.«

Plötzlich bemerkte sie einen jungen Mann in grauem Anzug mit dichtem, gewelltem Haar und auffallend blauen Augen, der in ihrer Nähe stand und sie aufmerksam beobachtete. »Mrs. Jamison?« fragte er sanft.

»Ich muß Schluß machen Mom. Hier ist jemand...«

»Ich komme mit dem nächsten Flug, den ich kriege, Anita. Am Flughafen nehme ich dann ein Taxi. Paß nur gut auf die Kinder auf, Schätzchen. Bin schon unterwegs.«

»War das Ihre Mutter?« fragte der Fremde und deutete auf das Telefon.

»Ja«, erwiderte Anita, die plötzlich Angst hatte, und das sah man ihr auch an. Wer war dieser Mensch? Gehörte er zum Krankenhauspersonal?

Er überreichte ihr eine Visitenkarte. »Ich bin Paul Flynn vom

Seattle Police Department. Ich weiß, es ist eine schwere Zeit für Sie, aber vielleicht könnte ich Ihnen doch einige Fragen stellen.«

»Kriminalpolizei?« fragte Anita und sah sich die Karte an.

»Reine Routinesache.« Er räusperte sich und fügte hinzu: »Tut mir leid wegen Ihres Mannes.«

»Die Kinder werden sich Sorgen machen. Sie wissen nicht, was geschehen ist. Ich sollte bei ihnen sein.«

»Ich fahre Sie nach Hause, Mrs. Jamison.«

Gehorsam folgte Anita dem grauen Anzug von Detective Flynn den Flur hinunter.

»Wie ist das denn passiert?« fragte er, als sie im Auto saßen.

»Ich weiß es nicht«, erwiderte Anita. »Ich war gerade nach Hause gekommen. Alles war dunkel, da bin ich zum Sicherungskasten runter. Am Fuß der Treppe lag David. Die Ärzte haben gesagt, er habe eine sehr schwere – sie haben gesagt, sein Schädel sei zertrümmert.«

Es fing an zu regnen, und Flynn stellte die Scheibenwischer an. Anita war erleichtert, weil er nicht zu den Fahrern gehörte, die einen beim Fahren anschauten. Sie mußte ihm nicht in die Augen sehen, sondern konnte sich einfach im Sitz zurücklehnen; durch den Regen nahm sie die roten Heckleuchten vor der Windschutzscheibe nur undeutlich wahr. »Wann sind Sie nach Hause gekommen?«

»So um halb sechs, würde ich sagen.«

»Die Sachen, die auf ihn draufgefallen sind? Wo befanden sich die?«

»Da war ein ganzer Haufen davon, am Fuß der Treppe. Ich nehme an, er ist im Dunkeln drübergefallen, als er zum Sicherungskasten wollte.«

Eine Zeitlang fuhren sie schweigend dahin.

»Aber wieso hat man Sie eingeschaltet?« fragte Anita.

»Bei Unfällen mit Todesfolge werden wir von den Ärzten automatisch benachrichtigt. Wir müssen klären, ob es sich tatsächlich um einen Unfall handelt.«

»Ich mache mir vor allem um die Mädchen Sorgen«, erklärte Anita und wandte sich zur Seite. Draußen glitten in einer entrückten Landschaft Lichter und verschwommene Formen und Autos vorbei. Panik und Verzweiflung überkamen Anita, und sie hatte das Gefühl, ihre Seele löse sich vom Körper und flöge auf zielloser Bahn durch die

Nacht. Es gab keine Gewißheit mehr. Vielleicht hatte es nie eine gegeben.

Als sie bei ihr zu Hause anlangten, war das Bedürfnis, ihre Töchter zu sehen, zu einem körperlichen Verlangen geworden. Sie bedankte sich der Form halber bei Detective Flynn, rannte durch das Haus zur Küchentür hinaus und dann durch die Hecke.

Sie klopfte laut an die Hintertür der Heffernans und wartete voller Ungeduld. Keine Reaktion. Als sie sich entschloß, ein zweites Mal zu klopfen, tauchte Detective Flynn unterhalb der Veranda auf.

Schließlich erschien Sue und öffnete die Tür einen Spaltbreit. »Wie geht es ihm?« fragte sie.

»Er ist tot«, erwiderte Anita. »Wo sind die Mädchen?«

»Sie ruhen sich aus«, erklärte Sue. »Ach, Anita, es tut mir so leid. Vielleicht sollte ich die beiden über Nacht bei mir behalten. Wäre das nicht besser?«

»Wo sind sie?« wiederholte Anita fordernd.

»Unten. Sie sehen sich ein Video an«, antwortete Sue, überrascht von Anitas Ton.

Anita stieß Sue zur Seite und drang in das Haus ein.

Detective Flynn kam auf die Veranda hinauf und stellte sich vor. »Es ist sehr freundlich von Ihnen, zu helfen«, sagte er zu Sue, als wolle er sich für Anitas rüdes Verhalten entschuldigen. »Sie ist ziemlich durcheinander, verständlicherweise.«

»Wieso hat sich eigentlich die Polizei eingeschaltet?« fragte Sue.

Flynn zuckte die Achseln. »Wir überprüfen eine Menge Unfälle. Reine Routine. Sind Sie miteinander befreundet?«

Sue seufzte; sie verschränkte die Arme, legte den Kopf schief und erklärte in vertraulichem Ton: »Ich versuche, die Kinder im Auge zu behalten. Da drüben ist einiges schiefgelaufen. Ständig irgendwelche Auseinandersetzungen. Die steckten mitten in einer häßlichen Scheidung. Die armen kleinen Dinger, sie haben so viel mitgemacht. Ehrlich gesagt, ich fände es wirklich besser, wenn die Mädchen heute nacht bei mir blieben. Könnten nicht Sie das veranlassen?«

»Sie scheint sie ziemlich dringend zurückhaben zu wollen«, erwiderte Flynn. »Schließlich sind es ihre Kinder.«

»Hau ab«, grummelte Anita, als sie am nächsten Morgen die Türglocke hörte. Sie hatte nur eine oder zwei Stunden geschlafen. Detective Flynn stand auf der Schwelle.

»Darf ich reinkommen?«

»Bitte nicht«, sagte Anita. »Die Mädchen und ich waren fast die ganze Nacht wach. Das ist ein so fürchterlicher Schock. Können Sie mir nicht ein wenig Zeit lassen?«

»Tut mir leid, Mrs. Jamison, aber ich muß mit Ihnen sprechen. Schlafen die Mädchen noch?«

»Ja.«

»Ich glaube, wir sollten besser miteinander reden, ehe sie aufwachen. Wir haben ein paar Fragen zum Tod Ihres Mannes, die Sie uns beantworten müssen.«

»Fragen?«

Flynn trat in die Diele. »Können wir uns da drin unterhalten?« fragte er und deutete zum Wohnzimmer.

»Ich denke schon«, erwiderte Anita; sie fühlte sich krank und hilflos. Wieso war ihre Mutter noch nicht da?

»Wie ich gehört habe, hatten Sie und Ihr Mann vor, sich scheiden zu lassen«, fing er an.

»Das stimmt.«

»Ist es dabei so richtig hart auf hart gegangen? Waren Sie sehr wütend auf ihn?« fragte er so teilnahmsvoll, als wäre er ein Freund.

»Den Kindern zuliebe haben wir uns bemüht, es einigermaßen mit Anstand über die Bühne zu bringen«, erklärte sie steif.

»Hatten Sie schon früher Probleme mit den Sicherungen?«

»O ja. Unsere elektrischen Installationen sind in einem fürchterlichen Zustand.« Oben hörte Anita Lily in ihrem Zimmer herumgehen. Sie erhob sich halb, doch Flynn hielt sie mit einer Handbewegung auf.

»Hören Sie«, erklärte er, »kommen Sie doch einfach mit in die Stadt und machen eine Aussage. Auf diese Weise bringen wir das hinter uns, ohne die Mädchen zu beunruhigen.«

»Nein! Ich kann sie doch nicht einfach allein lassen.«

»Vielleicht könnte Ihre Nachbarin, wie war doch ihr Name, Mrs. Heffernan, glaube ich, sie im Auge behalten, während wir in der Stadt sind«, schlug der Polizist vor.

»Nein, bitte nicht!« entgegnete Anita.

»Mrs. Jamison«, erklärte er entschieden. »Ich rate Ihnen dringend, freiwillig mit mir in die Stadt zu fahren. Ich brauche lediglich eine Aussage von Ihnen. Wir müssen den ganzen Papierkram erledigen.«

»Aber meine Mutter ist auf dem Weg hierher; sie kommt aus Denver rüber«, erklärte Anita. »Ich verstehe nicht, wo das Problem liegt.«

»Mrs. Jamison, wir glauben, Ihr Mann wurde ermordet. Ich nehme an, Sie wollen die Mädchen nicht dabeihaben, wenn wir uns darüber unterhalten. Wollen Sie nicht doch mit mir in die Stadt kommen und einige Fragen beantworten? Wir haben eine Menge Fragen. Schließlich haben Sie die Leiche gefunden.«

»Ich muß es wenigstens Lily sagen, wenn ich gehe. Darf ich das?« fragte Anita in einem Anfall von Panik. Wenn die glaubten, David sei ermordet worden, glaubten sie möglicherweise auch, sie sei es gewesen. Irgendwie mußte da ein Irrtum vorliegen. Sie würde ihre Fragen beantworten und alles aufklären. Es war doch ganz offensichtlich ein Unfall gewesen. Sie wünschte, sie könnte Frank anrufen, aber daß die Polizei von ihm erfuhr, war das letzte, was sie im Moment gebrauchen konnte.

Sie rannte nach oben; Lily lag teilnahmslos auf dem Bett. »Die Polizei will, daß ich mit in die Stadt fahre. Ich möchte, daß du auf Sylvie aufpaßt, bis Grandma kommt.«

»Was?« sagte Lily und setzte sich auf. »Polizei? Mom, was ist denn los?«

»Es ist wegen Daddys Unfall«, erklärte Anita. »Nur so langweiliger Papierkram.«

»Mir ist es eben wieder eingefallen«, entgegnete Lily. »Beim Aufwachen hatte ich es ganz vergessen und wollte mir was zum Anziehen raussuchen, doch dann ist mir das mit Daddy wieder in den Sinn gekommen.« Sie begann zu weinen, und Anita hielt sie eine Weile im Arm.

Als ihre Mutter sich dem Polizisten anschloß, begleitete Lily sie in Schlafanzug und Bademantel zur Tür, umarmte sie stürmisch und sagte: »Komm bald wieder!«

»Natürlich, Liebes«, gab Anita zur Antwort. Lily spürte, wie ihre Mutter zitterte, und schmiegte sich ganz eng an sie, um sie zu beruhigen.

In einem kleinen verglasten Raum, der einen Ausblick auf unzählige unaufgeräumte Schreibtische bot, saß Anita Paul Flynn gegenüber. Zwischen ihnen stand ein großer Tisch aus Holzimitat, auf dem sich zwei Plastikbecher mit Kaffee, ein kleines schwarzes Tonbandgerät und ein brauner DIN-A4-Umschlag, den Flynn mit elegantem Schwung auf den Tisch geworfen hatte, befanden.

»Ich möchte Ihnen ein paar Dinge zeigen«, begann er und zeigte auf den Umschlag. »Wir wissen eine Menge über das, was mit David passiert ist.« Er öffnete den Umschlag und zog einige Schwarzweißfotos heraus. Anita zuckte zusammen. Er würde ihr doch bestimmt keine Fotos von Davids Leiche zeigen. Sie drehte den Kopf zur Seite.

»Das hier haben wir von der dritten Stufe von oben aus aufgenommen«, erklärte er in nüchternem Tonfall. Anita schielte auf etwas, das wie die Nahaufnahme von Holz aussah, an das jemand ein kleines Lineal gelegt hatte.

»Fällt Ihnen etwas auf?« fragte der Detective.

»Das Lineal?« antwortete Anita achselzuckend. Sie kam sich dumm vor, als müßte sie die richtige Antwort eigentlich wissen.

Flynn zeigte auf eine Ecke des Fotos. »Sehen Sie das kleine Loch da?« Anita sah etwas, das ein Punkt zu sein schien. »Das ist das Loch von einer Schraube. Auf der anderen Seite ist noch so eines.«

»Ich verstehe nicht«, wunderte sich Anita.

»Wenn jemand einen Stolperdraht quer über die Treppe spannen wollte, würde er genau da eine Schraube anbringen, um den Draht zu befestigen. Wissen Sie etwas darüber?«

»Nein«, erklärte Anita verblüfft. Glaubten sie deshalb, an Davids Tod sei etwas verdächtig? »Das Haus ist ziemlich alt. Die Holzverkleidung hat eine Menge Risse. Die kleinen Löcher könnten schon seit Jahren dagewesen sein.«

»Das glauben wir nicht. Darunter haben wir Spuren von Sägemehl gefunden.«

»Vielleicht sind es Termitenlöcher oder so was«, meinte Anita.

»In unserer Gegend gibt es keine Termiten«, widersprach Flynn. »Termiten findet man in Kalifornien.«

Anita schüttelte verwirrt den Kopf.

»Da ist noch ein Problem«, fuhr er fort. »Der Arzt meint, die blutige Bratpfanne, die man neben ihm gefunden hat, könne beim Herunterfallen keine solchen Verletzungen hervorgerufen haben.«

»Nicht?«

»Nein. Schon deswegen nicht, weil er mindestens viermal, vielleicht aber auch öfter getroffen wurde.«

»O mein Gott«, stammelte Anita; ihr wurde fast übel.

»Jetzt möchte ich Ihnen ein Foto von dem Fernseher zeigen, der unten im Souterrain steht«, fuhr Paul Flynn fort und zog das nächste Foto aus dem Umschlag. »Sehen Sie.« Er zeichnete einen Kreis auf das Bild. »Die Blutspur da paßt zum Boden der Pfanne, die wir für die Mordwaffe halten.«

»Das glaube ich nicht. Irgendwas stimmt da nicht«, meinte Anita.

»Für uns steht fest, jemand hat ihn mit diesem Draht zum Stolpern gebracht, und als er unten lag, hat dieser Jemand mit der Bratpfanne immer wieder auf ihn eingeschlagen. Dann hat er« – und jetzt beugte der Detective sich vor und sah Anita eindringlich an – »vielleicht, weil seine Arme durch das wiederholte Zuschlagen müde wurden oder auch, weil er den Draht entfernen oder aber nachsehen wollte, ob David wirklich tot war, die Pfanne für einen Augenblick auf dem Fernseher abgestellt, ehe er sie dorthin zurückgeworfen hat, damit es so aussieht, als sei der Karton auf ihn gefallen.«

Anitas Knie wurden weich, und sie griff nach der Tischkante vor sich. Konnte das alles wahr sein?

»Falls Sie wissen, was wirklich geschehen ist, sollten Sie es uns besser jetzt gleich erzählen, Anita.« Vorhin, als er noch nicht so gegen sie eingenommen gewesen war, hatte er sie noch Mrs. Jamison genannt.

»Ich kann es einfach nicht glauben«, wehrte sie ab.

Er beugte sich weiter zu ihr hin. »Ich will Ihnen mal was sagen. Bei Mord ist es ziemlich schwierig, ungestraft davonzukommen. Sie stecken haushoch in Schwierigkeiten und können alles nur noch schlimmer machen, wenn Sie sich jetzt weigern, rückhaltlos mit uns zusammenzuarbeiten.«

»Aber ich habe David nicht umgebracht!« hörte sie sich schreien. Ließ sie das schuldig erscheinen? Sie mußte die Ruhe bewahren.

»Sie sollten auch an Ihre Töchter denken, Anita. Sagen Sie uns, was geschehen ist. Spucken Sie's aus. Für die Kinder wird es dann leichter. Vielleicht kommen Sie auf Kaution vorläufig frei. Dann hätten Sie reichlich Zeit, alles zu regeln. Ich möchte Ihrer Familie helfen, so gut ich kann. Deshalb habe ich Sie heute früh auch nicht vor den Kindern festgenommen, okay?«

»Aber ich war es nicht«, erklärte Anita. »Ich habe das nicht getan.«

»Vielleicht haben Sie sehr unter Druck gestanden«, fuhr er fort. »Vielleicht schien es der einzige Ausweg zu sein, weil Ihr Verhältnis sich so dramatisch verschlechtert hatte.«

»Nein. Das stimmt alles überhaupt nicht.«

»Vielleicht ist er ja ausfallend geworden«, versuchte Flynn es erneut. »Sie können es mir ruhig sagen. Das würde manches erleichtern.«

»Nein, nein. Er war so passiv. Er hat nie jemandem etwas zuleide getan.«

»Ihrer Mutter haben Sie aber erzählt, sie hätten ihm den Tod gewünscht, oder etwa nicht? Das war im Krankenhaus, am Telefon. Sie wollten wirklich seinen Tod, Anita, so war es doch?«

»Nein. Schließlich war er der Vater meiner Kinder.«

»Irgend jemand hat ihn umgebracht, Anita. Wer kommt sonst noch in Frage, wenn Sie es nicht waren? Wer hatte noch Zugang zu dem Haus und hätte das alles arrangieren können?«

»Nur unsere Nachbarin konnte jederzeit ein- und ausgehen«, erklärte Anita.

»Mrs. Heffernan?« Paul Flynn verdrehte die Augen, als habe er allmählich genug. »Gibt es irgendeinen Grund, weshalb sie Ihrem Mann Böses wünschen sollte?«

Kein Mensch würde je glauben, daß Sue zu so etwas in der Lage sei. Anita konnte es selbst nicht glauben. Sollte sie dem Detective von ihrem Verdacht erzählen, David und Sue hätten etwas miteinander gehabt? Oder würde sie das als eifersüchtig und damit ihren Wunsch, David zu töten, als wahrscheinlicher erscheinen lassen? Sie wußte nicht, wie sie sich verhalten sollte.

»Ich weiß es nicht«, sagte Anita.

»Hatte einer von Ihnen ein Verhältnis mit jemand anderem?« fragte Flynn.

»Ich möchte einen Anwalt anrufen«, gab Anita zur Antwort.

KAPITEL SIEBZEHN

Sylvie schlief noch. Lily ging wieder nach oben, setzte sich aufs Bett und sah aus dem Fenster. Es regnete; die Wassertröpfchen überzogen die Zweige und die verbliebenen Blätter des Kirschbaums und tropften wie Glasperlen von den Spitzen. Sie liebte das Geräusch des Regens, ein vertrautes Geräusch, an das sie sich aus der Zeit erinnerte, als sie noch ein kleines Kind gewesen war, einer Zeit, in der sie noch nicht gewußt hatte, daß ihr Dad sterben würde, wenn sie gerade erst vierzehn Jahre alt wäre.

Vom Fenster aus konnte sie Sue sehen, die aus ihrem Haus trat. Wollte die am Ende zu ihnen? Lilys Mut sank, als sie Sue in ihrer dämlichen geblümten Kittelschürze mit einem großen Schinken in der Hand über den Rasen kommen sah.

Sie würde versuchen, sie ganz allein wieder loszuwerden, auch wenn das für einen Erwachsenen leichter wäre. Es war ziemlich schwer, Sue loszuwerden. Herrje, wenn doch Mom oder Grandma hier wären! Lily kam genau rechtzeitig unten an, um Sues Gesicht, das sie traurig anlächelte, durch die Scheibe der Küchentür zu erkennen. Lily haßte Sue mehr als je zuvor. Schreckliche Vorfälle wie Dads Tod waren die größte Freude für solche Heuchler wie Sue, weil sie sich dann als besonders hilfsbereit und vollkommen hervortun konnten.

Lily beschloß, sie nicht ins Haus zu lassen, und damit basta. Sie legte die Kette vor, ehe sie die Tür einen Spaltbreit öffnete. »Oh, Schätzchen«, begann Sue. »Es tut mir so leid. Wie geht es euch denn so?«

»Keine Ahnung«, murmelte Lily.

»Ich habe euch den Schinken da gebracht, weil es in dieser schweren Zeit bestimmt schwierig ist, ans Kochen zu denken. Laß mich doch rein.«

»Bringen Sie ihn später vorbei, okay?« meinte Lily. »Mom ist nicht da. Ich sag es ihr.«

»Nicht da?« fragte Sue in schneidendem Ton. »Ihr beiden seid allein?«

»Nur für kurze Zeit«, erwiderte Lily. »Meine Grandma ist auf dem Weg hierher.«

»Wo ist Sylvie?« fragte Sue fordernd. »Ihr Mädchen solltet in dieser schweren Zeit nicht allein sein. Was hat sich eure Mutter eigentlich dabei gedacht?«

Die Kritik an ihrer Mutter machte Lily wütend. »Sylvie schläft. Wir kommen schon zurecht.«

»Wo ist eure Mom?« bohrte Sue beharrlich weiter.

»Sie mußte mit der Polizei in die Stadt. Aber sie kommt gleich zurück. Hören Sie, ich will mich jetzt nicht unterhalten, okay?« Lily stemmte sich gegen die Tür und schaffte es, sie trotz des Gegendrucks von Sue zu schließen. Sie verriegelte das Schloß.

Sue hämmerte an die Tür und schrie: »Laß mich rein. Ich kann euch nicht einfach euch selbst überlassen.«

Das Herz klopfte Lily bis zum Hals, als sie in bittendem Ton rief: »So lassen Sie uns doch in Ruhe!« Sie lief zum vorderen Flur und vergewisserte sich, daß die Tür abgeschlossen und die Kette vorgelegt waren. Sue hämmerte noch immer schreiend an die Küchentür. Atemlos raste Lily ins Souterrain, wobei sie einen Bogen um die Stelle machte, an der Daddy gestürzt war. Sie überprüfte die Verriegelung der Glastüren, die zum Garten führten, dann ging sie wieder ins Wohnzimmer hinauf und setzte sich aufs Sofa, kniff die Augen zusammen und umklammerte ihre Knie.

Auf der vorderen Veranda waren Schritte zu hören. »Bitte geh weg!« flüsterte sie immer wieder. Jemand rüttelte am Türknauf der Haustür.

Schließlich hörte der Lärm auf, und Schritte entfernten sich über die Stufen vor dem Haus. Lilys Puls raste noch immer. Sie zwang sich, tief durchzuatmen und sich zu beruhigen. Ich habe es geschafft, dachte sie überrascht und dankbar. Ich bin sie los.

Doch dann hörte sie ein Geräusch im Souterrain. Es hörte sich an wie splitterndes Glas. Dad hatte einmal gesagt, ein Einbrecher könne ohne weiteres hier reinkommen, wenn er eine Scheibe einschlüge, um hindurchzugreifen und den Riegel zurückzuschieben. Mom hatte gemeint, sie solle sich deswegen keine Gedanken machen. Aber Mom war nicht da. Lily lief zu der Tür, die zu den Stufen ins Souterrain führte, und lehnte sich dagegen. Jemand kam die Treppe herauf. »Bitte, gehen Sie weg«, schrie Lily.

»Lily?« Das war Sues Stimme.

Lily stemmte sich mit aller Kraft gegen die Tür und stützte sich mit den Armen an der Wand ab. »Lassen Sie den Schinken meinetwegen da, aber gehen Sie!«

Sue drückte die Tür auf und kam in die Küche, wobei sie den Schinken wie ein Baby in den Armen hielt. »Das kann ich nicht machen«, erklärte Sue energisch, während sie sich an ihr vorbeidrängte. »Das wäre verantwortungslos.«

»Hören Sie auf, mich rumzuschubsen, verdammte Scheiße!« schrie Lily, als Sue den Schinken mit einem dumpfen Geräusch auf die Anrichte legte.

»Ach, Lily«, sagte Sue traurig. »Wenn ich mich nur länger mit dir beschäftigen könnte. Ich glaube, dann wärst du eine ganz andere junge Dame. Dein Vater hat das auch oft gesagt.«

»Lassen Sie meinen Vater aus dem Spiel, Sie dreckige Schlampe«, schrie Lily. Sie brach in Tränen aus und inszenierte ihren üblichen Rückzug aus ausweglosen Situationen: geräuschvoll trampelte sie nach oben, rannte in ihr Zimmer, schlug krachend die Tür hinter sich zu und schloß sie ab, ehe sie sich aufs Bett warf.

Unmittelbar darauf hörte sie Sues Stimme vor ihrer Tür. »Ich hab es versucht, Lily. Ich habe versucht, deine Freundin zu sein.«

Lily vergrub den Kopf unter ihrem Kissen, konnte aber das Gerüttel am Türknauf immer noch hören. »Laß mich rein«, rief Sue. »In jeder Familie gibt es Probleme. Wir können doch darüber reden.«

Lily schrie: »Ich versteh kein Wort!« Dann drehte sie die Rockmusik im Radio neben ihrem Bett auf volle Lautstärke.

Im Zimmer nebenan wachte Sylvie von der Musik auf. Sie sprang aus dem Bett; als ihre nackten Füße auf dem Boden aufkamen, sah sie verblüfft, wie Sue in ihr Zimmer trat. »Wo ist Mom?« fragte Sylvie.

Sue setzte sich auf ihr Bett. Die Musik aus Lilys Zimmer ließ die Wände vibrieren. »Ich muß dir etwas sehr Trauriges sagen«, erklärte Sue. »Du mußt jetzt ein tapferes kleines Mädchen sein, und ich werde dir helfen. Weißt du, Sylvie, die Polizei hat deine Mutter verhaftet. Sie hat was an den Stufen gemacht, damit dein Dad stolpert und stirbt.«

»Mom hat aber gesagt, es war ein Unfall«, widersprach Sylvie.

»Ich fürchte, sie hat dich angelogen. Sie hat deinen Daddy gehaßt und wollte sich von ihm scheiden lassen, oder nicht?«

»Mommy ist im Gefängnis?« fragte Sylvie; sie schien wie erstarrt und riß die Augen weit auf. »Aber wer kümmert sich dann um mich?«

»Ich sorge für dich«, erklärte Sue. »Dein Dad hat mich darum gebeten. Weißt du, unsere neue Familie sollte eigentlich aus dir, mir, Matt und Chris und Daddy bestehen. Und vielleicht sogar noch einem Brüderchen oder Schwesterchen.« Sie berührte ihren Bauch und lächelte.

»Das verstehe ich nicht«, stammelte Sylvie und begann unkontrolliert zu zittern. »Ich will zu meiner Mommy.«

Sue legte die Arme um sie und streichelte ihr Haar. »Wir müssen für einige Zeit weg von hier«, erklärte Sue. »Matt und Chris warten in Wisconsin auf uns. Es ist ganz schön kalt dort, wir sollten also besser ein paar warme Sachen einpacken. Und vergiß nicht, dein Lieblingsspielzeug mitzunehmen. Barbie und das Samtkaninchen zum Beispiel.«

Sue erhob sich und begann, Sylvies Schubladen nach passenden Kleidungsstücken zu durchsuchen.

»Aber was ist mit Lily?« fragte Sylvie und sah verwirrt weg.

»Lily will nicht mitkommen.«

Beim dritten Läuten hob Frank ab.

»Liebes!« sagte er, als er Anitas Stimme erkannte. »Ich will nur schnell die Tür zumachen. Phoebe ist übers Wochenende hier.« Anita hörte, wie Frank über die Schulter nach hinten rief: »Stör mich jetzt bitte nicht! Ein geschäftlicher Anruf.«

»Frank«, begann sie und drehte der gläsernen Wand den Rücken zu. Paul Flynn hatte den Raum verlassen, stand aber nur ein paar Meter entfernt und beobachtete sie aufmerksam. »Ich bin im Polizeihauptquartier. Irgend jemand hat David umgebracht, und die glauben, ich hätte es getan.«

»Was?«

Sie lieferte ihm einen kurzen Bericht von Davids Sturz, seinem zertrümmerten Schädel, den Bohrlöchern für den Stolperdraht und der blutigen Bratpfanne.

»Haben sie dich festgenommen?« fragte er.

»Nein. Ich sage freiwillig aus.«

»Das solltest du nicht tun!« erklärte Frank. »Ich besorge dir den besten Strafverteidiger in der Stadt. Erkläre ihnen, du hättest ihnen nichts mehr zu sagen, ehe du nicht mit ihm gesprochen hast. Sie dürfen dich nicht festhalten, es sei denn, sie verhaften dich. Sag ihnen, du würdest ihre Fragen nur noch in Anwesenheit deines Rechtsbeistands beantworten. Und laß dich um Gottes willen nicht auf einen Test am Lügendetektor ein. Nach dem, was du mir erzählt hast, Anita, sieht es nicht gut für dich aus.«

»Sie haben gefragt, ob ich mit jemandem ein Verhältnis habe«, erklärte sie und unterdrückte dabei ein Schluchzen. »Das war der Moment, in dem ich einen Anwalt sprechen wollte.«

»Mein Gott! Sag ihnen bloß nichts von uns. Das würde es nur noch schlimmer machen.«

»Kann ich ihnen erzählen, was mit Sue und David war? Sie kommt eigentlich als einzige für den Mord in Frage. Ich weiß nicht, weshalb sie es getan hat. Das kommt mir alles so aberwitzig vor.«

»Sag ihnen nichts von Sue und David. Damit hättest du plötzlich ein Motiv. Sag ihnen, du willst gehen. Sag ihnen, wenn sie dich dabehalten wollen, müssen sie dich verhaften.«

»Aber das geht nicht. Was ist, wenn sie mich wirklich festnehmen? Die Mädchen sind ganz allein.«

»Du mußt. Es ist besser, sich festnehmen zu lassen, als ihre Fragen ohne einen Anwalt zu beantworten. Dann kannst du immer noch Kaution stellen und nach Hause gehen.«

»Frank, ich habe es nicht getan!« erklärte sie.

»Hör zu, Anita. Bis du aus allem raus bist, können wir uns nicht sehen. Ich bin sicher, das wird dir auch dein Anwalt raten. Natürlich wäre ich jetzt lieber bei dir, um dich in den Arm zu nehmen und zu trösten, aber im Augenblick ist das unmöglich. Ich möchte, daß du das verstehst und mir glaubst, daß ich dich liebe, was auch immer geschehen ist. Sobald ich dich damit nicht mehr in Gefahr bringe, bin ich wieder bei dir. Ich muß jetzt auflegen und das sofort in die Wege leiten. Anita, das meine ich ernst.«

Als sie auflegte, zitterte Anita. Frank hatte ganz so geklungen, als glaube er, sie habe David möglicherweise getötet – ihn zu Tode geprügelt. Wenn sogar der Mann, der sie liebte, das glaubte, war es kein Wunder, wenn die Polizei davon überzeugt war.

Flynn kam zu dem kleinen verglasten Raum zurück.

»Mein Anwalt meint, ich könne nach Hause gehen«, stellte Anita fest.

»Ihr Anwalt hat nicht darüber zu entscheiden, wann Sie nach Hause gehen«, erwiderte Flynn. »Das entscheide ich. Wenn ein hinreichender Verdacht vorliegt, kann ich Sie festnehmen. Das werde ich auch tun, glaube ich. Ich schätze, mein Vorgesetzter wird der gleichen Meinung sein.«

»Fragen beantworte ich nur noch in Anwesenheit meines Anwalts«, erklärte sie mit bebender Stimme. »Tut mir leid, aber ich brauche den Rat meines Anwalts.«

»Okay. Wer ist Ihr Anwalt?«

»Ich habe den Anwalt in einer Kanzlei angerufen, den ich kenne. Er besorgt mir gerade einen Strafverteidiger.« Franks Namen wollte sie ihm nicht nennen, deshalb wechselte sie schnell das Thema. »Hören Sie, ich will meine Kinder anrufen«, bat sie ihn eindringlich. »Bitte lassen Sie mich dort anrufen. Ich muß wissen, ob es ihnen gutgeht.«

»In Ordnung«, meinte Flynn achselzuckend. »Wählen Sie die Neun wie vorhin, dann können Sie nach draußen telefonieren. Aber versprechen Sie ihnen nicht, daß Sie gleich nach Hause kommen.«

KAPITEL ACHTZEHN

»Bei Jamison«, sagte Sue, als sie den Hörer abgenommen hatte.

»Sue?« fragte Anita überrascht. »Was wollen denn Sie bei uns?« Im Hintergrund schien laute Rockmusik zu dröhnen.

»Sie haben sie allein gelassen«, meinte Sue. »Das hätten Sie nicht tun sollen.«

»Ich möchte mit Lily sprechen«, verlangte Anita. »Sofort.«

»Die ist in ihrem Zimmer und schmollt. Ich bin rübergekommen, um Ihnen einen Schinken zu bringen. In einer so schweren Zeit wird es zu einem Problem, wenn man sich auch noch ums Essen kümmern muß. Als ich sie ganz allein angetroffen habe, war ich sehr erschrocken. Was ist passiert? Hat man Sie verhaftet?«

»Nein!« rief Anita. »Ich komme nach Hause. Meine Mutter ist auch schon unterwegs. Sagen Sie das den Mädchen. Und gehen Sie bitte wieder zu sich, und verschwinden Sie aus meinem Haus.«

»In Ordnung«, erwiderte Sue mit unbewegter Stimme. »Ich werde die Mädchen bei mir zu Hause versorgen. Dort geht es ihnen sowieso besser.« Damit legte sie auf.

Anita knallte den Hörer auf das Gerät. »Ich möchte sofort zu meinen Mädchen«, erklärte sie Flynn. »Sue ist bei ihnen. Und da Sie vorhin schon gefragt haben, ja, sie könnte sehr wohl einen Grund gehabt haben, David umzubringen. Sie hatten ein Verhältnis, aber er wollte zu mir zurück.«

Anita war es gleichgültig, ob sie jetzt in seinen Augen schuldig erschien. Sie wollte bloß zu den Mädchen. »Sie haben meine Töchter dieser Frau ausgeliefert, die möglicherweise ihren Dad umgebracht hat!« Jetzt schrie sie fast, und die Lautstärke ihrer Stimme spornte sie an. »Gestern hat sie ihnen Kinokarten geschenkt. Vielleicht, um sie aus dem Haus zu haben, damit sie David umbringen konnte. Oder mich. Vielleicht wollte sie in Wirklichkeit mich töten. Sie sollten mich besser auf der Stelle zu ihr fahren, damit ich meine Kinder von ihr wegholen kann.«

Flynn kniff ein Auge zu und legte den Kopf schräg. Anscheinend dachte er darüber nach.

Sue rannte nach oben, wo Sylvie sich eifrig die Schuhe zuband. »Schätzchen, wir müssen uns beeilen.«

»Ich will zu meiner Mom«, widersetzte sich Sylvie.

»Deine Mom ist im Gefängnis«, erklärte Sue ruppig, schob Sylvies Hände beiseite und band ihr selbst die Schuhe zu. »Wir müssen uns beeilen, um den Flug noch zu erwischen. Sonst holt dich die Polizei und steckt dich in ein Waisenhaus.« Sue stopfte Sylvies Ärmchen in die Jackenärmel und schnappte sich ihren Schulranzen und das Köfferchen mit dem Spielzeug.

»Und was ist mit Lily?« fragte Sylvie ängstlich.

»Das habe ich dir doch schon gesagt. Sie will nicht mitkommen. Sie bleibt ein paar Tage bei Amy. Sobald wir in Wisconsin sind, rufen wir sie an. Sie kommt dann später nach. Aber jetzt hör auf zu fragen, beeil dich lieber, und sei ein braves Mädchen. Komm schon, Liebes.« Sylvie schlief noch halb und war völlig verstört. In ihrer Verwirrung ließ sie sich durch die Hintertür über den Rasen und durch die Hecke zu dem silberfarbenen Kombi der Heffernans führen. Sue setzte Sylvie auf den Beifahrersitz und schnallte sie an. »Kostbare Fracht«, erklärte sie lächelnd.

»Wann kommen wir wieder zurück?« wollte Sylvie wissen.

Sue tätschelte ihren Arm. »Nicht so bald, mein Zuckermäuschen. Erst wenn wir all die Geschichten mit dem Sorgerecht geklärt haben.« Sylvie hatte gehört, wie Mom und Dad ebenfalls über Sorgerecht gesprochen hatten. Sie wußte nicht genau, was das war, wußte aber vom Fernsehen, daß es etwas mit Gefängnis zu tun hatte. »Warte hier, bis ich meine Handtasche und den Mantel aus dem Haus geholt habe.«

»Sind wir an Halloween in Wisconsin?« fragte Sylvie mit Panik in der Stimme.

Zärtlich wischte Sue ihr mit der Fingerspitze die Tränen ab. »Nicht weinen, Schätzchen. Wie dumm von mir, das zu vergessen.« Sie sah auf die Uhr. »Ich geh noch mal zurück und hol dir dein Prinzessinnenkostüm. Bist du dann wieder froh?«

»Ich glaube schon«, erwiderte Sylvie teilnahmslos. Zu Sues Erleichterung hörte sie auf zu weinen.

»Versteck dich da unten, nur für alle Fälle«, forderte Sue Sylvie auf und löste ihren Sicherheitsgurt. »Leg dich auf den Boden und rühr dich nicht. Wenn jemand vorbeikommt, könnte das die Polizei sein, die dich ins Waisenhaus bringen will. Bleib liegen, bis ich zurück bin. Das ist wichtig! Hab keine Angst. Ich verriegle alle Schlösser.«

Wimmernd und verstört gehorchte Sylvie und kauerte sich auf den Boden des Kombis. Sue tätschelte sie und packte ihren rosa Schulranzen neben sie. Sylvie machte die Augen fest zu und hörte, wie die Autotür zuschlug und die Verriegelungen klickten.

Da unten war es kalt und staubig. Direkt neben Sylvies Gesicht lag eine komische, fettig riechende Fußmatte. »Mommy«, flüsterte sie, dann zog sie den Reißverschluß des Schulranzens auf und holte ihr Samtkaninchen heraus.

Inzwischen müßte Sue eigentlich weg sein, dachte Lily. Sie drehte die Musik leiser und horchte an ihrer Zimmertür. Alles war still. Vorsichtig öffnete sie die Tür und ging in Sylvies Zimmer. Als sie die Musik vorhin aufgedreht hatte, war ihr Sylvie gar nicht in den Sinn gekommen. Sie hatte nur Sue übertönen wollen. Aber wahrscheinlich war dabei auch ihre Schwester aufgewacht.

Sie machte die Tür auf und erschrak, als sie Sylvies leeres und ungemachtes Bett sah. Sie rannte nach unten, rief den Namen ihrer Schwester durch das leere Haus und kehrte dann in Sylvies Zimmer zurück, weil sie irgendwie hoffte, sie wäre wie durch ein Wunder wieder aufgetaucht. Doch der Raum war noch immer leer. Und das Samtkaninchen war verschwunden.

Wahrscheinlich hatte Sue Sylvie mit zu sich genommen. Das war nicht richtig. Mom wäre bestimmt dagegen. Und sie erwartete von Lily, daß sie auf Sylvie aufpaßte. Sie starrte aus dem Fenster auf den Rasen hinunter. Sue ging eben vom Haus weg; wie eine Art Banner schleifte sie Sylvies flauschiges Prinzessinnenkostüm mit den golden glänzenden Sternen hinter sich her.

Mit flatterndem Bademantel raste Lily nach unten und holte Sue ein, als sie gerade durch die Öffnung in der Hecke gehen wollte.

»Gib meine Schwester her«, schrie sie.

Sue gab keine Antwort. Statt dessen versetzte sie Lily einen kräftigen Stoß. Lily fiel in das feuchte, kalte Gras, rappelte sich aber auf, so schnell sie konnte. Sue hatte sich abgewandt und ging weiter, doch Lily krallte sich am Kragen ihrer Kittelschürze fest. »Ich habe schon mal gesagt, du sollst mich nicht rumschubsen, verdammt noch mal.«

»Du kleines Biest«, schrie Sue. Sie versuchte, sich umzudrehen und Lily ins Gesicht zu sehen, doch Lily klammerte sich an ihren Kragen. Sue griff nach hinten und schlug Lily grob ins Gesicht. Lily sah Sterne vor den Augen tanzen, als Sue zuschlug, und der Kragen entglitt ihren Fingern. Ihr Gesicht brannte.

»Du bist eine beschissene Psychopathin«, erklärte Lily, und ihre Stimme wurde lauter. »Ich weiß, daß du verrückt bist.«

»Du bringst alles durcheinander!« erwiderte Sue und strich sich die Haare glatt. »Mach, daß du nach Hause kommst.«

»Gib Sylvie her!« forderte Lily. Sie stürzte sich auf Sue, umklammerte ihre Schultern, hielt sich an ihnen fest und trat mit ihren stämmigen Beinen gegen ihr Schienbein.

Mit einem kleinen Schrei kippte Sue zur Seite. Lily ließ nicht locker und landete schließlich auf Sue und versuchte, sie mit ihrem offenen Bademantel einzuwickeln und so am Boden festzunageln. Beide lagen fast reglos da, wanden sich nur gelegentlich angestrengt, um die Oberhand zu gewinnen. Sue war stärker, doch Lily hatte den Vorteil, oben zu liegen und Sue mit den Knien niederdrücken zu können. Lily spürte Sues Atem im Gesicht. Ein Windstoß wirbelte das Prinzessinnenkostüm einen Augenblick lang in die Höhe und ließ es dann wieder auf das nasse Gras sinken.

Schließlich stieß Sue, ächzend vor Anstrengung, Lily von sich, rollte herum und kam auf die Füße. Sie ging zu Lily zurück, die leicht benommen dalag, und hob den Fuß, um ihr in die Rippen zu treten. Lily grapschte nach ihrem erhobenen Knöchel und brachte sie so aus dem Gleichgewicht. Stöhnend taumelte Sue und fiel der Länge nach neben Lily.

Beide kamen wieder auf die Füße und sahen einander wie zwei Ringer aus einem halben Meter Abstand an. »Du weißt doch, Lily, auf diese Weise kann man keine Probleme lösen«, keuchte Sue. Sie bedachte Lily mit einem Blick, als schäme sie sich für sie.

»Gib Sylvie zurück!« schrie Lily. Sie sprang Sue an, packte sie am Kragen und schüttelte sie.

Sue stieß ihre Arme in Lilys Gesicht und befreite sich so. Lily erwischte sie weiter unten an der Kittelschürze und klammerte sich an die beiden großen Taschen. Sue versuchte, sich loszuwinden, doch Lily hielt sie fest, bis sie spürte, wie die Naht nachgab, und ein Reißen hörte. Als eine der Taschen abriß, fiel ein kleiner Gegenstand heraus und landete neben Lily.

Unvermittelt hörte Sue zu kämpfen auf. Lily sah, wie sie mit ungeheuer besorgtem Ausdruck auf das Ding im Gras starrte; ihre Augen waren weit aufgerissen, Mund und Kiefer zusammengepreßt. Niemals zuvor hatte Lily bei Sue Angst bemerkt, und dieser Anblick erheiterte sie ungemein.

Sue stürzte sich auf den Gegenstand, der aus Metall zu sein schien, doch Lily war schneller und schnappte ihn sich mit einem kleinen Triumphschrei, ehe sie zum Haus zurückrannte und ihn dabei fest umklammert hielt.

Sue rannte hinter ihr her und schrie: »Gib das her!«

Lily hatte keine Ahnung, was sie da erbeutet hatte, doch Sue schien es ziemlich dringend wiederhaben zu wollen. Sie versuchte, das Telefon zu erreichen und den Notruf zu wählen, doch Sue war zu dicht hinter ihr. Statt dessen nahm Lily ihren üblichen Weg, die Treppe hinauf und in ihr Zimmer, wo sie die Tür zuschlug und verriegelte.

Erneut hämmerte Sue an die Tür und forderte in dringlichem Ton: »Gib das zurück. Gib es zurück, Lily, ich brauche es.«

Lily wußte nur zu gut, wie leicht diese Schlafzimmerschlösser aufzukriegen waren. Sie hatte Sylvie tausendmal in ihr Zimmer gescheucht, und wenn Sylvie die Tür zugeschlagen und den Knopf in der Mitte des Türknaufs gedrückt hatte, war es für Lily ein leichtes gewesen, das Schloß mit einer Nagelfeile aus dem Badezimmer aufzumachen. Jetzt hörte sie, wie Sue die Treppe hinunterlief, vermutlich auf der Suche nach einem geeigneten Werkzeug.

Vielleicht sollte sie jetzt in das Zimmer von Mom und Dad laufen, sich einschließen und das Telefon dort benutzen. Doch Sue war schon wieder im Treppenhaus. Lily ging zu dem Fenster, das auf das Dach des Küchenvorbaus ging, und schob es hoch. Sie war schon öfter da draußen gewesen, um Bälle oder Frisbeescheiben einzusammeln. Dort hinaus würde Sue ihr bestimmt nicht folgen, oder? Vielleicht konnte sie die Regenrinne hinunterklettern. Sie hatte es schon einmal versuchen wollen, doch Mom hatte es nicht erlaubt. Dann könnte sie zu einem Nachbarn laufen und dort den Notruf wählen.

Sie stieß das Fenster weit auf und saß schon auf dem Sims, als sie sich gerade rechtzeitig noch einmal umdrehte und sah, wie Sue die Tür aufstieß. In der Hand hielt sie ein Schälmesser, mit dem sie vermutlich das Schloß geknackt hatte. Mit dem Messer in der Hand, starrte sie Lily an.

»Hau ab!« schrie Lily und kletterte aus dem Fenster.

Als Sylvie ein Auto vorbeifahren hörte, begann ihr Herz wie wild zu klopfen. Sie hörte, wie die Tür zugeschlagen wurde und ein Mann sagte: »Wir kümmern uns schon darum. So beruhigen Sie sich doch.« Das war die Stimme des Polizisten, der Mom gestern abend nach Hause gebracht hatte. Sue hatte recht, der war gekommen, um sie abzuholen und in ein Waisenhaus zu bringen! Sylvie versuchte, sich so dicht wie möglich an die Fußmatte zu drücken. Ihr Kaninchen hielt sie fest umklammert.

Anita stand mit Paul Flynn auf der Veranda der Heffernans und drückte zum zweiten Mal auf die Klingel. Als sie ihm erzählt hatte, Sue und David hätten ein Verhältnis gehabt, schien er ziemlich skeptisch gewesen zu sein. Sue würde natürlich alles völlig glaubwürdig abstreiten, und Anita wußte, daß sie es ihr nicht beweisen konnte. Aber wenigstens könnte sie die Kinder aus ihren Klauen befreien.

Niemand reagierte auf das Läuten, doch der silbergraue Kombi war direkt vor dem Haus geparkt. Obwohl sie versuchte, nicht hysterisch zu werden, fuhr sie Flynn mit ärgerlicher Stimme an: »Ich will meine Töchter haben!«

»Versuchen Sie, Ruhe zu bewahren«, bat er sie. »Ich bin sicher, es geht ihnen gut.« In dem Augenblick hörten sie einen Schrei von der Rückseite des Hauses.

»Das ist Lilys Stimme, ganz bestimmt!« erklärte Anita. »Lily!« rief sie wie eine Mutterkuh, die nach ihrem Kalb brüllt. Sie rannte um das Haus; Paul Flynn folgte ihr.

Als Anita im Garten der Heffernans ankam, sah sie Lily in Schlafanzug und Bademantel und mit ausgestreckten Armen gefährlich nahe am Dachrand ihres eigenen Küchenvorbaus balancieren. Eine Hand war geöffnet, die andere zur Faust geballt.

Anita unterdrückte einen Schrei. Lily konnte jeden Augenblick vom Dach fallen und auf den Beton darunter stürzen. Hinter ihr kletterte Sue aus dem Fenster. Anita sah, daß sie ein Messer in der Hand hielt.

Sue blickte zu Anita und Flynn hinunter. »Damit mußte ich die Tür öffnen«, erklärte sie und legte das Messer auf das Fensterbrett. Sie wandte sich Lily zu und säuselte: »Ich hol dich jetzt zurück ins Haus. Da draußen ist es sehr gefährlich.«

»Rühr dich nicht von der Stelle!« befahl Anita ihrer Tochter. »Setz dich ganz vorsichtig hin!«

»Mom!« jubelte Lily. Sie wedelte mit der geschlossenen Hand und verlor fast den Halt. »Whow!« brüllte sie mit jugendlichem Wagemut.

»Lily!« schrie Anita.

Sylvie richtete sich aus ihrer kauernden Haltung in Sues Kombi auf. Sie war sicher, ihre Mutter gehört zu haben, als diese »Lily!« schrie. Ihre kleinen Hände fummelten an der Kindersicherung der Türen herum, doch sie schaffte es nicht, sie aufzubekommen. Sie mußte wohl oder übel das Fenster herunterkurbeln und hinausklettern.

Inzwischen war Sue ganz aus Lilys Schlafzimmerfenster geklettert, saß auf dem steilen Dach und arbeitete sich Zentimeter für Zentimeter die Schräge zu Lily hinunter. »Gleich habe ich sie«, verkündete sie. »Sie ist völlig verzweifelt. Ich fürchte, sie hat zuviel durchgemacht.«

»Bleib weg von mir!« schrie Lily und bewegte sich mit seitlich ausgestreckten Armen näher zum Rand des Daches. Entsetzt stieß Anita einen Schrei aus.

»Gehen Sie zurück, Mrs.Heffernan«, forderte Flynn Sue auf. »Lily, setz dich hin! Ich hol dich da runter.«

Langsam begab sich Lily in eine sitzende Stellung, ließ Sue dabei jedoch nicht aus den Augen. »Laß mich in Ruhe, du Miststück!« schrie sie. Den Gegenstand in ihrer Hand warf sie Flynn zu. »Darauf ist sie ganz wild«, erklärte sie. »Sie hatte es in der Tasche.«

Das Ding prallte von seiner Schulter ab.

»Sie ist hysterisch«, behauptete Sue. »Sie wollte springen! Ich werde sie retten.«

»Mrs. Heffernan! Gehen Sie zurück!« wiederholte Flynn.

Doch Sue schob sich weiter an Lily heran; sie kroch auf dem Bauch und versuchte, sie zu packen. »Bin schon da, Schätzchen«, redete sie mit ruhiger Stimme auf Lily ein.

Flynn sprang auf die Veranda. Anita sah, wie er auf den Beton hinunterblickte und begriff, daß er sich ausrechnete, wie schlimm ein Aufprall wäre.

»Gehen Sie zurück, verdammt noch mal!« brüllte er Sue zu. Lily streckte die Arme aus, um Sue abzuwehren.

»Ich hab sie!« kreischte Sue triumphierend und umklammerte Lilys Handgelenk.

Lily schrie auf und rollte in Richtung Dachrinne.

Entsetzt sah Anita zu, wie Sue, auf dem Bauch liegend, ihre Tochter festhielt. Sue, die ihren Blick die ganze Zeit nicht von Lily abgewandt hatte, schien nicht zu bemerken, wie Flynn auf das Geländer der Veranda kletterte, um dem Mädchen herunterzuhelfen.

»Gehen Sie zurück!« schrie Anita Sue an.

Auch Lily lag jetzt auf dem Bauch, ihre Beine baumelten ins Leere. Flynn, der nun ihre Füße sehen konnte, schob sich zu der Stelle, wo sie hing, und griff nach ihr.

»Ist schon gut, Schätzchen«, sagte er sanft. »Gleich hab ich dich.« Lily war nicht sicher, ob er sie auffangen konnte. Sie wollte Sue abschütteln, doch die wollte nicht lockerlassen. Sie tat so, als wolle sie Lily retten, doch in Wirklichkeit stieß sie mit aller Kraft nach ihr. Jetzt verdrehte sie ihr das Handgelenk, und das tat ziemlich weh.

Plötzlich spürte Lily, wie jemand ihre Knie umklammerte. Als es Flynn gelang, Lilys Taille zu fassen, zerrte er kräftig an ihr. Endlich löste sich Sues Griff. Lily fand sich in Flynns Armen wieder, und dann hörte sie über sich Sue schreien und dann das schreckliche Geräusch, als sie vom Dach abrutschte und kopfüber auf den Beton krachte.

Auch Mom schrie. Detective Flynn setzte Lily auf der Veranda ab und drückte sie an sich, damit sie den Kopf nicht zu Sue hinwenden konnte. Unwillkürlich schlang sie die Arme um seine Taille, hielt sich an ihm fest und verbarg ihr Gesicht an seiner Brust. Sanft löste Flynn sich und übergab sie ihrer Mutter, die inzwischen ebenfalls auf die Veranda gehastet war. Er rannte zu Sue, die mit dem Gesicht nach unten dalag.

Mit wachsamem, neugierigem Blick tauchte Evelyn Reynolds neben dem Haus auf; sie hatte einen Koffer bei sich. »Ich habe unaufhörlich geläutet. Was geht hier eigentlich vor?« fragte sie. Lily und Anita lösten sich voneinander und bezogen sie in ihre Umarmung ein.

»Wo ist Sylvie?« fragte Anita mit Panik in der Stimme.

Eine kleine Gestalt, die einen rosa Schulranzen hinter sich her zerrte, durchquerte die Hecke und rannte über den Rasen, vorbei an dem durchnäßten weiß-goldenen Kleid im Gras, hin zu ihrer Familie. »Das warst du, Mom!« jauchzte Sylvie.

In einem Durcheinander aus Weinen, Lachen und Erklärungen umarmten sich alle vier, während Flynn Sues Hals vergeblich nach dem Puls abtastete. Das überraschte ihn nicht, denn sie war mit ungeheurer Wucht, den Kopf voraus, aufgeschlagen. Nach ihrer Lage zu urteilen, hatte sie sich das Genick gebrochen.

Die Blutlache unter ihr wurde größer, und drei rote Rinnsale liefen in verschiedene Richtungen über den Beton. Eines davon führte direkt zu dem Gegenstand, den Lily ihm zugeworfen hatte. Als er den Notarzt alarmierte, stellte er fest, daß es sich um ein Stück Kupferdraht handelte, das an zwei Schrauben befestigt und zu einem ordentlichen Päckchen zusammengewickelt war.

Gabriele Wolff

Himmel und Erde

Roman

Band 11394

Beate Fuchs, immer noch einzige Frau unter lauter männlichen Kollegen, ist inzwischen Beamtin »auf Lebenszeit«. Die WG-Zeiten liegen hinter ihr. Seit kurzem hat sie eine eigene Wohnung, zu der auch Wolfgang, Redakteur für Neue Musik beim WDR, einen Schlüssel hat. Bei der Bewältigung der täglichen Aktenberge hat sie gelernt, daß fast nie etwas so ist, wie es auf den ersten Blick aussieht. In der Wohnung des ermordeten Manfred Breithaupt sieht es nach einem handfesten Ehekrach aus. Tatwaffe ist ein Küchenmesser mit pinkfarbenem Griff. Seine Frau, die schöne Leonore, von der bekannt ist, daß sie vorhatte, ihren Mann zu verlassen, ist spurlos verschwunden. Genaugenommen geht dieser Fall Beate nichts an; für Mord ist ihr Kollege Bub zuständig. Aber der Zufall will es, daß sie ein Verfahren wegen Steuerhinterziehung auf dem Tisch hat, in dessen Zusammenhang der Name Breithaupt auftaucht – und daß ihr Freund im selben Hobbyfliegerklub ist wie der Ermordete.

Spannende Unterhaltung

Kathrine Beck
Gefährliche Nachbarschaft
Band 13665

Eleanor Taylor Bland
Hotel Cramer
Band 12310
Das Wolfsfell
Band 13282

Ina Bouman
Nebenwirkung
Band 12311
Willenlos
Band 12826

Jay Brandon
Die Ohnmacht der Beweise
Band 12741

Fiorella Cagnoni
Doppeltes Alibi
Band 13020
Eine Frage der Zeit
Band 13250

Henri Charrière
Papillon
Band 1245

Nicholas R. Clifford
Verschollen in Shanghai
Band 13138

Anthea Cohen
Engel tötet man nicht
Band 8209

Kit Craig
Vergeltung
Band 12931

Sarah Dunant
Der Baby-Pakt
Band 11574
Fette Weide
Band 12343
Mit Haut und Haaren
Band 12935

Maud Farrell
Violet taucht auf
Band 11555

Sue Grafton
Detektivin, Anfang 30, sucht Aufträge
Band 10208
I wie Intrige
Band 12743

Alex Haley
Wurzeln ›Roots‹
Band 2448

Fischer Taschenbuch Verlag

fi 507 / 13 a

Ulrich Knellwolf

Roma Termini

Kriminalroman

Band 11796

Ein heißer Sommernachmittag im Tessin. Renato Bernhard und seine Freundin Maria Carmen liegen im Garten eines Hauses oberhalb des Luganer Sees. Plötzlich steht ein Unbekannter vor ihnen: Monsignore Domingo Federico Guzman y Oliveira, Zweiter Sekretär der Päpstlichen Kommission für Lateinamerika, angereist im Auftrag des Vatikans und des protestantischen Weltkirchenrates in Genf. Renato Bernhard, ehemaliger römisch-katholischer Priester und reformierter Pfarrer, ist für Rom und Genf kein unbeschriebenes Blatt. Seine aussichtsreiche theologische Karriere scheiterte vor zwanzig Jahren an einem römischen Grafen, dessen Tochter sich in den jungen Kleriker verliebt hatte. Renato fand sich eines Tages als Vikar in einem langweiligen Dorf in der Ostschweiz wieder. Bald aber ließ er sich als Missionar auf einem Amazonas-Schiff anheuern, ohne zu ahnen, welch heiße Ware sich an Bord befand... Nun wird er für eine heikle Mission ausgewählt: Er soll in einem zwischen Drogenkartell und Befreiungsfront zerrissenen südamerikanischen Land als Sekretär eines charismatischen, aber politisch unerfahrenen Erzbischofs der Kirche als Ordnungsmacht Geltung verschaffen. Und dies ausdrücklich auch mit dem Segen des Genfer Weltkirchenrates.

Fischer Taschenbuch Verlag

fi 1920 / 4